LEVEL ↑ UP

TOPEL

Intermediate

1

book&road
북앤로드

Level Up TOPEL Intermediate 1

초판 발행 2017년 10월 2일
초판 인쇄 2017년 9월 27일

글 쓴 이 (사) 한국역량개발평가원
기   획 (사) 한국역량개발평가원
감   수 (사) 한국역량개발평가원

펴 낸 이 최 영 민
펴 낸 곳 북앤로드
인 쇄 처 미래피앤피

주   소 경기도 파주시 신촌2로 24
전   화 031-8071-0088
팩   스 031-942-8688
이 메 일 pnpbook@naver.com

출판 등록 2015년 3월 27일
등록 번호 제406-2015-31호

I S B N 979-11-872-44-18-9 (53740)

01 TOPEL Basic(Kids)

2006년부터 시행해온 PELT Kids의 노하우와 경험을 토대로 개발된 영어 입문 단계로 보다 전문화, 특성화된 공신력 있는 영어시험입니다. PBT 시험 및 Tablet PC로 시험을 보는 TBT 두가지 형태로 시험을 제공합니다. TBT 시험은 안드로이드 앱 스토어에서 데모버전을 다운로드하여 테스트 하실 수 있습니다.

급수	영역	문항	총점	시간	합격기준	응시료
1급	듣기	30	200점	35분	120점	25,000원
	읽기	6				
2급	듣기	30	200점	30분	120점	

02 TOPEL Jr.

TOPEL Jr.의 1~3급은 개인,가정,학교,사회생활 등에서 흔히 접할 수 있는 소재나 주제, 사람등 다양한 영역에 관한 재미있는 그림으로 제시되어 영어공부의 흥미를 돋구어 줍니다. 기본적인 영어 실력을 갖추고 있으면 어렵지 않게 합격할 수 있어 영어에 대한 자신감을 키워줍니다.

급수	영역	문항	총점	시간	합격기준	응시료
1급	듣기	33	200점	55분	120점	27,000원
	읽기	22				
	쓰기	5				
2급	듣기	32	200점	50분		
	읽기	18				
	쓰기	5				
3급	듣기	33	200점	45분		
	읽기	12				
	쓰기	5				

03 TOPEL Intermediate

교육부 기준의 중고등학교 교과과정의 어휘에 맞추어 출제되어 내신을 대비할 수 있습니다

급수	영역	문항	총점	시간	합격기준	응시료
1급.2급(3급)	듣기	30(30)	200점(200점)	70분(60분)	120점	29,000원
	어법	10(5)				
	어휘	10(5)				
	독해	15(15)				
	쓰기	5(5)				

04 TOPEL Intermediate Speaking & Writing

원어민 교수님과 1:1 말하기 평가를 실시하는 인터뷰 방식을 채택하고 있습니다. 영어 말하기, 쓰기 능력의 평가를 통해 각종 입시시 원어민과의 면접대비가 가능합니다.

구분	문제유형	내용	시간	총점	합격기준	응시료
Speaking	Step 1	Warm-up Conversation	30초	200점	1~8급	70,000원
	Step 2	Picture Description	2분			
	Step 3	Read & Talk	1분30초			
	Step 4	Impromptu Speech	2분			
Writing	문장완성하기/ 문장쓰기/ e-mail 답장쓰기/ 짧은작문		40분	200점		

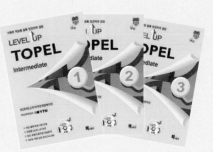

TOPEL 시험종류

TOPEL PBT

TOPEL은 1990년부터 전국단위 시험(구 PELT)을 시행해 온 유아 및 초·중·고등학교 대상의 시험으로서, 학생들 자신의 실력 평가가 가능한 체계화 된 시험입니다. 전국에 시험장을 운영하여 검정을 시행하며, 성적에 따라 전국, 지역별, 동연령별 순위분포 등을 알 수 있어 학습 성취 평가와 목표설정에 효과적입니다.

TOPEL IBT

현재 시행 중인 오프라인 TOPEL 자격 검정의 시간적·공간적 제약으로 인해 응시에 어려움을 겪고 있는 수요자의 고민을 해소하고자 IBT(Internet Based Test) 시스템을 적용해 응시자에게 편의성과 효율성을 제공합니다.

영어강사 자격증

실생활 및 교육과정에서 영어교육의 가치가 높아지면서 요구하는 강사의 수준 또한 함께 상승하고 있습니다. 이에 양질의 영어강사를 배출하고, 학습자로 하여금 보다 체계적인 교육을 제공하기 위해 영아강사 자격 검정을 시행합니다.

CAT-Scratch

Scratch는 주로 8~16세의 어린이·청소년을 대상으로 한 코딩 도구로 사용자에게 논리적이고 창의적인 사고 능력과 체계적 추론 능력을 향상 시키는데 큰 도움이 됩니다. CAT-Scratch 자격 검정을 통해 학습의지를 재고하고, 사고능력 향상에 기여하고자 합니다.

응시자 유의사항

1.원서접수 방법
소정양식의 응시원서를 작성하여 증명사진과 함께 전국지역본부 및 지정 접수처에 신청하거나 www.topel.or.kr 에서 인터넷 접수 하실 수 있습니다.

2. 합격자 발표
전국 지역본부 및 지정 접수처에서 발표하고, www.topel.or.kr 에서 인터넷 발표가 이루어집니다.

CAT-Scratch	영어강사 자격증	TOPEL 성적표	TOPEL 합격증

CONTENTS

1 한눈에 파악되는 유형 분석 PART

샘플 문제의 분석을 통해 출제의도를 파악하고 모든 유형의 문제를 대비할 수 있습니다.

STUDY POINT

Study Point 코너에서는 최적의 학습 방법과 놓치지 말아야 할 학습 포인트를 확실하게 짚어 드립니다.

TIP

TIP 코너에서는 각 유형 문제마다 숨어있는 문제 해결의 핵심 비법을 알려 드립니다.

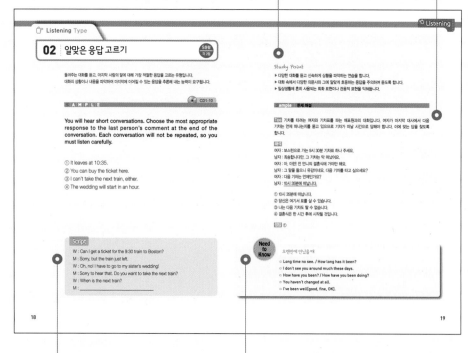

SCRIPT

오디오 음성을 듣고 스크립트의 빈칸을 채워 보세요. 듣기 능력이 나도 모르게 향상됩니다.

NEED TO KNOW

Need to Know 코너에서는 각 유형에서 자주 출제되는 단어나 표현들을 총 정리하여 알려 드립니다.

2

풍부한 문제를 제공하는 Practice Part

유형마다 출제되는 문제의 수가 다른 만큼, 많이 출제 되는 유형의 문제는 더 많은 연습문제를 제공하였습니다. 또한 쉬운 문제에서 어려운 문제 순서로, 문항마다 문제의 난이도를 블록 형태로 알아보기 쉽게 표시하였습니다.

3

적중 확률 높은 실전 모의고사 Part

좋은 점수를 받기 위해 반복된 실전 같은 연습만큼 확실한 준비 방법은 없습니다. 철저한 시험 분석을 통해, 가장 출제 확률 높은 문제들로 총 4회의 실전 모의고사를 구성하였습니다. 모의고사의 모든 문제는 TOPEL 출제진의 검수를 통해 최신 출제 경향을 반영하였습니다.

4

숨은 고득점의 비법 정답 및 해설 Part

고득점의 비밀은 오답노트에 있습니다. 내가 자주 하는 실수나 부족한 부분을 중심으로 하는 학습만큼 효과적인 학습 방법은 없습니다. LEVEL UP의 정답및해설은 단순히 답만 제공하는 것이 아니라 자주 출제되는 단어나 표현들을 풍부하게 제공합니다.

5

주관 및
시행 기관,
협력 단체
소개

KODES(한국역량개발평가원)

국비 지원 해외 취업과 해외 인턴십 사업을 지원하여 전문적 인재 양성에 기여하고 있으며, 미래를 준비하는 학생들을 위한 올바른 교육 컨텐츠 및 평가에 대한 연구 및 개발을 하고 있는 서울교육청 산하 비영리 사단법인입니다. TOPEL의 모든 평가 문제는 한국역량개발평가원의 검수를 통해 한층 완성도를 높이고 있습니다.

NELSA

국가공인 실용영어 검정 시행 및 한국직업능력개발원에 정식 등록된 민간자격 시험인 TOPEL의 전 종목의 시험을 시행합니다. 전국 다수의 지방자치단체와의 협약으로 국내 우수한 어린 인재들의 양성 및 소외 가정의 학생 지원을 위한 사업을 진행하고 있습니다.

tvM

tvM, 다문화 TV는 다양한 해외 문화와 한국문화의 융합 방송이라는 비전을 지향하고 있습니다. 다양한 국내외 관련 정보, 외국어, 현장 소개와 한국과 각 나라들의 문화적 괴리를 최소화 시키고 네트워크를 직접 연결하여 모두가 만족하고, 활용할 수 있는 정보 전달을 지향하고 있습니다. tvM은 TOPEL과 전략적인 협업을 통해 국제화 시대에 살고 있는 국내 젊은 일꾼 및 학생들의 외국어 능력 증진에 기여하고 있습니다.

시험
소개

국가공인 실용영어

1990년도에 개발되어, 2002년도에 국내 최초로 제1호 국가공인을 획득한 검증된 평가시험입니다. 영어의 4 Skill(Reading, Listening, Writing, Speaking) 영역에 대하여 단계적, 체계적으로 평가할 뿐 아니라 Speaking 능력을 평가하는데 있어 국내에서 유일하게 원어민과의 직접대면평가방식(FBT)을 채택하고 있는 종합영어 평가시험입니다.

민간자격 TOPEL

유아 및 초, 중, 고등학생 대상의 시험으로서, 학생들이 국가공인 시험 수준으로 자연스럽게 도달할 수 있도록 자신의 실력에 따라 수준별 평가가 가능한 체계화된 시험입니다. 국내 최고 많은 수의 초·중·고 학생들이 채택, 응시하고 있는 시험으로서 직업능력개발원에 정식으로 등록된 민간자격 영어 시험입니다.

국가공인 실용영어 및 TOPEL 평가 LINE UP

	민간자격 등록			국가공인 민간자격 시험	
단계 :	기초단계	초급단계	중급단계	고급단계	
대상 :	유치부~초등2년	초등3년~초등6년	중·고생	대학생·성인	
종목 :	TOPEL kids (1~2급)	TOPEL Jr. (1~3급)	TOPEL Int. (1~3급)	실용영어1차 RC/LC	실용영어2차 S/W
영역 :	RC/LC	RC/LC/W	RC/LC/W	RC/LC	S/W

원어민 면접관 대면 방식 말하기 시험	
Intermediate Speaking Test	Plus Speaking Test

TOPEL Intermediate 레벨 구성

구분	TOPEL Intermediate 1급	TOPEL Intermediate 2급	TOPEL Intermediate 3급
문항 수	총 70문항	총 70문항	총 00문항
문항 구성	듣기 30문항 읽기 35문항 쓰기 5문항	듣기 30문항 읽기 35문항 쓰기 5문항	듣기 30문항 읽기 25문항 쓰기 5문항
문항 형태	객관식 및 주관식	객관식 및 주관식	객관식 및 주관식
단일 문장	1문장 15단어 내외	1문장 12단어 내외	1문장 10단어 내외
지문의 길이	90단어 내외	80단어 내외	70단어 내외
시험 시간	70분	70분	60분
총점	200점	200점	200점
합격 점수	120점	120점	120점

TOPEL Intermediate 평가 기준

· TOPEL Intermediate는 현 교육 제도의 학제를 반영하고 있으며 중, 고등학생들 대상으로 듣기, 읽기, 쓰기의 영역을 측정합니다. 듣기 시험의 경우 녹음 내용은 한번만 들려줍니다.

· TOPEL Intermediate 1∼3급 등급에 따라 난이도가 다른 듣기, 읽기, 쓰기 능력을 측정합니다. 4지 선다형의 객관식 및 주관식(절충형) 출제이며, 듣기 45%, 필기 55% 내외로 구성됩니다.

· 전체 취득 점수인 200점의 60%인 120점 이상을 취득한 경우, 합격으로 인정되어 합격증이 발급됩니다. 듣기시험이나 필기시험에서 30% 미만을 득점하였을 경우 과락으로 실격 처리 됩니다.

TOPEL
Intermediate
구성

TOPEL Intermediate 시험은 설정된 난이도 기준에 따라 학생들이 활동하는 범위인 개인생활, 학교생활, 사회생활은 물론, 인문, 사회, 자연, 과학 등에 관련된 보다 폭넓은 주제에 따른 영어의 자연스러운 발음, 표현, 구문의 인지능력 및 적절 응답, 내용파악, 논리적 추론 등의 능력을 듣기, 읽기, 쓰기를 통해 종합적으로 평가 합니다.

1. Listening Part

문제유형	1급			2급			3급		
	문항수	문항번호	배점	문항수	문항번호	배점	문항수	문항번호	배점
1. 사진 묘사 문제	5	1~5	2	5	1~5	2	5	1~5	4
2. 적절한 응답 고르기	5	6~10	2	5	6~10	2	5	6~10	4
3. 대화 듣고 문제 풀기	14	11~24	3.5	14	11~24	3.5	14	11~24	4
4. 담화듣고 문제 풀기	6	25~30	3.5	6	25~30	3.5	6	25~30	4
계	30	30	90	30	30	90	30	30	120

2. Reading Part

문제유형	1급			2급			3급		
	문항수	문항번호	배점	문항수	문항번호	배점	문항수	문항번호	배점
1. 어법성 판단하기	10	1~10	2	10	1~10	2	5	1~5	2
2. 적절한 어휘 고르기	10	11~20	3	10	11~20	3	5	6~10	2
3. 시각자료 이해하기	5	21~25	3	5	21~25	3	5	11~15	3
4. 독해문 이해하기	10	26~35	3	10	26~35	3	10	16~25	3
계	35	35	95	35	35	95	25	25	65

3. Writing Part

문제유형	1급			2급			3급		
	문항수	문항번호	배점	문항수	문항번호	배점	문항수	문항번호	배점
1. 지문 빈칸 완성하기	3	1~3	3	3	1~3	3	3	1~3	3
2. 대화 완성하기	1	4	3	1	4	3	1	4	3
3. 사진 묘사 영작하기	1	5	3	1	5	3	1	5	3
계	5	5	15	5	5	15	5	5	15

Intermediate 총구성	–	70	200	–	70	200	–	60	200

성적표

TOPEL Score Report

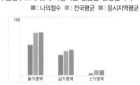

종목	등급	응시번호	이름	생년월일	응시일자	연령	응시지역
TOPEL Intermediate	1	10001	박민수	2001.07.07	2014-10-25	12	서울

점수

※ Percentile Rank (%) : 수치가 낮을수록 좋은 성적을 나타냅니다.

총점	나이점수	전국 최고점수	응시지역 최고점수	동 연령 최고점수	Percentile Rank (%)		
					전국	지역	동 연령
200	109	196	196	196	92.5	92.3	89.8

영역 및 문항별 득점 분석표

영역	문항	총점	나이점수	전국평균	응시지역평균	동 연령평균
듣기	33	103	100	88	89	86
읽기	22	77	75	50	53	49
쓰기	5	20	15	11	11	11
총계	60	200	190	149	153	147

듣기 영역

영어 대화를 듣고, 대화의 내용을 이해하고 이를 바탕으로 추론하는 능력이 우수합니다. 다양한 영어 표현의 습득과 사용을 생활화하여, 영어 청취 능력을 한층 더 향상시키길 권합니다.

읽기 영역

영어 지문을 읽고 이해할 수 있습니다. 영어 지문의 전반적인 흐름을 파악하는 독해 능력이나 특정 상황에 쓰이는 영어 표현을 읽어내는 능력을 향상시키기 위해, 영어 대화문 독해 연습을 꾸준히 할 것을 권합니다.

쓰기 영역

단어의 스펠링이 미숙하며, 문장구조를 정확히 구사하는 데 어려움이 있습니다. 스펠링까지 정확히 습득하여 문장구조에 맞게 사용하는 연습을 권장합니다

■ : 나의점수　■ : 전국평균　■ : 응시지역평균

위 응시생은 총점 200 점 중 190 점입니다.

NELSA
National Evaluation of Language skill Association

Lee chang yong
President of LELSA

자격증

TOPEL Intermediate
Certificate of Achievement

Name : HONG, GIL DONG
Date of birth : 1988.03.18
Date of issue : 2015.05.12

This is to certify that he/she has successfully passed Level 1 Test administered by National Evaluation of Language Skill Association approved by Article 17 of Framework Act on Qualifications in accordance with Article 2 of the Association.

TOPEL

SIGNATRUE *Lee chang yong*

NELSA
National Evaluation of Language & Skill Association

TOPEL Intermediate에 관한 Q & A

Q 어떤 급수를 응시하면 좋을까요?

A TOPEL Intermediate는 중·고등학생 수준의 시험으로서 1급은 고등학교 2~3학년, 2급은 중학교 3학년 ~고등학교 1학년, 3급은 중학교1~2학년이 가장 많이 응시하고 있습니다. 그렇지만 TOPEL 의 모든 시험은 성취도 시험과는 달리 자신의 실력대로 선택해서 응시할 수 있는 능숙도 시험으로서 자신의 영어 실력에 맞는 단계를 선택하는 것이 영어에 대한 자신감과 학습 동기를 올릴 수 있는 바람직한 선택입니다.

Q 시험 신청은 어떻게 하나요?

A 시험 신청은 인터넷 신청과 방문 신청 두 가지 방법으로 하실 수 있습니다. 인터넷 신청은 TOPEL 홈페이지(www.topel.or.kr)에서 가능합니다. 방문 접수의 경우 시험장 기준 해당 지역본부로 방문 하여 신청 하시면 됩니다. 인터넷 신청은 접수 기간에만 가능하며, TOPEL 지역 본부의 주소와 연락처는 홈페이지 (www.topel.or.kr) 에서 확인할 수 있습니다.

Q 시험 준비물은 무엇이 있나요?

A 시험 신청 후 시험장에 갈 때 필요한 준비물은 신분증과 응시표, 그리고 필기구입니다. 신분증은 학생증, 여권, 주민등록증, 운전면허증 등 본인 확인이 가능한 증명서 입니다. 단, 초등학생 이하 응시생일 경우는 응시표만 지참하시면 됩니다.

Q 합격 확인은 어떻게 하나요?

A 시험 합격 확인은 TOPEL 홈페이지(www.topel.or.kr)에서 조회 가능합니다. 사전 공지된 시험 발표일 오전 9시 30분 이후에 확인 가능합니다. 또한 시험 신청하신 해당 지역 본부로 연락하시면 합격 여부와 각종 정보를 얻으실 수 있습니다.

Q 자격증은 어디에 활용할 수 있나요?

A 국제중학교, 특목고, 외고 등 중·고등학교 및 대학 입시 때 적용되는 입학사정에 필요한 개인포트폴리오를 작성하여 중요한 참고 자료로 활용할 수 있습니다.

TOPEL Intermediate

Level ①

유형 분석 & 연습문제

Listening Part

Reading Part

Writing Part

01 : 적절한 사진 묘사 고르기

제시된 사진을 보고 들려주는 네 개의 문장 중 사진을 가장 잘 묘사한 것을 고르는 유형입니다.
묘사된 내용에서 등장 인물의 행동이나 사물의 위치와 개수 등을 정확히 파악하는 능력이 요구됩니다.

CD1-02

S A M P L E

You will see a picture and hear four statements describing each picture. Choose the statement that best describes what you see in the picture. Then, mark the correct answer on your answer sheet. The statements will not be repeated, so you must listen carefully.

Script

① The girl is taking off her glasses.

② The boy is handing the earphones to the girl.

③ The boy and the girl are holding newspapers.

④ The boy and the girl are working on a computer.

Study Point

▶ 인물의 동작이나 상태 묘사가 정확한지 파악하기 위해서 다양한 동사를 익혀둡니다.

▶ 사물의 개수나 위치를 표현하는 단어와 어구를 익혀둡니다.

▶ 사진의 상황과 일치하지 않는 단어를 사용한 오답 선택지를 주의하여 듣도록 합니다.

Sample | 문제 해설

Tips 그림에 등장한 소년과 소녀의 모습을 정확히 묘사한 것을 찾아야 합니다. 안경을 쓴 소년과 소녀가 컴퓨터 앞에서 각각 신문을 들고 있습니다. 남자만 이어폰을 끼고 있습니다. 두 사람을 정확히 묘사한 문장을 찾도록 합니다.

해석

① 소녀는 자신의 안경을 벗고 있다.

② 소년은 소녀에게 이어폰을 건네주고 있다.

③ 소년과 소녀는 신문을 들고 있다.

④ 소년과 소녀는 컴퓨터로 작업을 하고 있다.

정답 ③

Need to Know

□ **One of the** + 복수명사: ~들 중에 한 사람 (단수 취급)

　ex) **One of the girls is wearing glasses.**

□ **All of the** + 복수명사: ~들 모두 (복수 취급)

　ex) **All of the boys are studying English.**

　cf. all + 복수명사: 모든 ~ (일반적인 대상 지칭)

　ex) **All children should go to school.**

You will see a picture and hear four statements describing each picture. Choose the statement that best describes what you see in the picture. Then, mark the correct answer on your answer sheet. The statements will not be repeated, so you must listen carefully.

1
CD1-04

2
CD1-05

3
CD1-06

4
CD1-07

5
CD1-08

6
CD1-09

02 : 알맞은 응답 고르기

5문항
각 2점

들려주는 대화를 듣고, 마지막 사람의 말에 대해 가장 적절한 응답을 고르는 유형입니다.
대화의 상황이나 내용을 파악하여 마지막에 이어질 수 있는 응답을 추론해 내는 능력이 요구됩니다.

 CD1-10

S|A|M|P|L|E

You will hear short conversations. Choose the most appropriate response to the last person's comment at the end of the conversation. Each conversation will not be repeated, so you must listen carefully.

① It leaves at 10:35.
② You can buy the ticket here.
③ I can't take the next train, either.
④ The wedding will start in an hour.

Script

W : Can I get a ticket for the 9:30 train to Boston?
M : Sorry, but the train just left.
W : Oh, no! I have to go to my sister's wedding!
M : Sorry to hear that. Do you want to take the next train?
W : When is the next train?
M : _____

Study Point

▶ 다양한 대화를 듣고 신속하게 상황을 파악하는 연습을 합니다.

▶ 대화 속에서 다양한 의문사와 그에 알맞게 호응하는 응답을 주의하여 듣도록 합니다.

▶ 일상생활에 흔히 사용되는 회화 표현이나 관용적 표현을 익혀둡니다.

Sample | 문제 해설

Tips 기차를 타려는 여자와 기차표를 파는 매표원과의 대화입니다. 여자가 마지막 대사에서 다음 기차는 언제 떠나는지를 묻고 있으므로 기차가 떠날 시간으로 답해야 합니다. 이에 맞는 답을 찾도록 합니다.

해석

여자 : 보스턴으로 가는 9시 30분 기차표 하나 주세요.

남자 : 죄송합니다만, 그 기차는 막 떠났어요.

여자 : 아, 이런! 전 언니의 결혼식에 가야만 해요.

남자 : 그 말을 들으니 유감이네요. 다음 기차를 타고 싶으세요?

여자 : 다음 기차는 언제인가요?

남자 : <u>10시 35분에 떠납니다.</u>

① 10시 35분에 떠납니다.

② 당신은 여기서 표를 살 수 있습니다.

③ 나는 다음 기차도 탈 수 없습니다.

④ 결혼식은 한 시간 후에 시작될 것입니다.

정답 ①

Need to Know

오랜만에 만났을 때

- Long time no see. / How long has it been?

- I don't see you around much these days.

- How have you been? / How have you been doing?

- You haven't changed at all.

- I've been well[good, fine, OK].

CD1-11

You will hear short conversations. Choose the most appropriate response to the last person's comment at the end of the conversation. Each conversation will not be repeated, so you must listen carefully.

1
CD1-12

① I've been fine, too.

② I will work out regularly.

③ You also did a good job.

④ You should start working.

2
CD1-13

① She will leave for Jeju Island.

② She lives with her older sister.

③ She used to live in Philadelphia.

④ She came to this town a month ago.

3
CD1-14

① I'll certainly pick her up.

② I asked my dad to do it.

③ She goes with her sister.

④ She's never visited me before.

4
CD1-15

① For about five years.

② From thirty different countries.

③ Over two hundred kinds of them.

④ With some help from my international friends.

5

CD1-16

① I flew here.

② I brought you to Boston.

③ I'm here to visit my relatives.

④ I won't attend the graduation ceremony.

6

CD1-17

① Sure. She must be having fun.

② Alright. I'll call Celine right now.

③ Yes. You have bad handwriting.

④ Okay. We definitely need files and pens.

7

CD1-18

① The belt is on sale.

② In that case, I'll pay in cash.

③ I don't think it is that elegant.

④ The credit card machine is out of order.

8

CD1-19

① I can't stay with you for now.

② Why did you go see a movie alone?

③ Which TV program do you want to watch?

④ I'd rather watch a movie than go shopping.

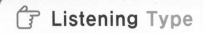

03 : 대화를 듣고 물음에 답하기

14문항
각 3.5점

들려주는 대화를 듣고, 대화와 관련된 질문에 대한 답을 고르는 유형입니다. 전반적인 대화의 주제나 특정한 세부 정보를 파악하여 주어진 질문에 정확히 답할 수 있는 능력이 요구됩니다.

 CD1-20

S A M P L E

You will hear some conversations. Choose the best response to each question and mark the correct answer on your answer sheet. The questions are printed out in your test booklet.

Who is the man most likely talking to?

① A sales clerk

② A travel agent

③ A delivery person

④ A customs officer

Script

W : Good evening, sir. Can you show me your customs declaration form?

M : Here you go. (pause) Do I have to declare duty-free items?

W : What kind of duty-free items did you buy?

M : Just some cosmetics. They cost less than 200 dollars.

W: Then you don't have to declare them.

M : OK.

Study Point

▶ 장소나 직업을 추론하는 문제에 대비하여 상황이나 직업에 관련된 단어를 익혀둡니다.

▶ 날짜, 시간, 금액, 개수 등과 같은 숫자 관련 정보는 숫자를 메모하며 듣도록 합니다.

▶ 인물의 감정이나 심리 상태를 나타내는 단어나 취미 활동 등의 다양한 표현을 익혀둡니다.

Sample | 문제 해설

Tips 남자와 여자의 대화를 듣고 여자의 직업을 찾는 문제입니다. 대화에서 세관, 세관 신고, 면세 물품 등의 표현이 나오는 것으로 보아 여자는 이와 관련된 업무에 종사하는 것을 알 수 있습니다. 제시된 선택지 중 이에 맞는 것을 찾도록 합니다.

해석

여자 : 안녕하세요, 선생님. 세관 신고서 양식을 보여 주시겠어요?

남자 : 여기 있습니다. (잠시 후) 면세 물품도 신고해야 하나요?

여자 : 어떤 종류의 면세 물품을 사셨나요?

남자 : 화장품 몇 개입니다. 200 달러 미만의 비용이 들었습니다.

여자 : 그렇다면 그것들을 신고할 필요는 없습니다.

남자 : 알겠습니다.

Q. 남자가 이야기하고 있는 사람은 누구인가?

① 판매 직원   ② 여행사 직원

③ 배달원   ④ 세관원

정답 ④

Need to Know

직업을 나타내는 표현

□ consultant 상담사   □ customs officer 세관원   □ pilot 비행사

□ sales clerk 판매 직원   □ receptionist 접수원   □ tour guide 여행 가이드

□ flight attendant 승무원 □ cashier 계산원   □ reporter 기자, 리포터

□ hairdresser 미용사   □ dentist 치과의사   □ secretary 비서

□ banker 은행원   □ professor 교수   □ athlete 운동선수

□ lawyer 변호사   □ housewife 주부   □ office worker 회사원

CD1-21

You will hear some conversations. Choose the best response to each question and mark the correct answer on your answer sheet. The questions are printed out in your test booklet.

1
CD1-22

Where will the woman go right after the conversation?

① To her house

② To the library

③ To the subway station

④ To the amusement park

2
CD1-23

Where is the man's wallet?

① On the bed

② On the desk

③ In the backpack

④ On the dining table

3
CD1-24

How often does the woman wash her car?

① Every day

② Once a week

③ Once a month

④ Twice a month

4
CD1-25

Why did the man NOT answer the woman's calls?

① He was reading a book.

② He was watching a movie.

③ He didn't want to disturb others.

④ He didn't have his phone with him.

5
CD1-26

How many staff members are needed in total for the party?

① Six

② Nine

③ Twelve

④ Fifteen

6
CD1-27

How much will the woman pay for the tickets?

① 50 dollars

② 75 dollars

③ 100 dollars

④ 150 dollars

7
CD1-28

What does the woman suggest the man do with the essay?

① Find another topic

② Consult his teacher

③ Come up with more ideas

④ Finish it as soon as possible

8
CD1-29

What is the man's attitude toward Internet chatting?

① He prefers talking to people in person to Internet chatting.

② He thinks Internet chatting is a cool way to meet new people.

③ He thinks Internet chatting is as fun as meeting people face-to-face.

④ He likes Internet chatting because he can easily find people with the same interests.

04 : 담화를 듣고 물음에 답하기

6문항
각 3.5점

들려주는 담화를 듣고, 담화와 관련된 질문에 대한 답을 고르는 유형입니다. 담화의 목적을 파악하거나 광고나 안내 방송이 나오는 장소를 유추하거나 특정한 세부 정보를 파악하여 주어진 질문에 정확히 답할 수 있는 능력이 요구됩니다.

 CD1-30

S A M P L E

You will hear some monologues. Choose the best response to each question and mark the correct answer on your answer sheet. The questions are printed out in your test booklet.

What is the speaker mainly talking about?

① Asking questions

② Teaching students

③ Making an apology

④ Thanking someone

Script

(M) One key to getting along well with people is knowing when to say you're sorry. Sometimes some comments or actions can hurt or offend others. Heavy workloads and stress may keep us from seeing how our actions make others feel. In most cases, if someone is offended by something you do or say, it's much better to apologize right away. That solves the small problem and keeps it from getting bigger.

Study Point

▶ 담화를 듣기 전에 질문과 선택지의 내용을 먼저 파악하도록 합니다.
▶ 담화의 내용 전체에 대한 주제나 대의를 파악하는 문제는 세부적인 내용보다는 어떤 주제와 화제에 대해 말하고 있는지에 집중하여 듣습니다.
▶ 담화에 나오는 구체적인 정보는 선택지와 비교하면서 숫자나 단어들을 메모하면서 듣도록 합니다.

Sample | 문제 해설

Tips 담화 전체의 주제를 묻는 문제입니다. 각 단어의 의미보다는 어떤 주제를 어떤 방향으로 이야기하는지 집중하여 듣도록 합니다. 주제를 파악할 때는 첫 번째 문장에 주제가 나오는 경우가 많습니다. 여기서는 사과해야 할 때를 아는 것이 사람들과 사이좋게 지내는 방법이라고 했으므로 이를 바탕으로 주제를 파악할 수 있습니다.

해석 사람들과 잘 지내는 한 가지 방법은 미안하다고 언제 말할 것인지 아는 것이다. 때때로 어떤 말들이나 행동들은 남에게 상처를 주거나 공격이 될 수도 있다. 과도한 업무와 스트레스는 우리의 행동이 다른 사람에게 어떻게 느껴지는지를 아는 것을 방해한다. 대부분의 경우, 누군가 당신이 한 행동이나 말에 의해 공격을 받게 된다면 즉시 사과를 하는 것이 더욱 좋다. 그것이 소소한 문제를 해결하고 그것이 확대되는 것을 막을 수 있다.

Q. 화자는 주로 무엇에 대해서 말하고 있는가?
① 질문하기　　② 학생들을 가르치기
③ 사과하기　　④ 누군가에게 감사하기

정답 ③

Need to Know

날씨 묻고 답하기

A : How's the weather today? (=What's the weather like today?)
B : It's raining.
A : How will be the weather tomorrow?
B : It will be cloudy.

일기 예보(weather forecast)에 자주 나오는 표현

□ **Today's forecast calls for ~:** 오늘의 일기 예보는 ~입니다.
□ **~ with a 60 percent chance of showers:** 소나기가 올 가능성 60 퍼센트로 ~
□ **Today's highs will be 22 degrees with lows in 12 degrees.:** 오늘의 최고 기온은 22도, 최저 기온은 12도입니다.

CD1-31

You will hear some monologues. Choose the best response to each question and mark the correct answer on your answer sheet. The questions are printed out in your test booklet.

1

CD1-32

What will be the weather like this afternoon?

① Rainy

② Sunny

③ Foggy

④ Cloudy

2

CD1-33

Why did the speaker leave the message for Jeremy?

① To invite him

② To thank him

③ To congratulate him

④ To tell him how she is doing

3

CD1-34

How long does it take to receive the ID card if you take a photo on the spot?

① 10 minutes

② 15 minutes

③ 20 minutes

④ 25 minutes

4

CD1-35

What will Ms. Jones do after lunch?

① Hear managers' reports

② Visit Mainland Manufacturing

③ Meet a guest from another company

④ Discuss new marketing plans for next quarter

5
CD1-36

What is NOT mentioned about the tour?

① How long the tour lasts
② How much the tour costs
③ How often the tour bus runs
④ How many tour guides will be provided

6
CD1-37

When do power stretching classes start in the morning?

① At 9 on weekdays
② At 10 on weekdays
③ At 9 on weekends
④ At 10 on weekends

7
CD1-38

What can be known about the owner of the wallet?

① The owner has brown hair.
② The owner used cash to buy clothes.
③ The owner is shopping on the fifth floor.
④ The owner lost the wallet after buying some fruits.

8
CD1-39

What is true about Bella Pattison?

① Her business trip lasts for a week.
② Her co-worker's extension number is 120.
③ She can't check her email during the trip.
④ She won't be back in the office until the 26th of August.

01-A 어법상 어색한 것 고르기

5문항
각 2점

문법 능력을 판단하기 위한 유형입니다. 주어진 문장의 밑줄 친 부분 중 어법상 어색하게 쓰인 단어나 어구를 고르는 유형으로 정확한 문법 사용 능력을 요구합니다.

Study Point

▶ 평소에 다양한 형태의 문장을 학습해야 합니다.
▶ 주어, 동사의 수 일치, 시제 일치, 단수 · 복수 명사의 쓰임, 형용사와 부사의 쓰임, 관계대명사의 역할 등에 대한 문법 지식을 습득해야 합니다.
▶ 문장의 5형식을 익히고, 보어나 목적어로 쓰이는 형태의 특징을 알아둡니다.

S A M P L E

Choose the underlined one that is grammatically incorrect.

I know <u>on</u> which subject you <u>get</u> the <u>perfect</u> score last <u>semester</u>.
   ①   ②   ③   ④

Tips last semester라는 과거를 나타내는 부사구가 있고, 이미 점수를 받은 것이므로, 지금 말하고 있는 시제보다 한 시제 앞선 시제여야 합니다.

해석 나는 네가 지난 학기에 어떤 과목에서 만점을 받았는지 알고 있다.

정답 ②

C Choose the underlined one that is grammatically incorrect.

1

Famous magicians from eight countries are showing its skills.
     ①   ②   ③   ④

2

Money is often said to be the permanence source of disaster among
        ①   ②   ③   ④

human beings.

3

A man calls Brian suddenly appeared on the stage during the performance.
    ①   ②   ③   ④

4

You should leave for the airport now otherwise you want to miss the flight.
    ①   ②   ③   ④

01-B : 어법상 바른 것 고르기

빈칸에 들어갈 알맞은 형태의 단어나 어구를 고르는 유형입니다. 문장 전체의 의미를 파악하면서 이에 맞는 정확한 문법 지식을 사용할 수 있는 능력이 요구됩니다.

Study Point

▶ 평소에 다양한 형태의 문장을 학습해야 합니다.
▶ 주어, 동사의 수나 시제의 일치, 전치사의 의미, 접속사, 관계대명사의 쓰임 등에 대한 문법 지식을 습득해야 합니다.
▶ 주어, 보어, 목적어 등의 문장 구성 성분으로 어떤 형태가 쓰이는지, 문맥의 흐름상 어떤 접속사가 필요한지 여러 형태의 문장을 학습해야 합니다.

S A M P L E

Choose the one that best completes the sentence.

I found a small, cozy restaurant _____ we can get a light meal.

① why
② what
③ which
④ where

Tips 빈칸 앞에 restaurant이라는 장소가 나오고 빈칸 뒤에는 '가벼운 식사를 먹을 수 있는'이라는 부연 설명으로 앞의 식당을 수식할 수 있습니다. 이럴 경우 빈칸에는 장소를 나타내는 관계부사가 필요합니다.

해석 나는 우리가 가볍게 식사를 할 수 있는 작고 아늑한 식당을 발견했다.

정답 ④

Choose the one that best completes the sentence.

1

Most people in the village decided _____ the ancient belief.

① follow   ② following

③ followed   ④ to follow

2

_____ her hometown again because she didn't want to run into Cathy Jackson.

① She visited never   ② Never she visited

③ She never visited   ④ Did she never visit

3

Those shoes look the same, but the designs _____ slightly if you take a close look.

① differ   ② different

③ difference   ④ differently

4

Joy _____ able to read Chinese characters before she learned them from her father.

① isn't   ② won't be

③ hasn't been   ④ hadn't been

02 문맥상 알맞은 단어나 숙어 고르기

주어진 문장의 빈칸에 의미상 가장 적절한 단어나 구를 고르는 유형입니다. 문장 전체의 의미를 파악하고 문맥상 논리적으로 빈칸에 들어갈 단어나 구를 유추해 내는 능력이 요구됩니다.

S A M P L E

You will have to find the most appropriate one to complete the sentence.

The _____ has lasted for six months, so the water level in many tanks is dangerously low.

① hail
② smog
③ flood
④ drought

Study Point

▶평소 많은 단어와 숙어의 뜻을 정확하게 익혀두도록 합니다.

▶제시된 문장을 정확히 해석하여 빈칸에 들어갈 단어나 구의 힌트를 얻도록 합니다.

▶선택지에 제시된 단어를 각각 빈칸에 넣어 문장이 자연스러운지 판단해 봅니다.

Tips 문맥상 알맞은 단어를 찾는 문제입니다. so 이하의 내용을 보면 '탱크 속 물의 수위가 위험스러울 정도로 낮다'라는 말이 있으므로 빈칸에는 '가뭄'이라는 단어가 적절합니다. 제시된 단어의 각각의 의미를 정확히 파악하여 정답을 찾도록 합니다.

해석 가뭄이 6개월 동안 지속되면서 많은 탱크 속의 물의 수위가 위험스러울 정도로 낮다.

① 우박　　　　　② 스모그

③ 홍수　　　　　④ 가뭄

정답 ④

Need to Know

주요 어휘의 어형 변화

☐ **observe**(관찰하다), **observant**(관찰력이 있는), **observation**(관찰)

☐ **spirit**(정신, 영혼), **spiritual**(정신적인), **spiritually**(정신적으로)

☐ **mental**(마음의, 정신의), **mentally**(마음속으로, 정신적으로)

☐ **consequence**(결과), **consequent**(~의 결과로 일어나는), **consequently**(결과적으로)

☐ **urge**(권고하다, 재촉하다), **urgency**(긴급, 위기), **urgent**(긴급한), **urgently**(긴급하게)

☐ **resist**(저항하다), **resistance**(저항, 반대), **resistant**(저항하는), **resistantly**(저항하여)

☐ **economy**(경제), **economic**(경제의), **economical**(경제적인, 실속 있는), **economically**(경제적으로)

　　cf. economics(경제학)

You will have to find the most appropriate one to complete the sentence.

1

I can't _____ Billy any more because he told my mom about my secret.

① turn   ② type

③ trust   ④ trace

2

I don't know the exact _____ of the store, but it's somewhere around here.

① location   ② rotation

③ dictation   ④ elevation

3

It's not easy for people to achieve both material and _____ wealth in their lives.

① spiritual   ② optional

③ economical   ④ agricultural

4

Don't _____ others. You need to learn how to survive on your own.

① fall on   ② tell on

③ turn on   ④ depend on

5

Cathy will remember what happened that day because she is calm and _____.

① urgent
② resistant
③ persistent
④ observant

6

When we were about to get on the bus, a young boy suddenly showed up and _____.

① cut in line
② bore in mind
③ kept in touch
④ came into use

7

Christina forgot to inform Jerry of the meeting. _____, he didn't show up at the meeting.

① Patiently
② Sufficiently
③ Consequently
④ Independently

8

Tommy is mature and wise, so you shouldn't _____ him only because he is young.

① hold on to
② make up for
③ catch up with
④ look down on

Reading Type

03-A 시각 자료 이해하기

5문항
각 3점

주어진 시각 자료는 주로 도표나 안내문, 메모, 편지 등의 실용문으로 이러한 시각 자료를 보고, 질문에 대한 답을 고르는 유형입니다. 시각 자료를 정확히 분석할 수 있는 능력이 요구됩니다.

Study Point

▶ 평소에 다양한 형태의 도표, 안내문, 보고서, 이메일, 초대장 등의 실용문을 자주 접하도록 합니다.
▶ 각 자료에 제시되는 숫자나 세부 사항을 꼼꼼히 확인해야 합니다.

S A M P L E

You will read a variety of reading materials such as advertisements, notices, newspaper articles, and letters. Choose the best answer for each question.

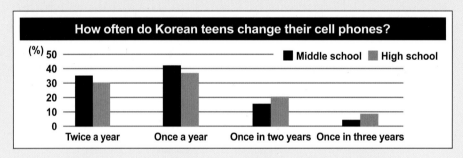

Which of the following is true according to the graph?

① The largest percentage of middle school students change their cell phones twice a year.
② Less than five percent of high school students change their cell phones once in three years.
③ A larger percentage of high school students than middle school students change their cell phones once a year.
④ A smaller percentage of middle school students than high school students change their cell phones once in two years.

Tips '한국의 10대가 얼마나 자주 자신들의 휴대전화를 바꾸는가?'에 대한 그래프입니다. 가로축의 휴대전화 바꾸는 주기와 세로축의 퍼센트 수치를 정확히 비교한 후, 각각의 선택지 내용과 꼼꼼히 비교하여 정답을 찾도록 합니다.

해석 그래프에 따르면 다음 중 사실인 것은 어느 것인가?
① 가장 많은 중학생들이 1년에 두 번 자신의 휴대전화를 바꾼다.
② 5% 미만의 고등학생들이 3년에 한 번 자신의 휴대전화를 바꾼다.
③ 중학생들보다 더 많은 고등학생들이 1년에 한 번 자신의 휴대전화를 바꾼다.
④ 고등학생들보다 적은 중학생들이 2년에 한 번 자신의 휴대전화를 바꾼다.

정답 ④

You will read a variety of reading materials such as advertisements, notices, newspaper articles, and letters. Choose the best answer for each question.

1

Things to keep in mind while using the library.
✓ Turn off your cell phones.
✓ Do not bring in food or drinks.
✓ Make a copy of periodicals if needed.
✓ Use your library cards to borrow books.
✓ Reserve a study room a day in advance.

PSULibrary

What are the library users recommended to do?

① Book a study room prior to use
② Borrow books with a student ID card
③ Drink some tea when they feel sleepy
④ Put their cell phones on vibration mode

2

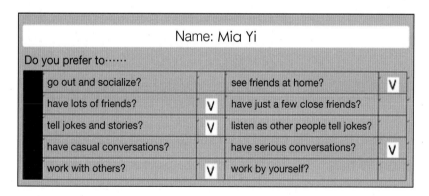

Name: Mia Yi				
Do you prefer to······				
go out and socialize?		see friends at home?		V
have lots of friends?	V	have just a few close friends?		
tell jokes and stories?	V	listen as other people tell jokes?		
have casual conversations?		have serious conversations?		V
work with others?	V	work by yourself?		

What can NOT be known about Mia Yi from the survey?

① She likes to go out with her friends on weekends.
② She likes serious conversations better than casual ones.
③ She prefers to tell jokes to others rather than listen to them.
④ She prefers having lots of friends to having just a few close friends.

03-B 독해 지문 이해하기 (1지문 1문항)

주어진 독해 지문을 읽고 관련된 질문에 대한 답을 고르는 유형입니다. 독해 지문을 이해하여 지문의 주제나 세부적인 정보 파악과 논리적인 관계를 추론할 수 있는 능력이 요구됩니다.

Study Point

▶ 평소에 다양한 주제를 가진 독해 지문을 자주 접하도록 합니다.

▶ 독해 지문에 모르는 단어가 나와도 당황하지 말고 전체 내용을 이해하도록 노력합니다.

▶ 세부 사항을 물을 때는 선택지에 제시된 내용을 지문에서 찾아 밑줄을 그어가면서 확인합니다.

S|A|M|P|L|E

You will read a variety of reading materials such as advertisements, notices, newspaper articles, and letters. Choose the best answer for each question.

From:	Amy Kim (amykim@email.com)	To:	Kevin Harrison (1533kh@email.com)
Subject:	About the party		

Hi Kevin,

Thank you for inviting me to your party, and yes, I'll definitely be there. To answer your first question, I prefer Chinese food to Japanese food. I don't actually like eating raw fish. To your question about the number of guests, I think being with many friends would be better than being with just a couple of friends. It is more fun to spend time with more friends at any kind of party. See you later at your party. Take care.

Amy Kim

`Send`

Why does Amy write this e-mail to Kevin?

① To reply to his e-mail　　　　② To ask him some questions
③ To introduce her friends to him　　④ To complain to him about the raw fish

Tips　이메일의 첫문장과 To answer your first question, To your question about ~ 등의 표현을 통해 이메일을 쓴 목적을 파악할 수 있습니다. 선택지를 정확히 해석하여 정답을 찾도록 합니다.

해석　보내는 사람: Amy Kim (amykim@email.com)
받는 사람: Kevin Harrison (1533kh@email.com)
제목: 파티에 대해
안녕, Kevin.
너의 파티에 나를 초대해 줘서 고마워. 그리고 그래, 난 꼭 거기에 갈 거야. 너의 첫 질문에 응답하자면, 나는 일본 음식보다는 중국 음식을 더 좋아해. 날 생선 먹는 것을 사실 좋아하지 않아. 손님의 숫자에 대한 너의 질문에, 나는 단지 두세 명의 친구들과 있는 것보다는 많은 친구들과 함께 하

는 것이 더 좋다고 생각해. 어떤 종류의 파티에서든 더 많은 친구들과 시간을 보내는 것이 더 재미있으니까.
너의 파티에서 나중에 보자. 잘 지내.

Amy Kim

Amy는 왜 Kevin에게 이메일을 쓰는가?
① 그의 이메일에 답장하기 위해
② 그에게 몇 가지 질문을 하기 위해
③ 그에게 그녀의 친구들을 소개하기 위해
④ 날 생선에 대해 그에게 불평하기 위해

정답　①

You will read a variety of reading materials such as advertisements, notices, newspaper articles, and letters. Choose the best answer for each question.

1

Let's Be Kind to the Earth and Ourselves

It is disappointing to see so much waste in this country. Many people dispose of many things that can be recycled or reused. Some people even throw away dangerous household materials like cleaning products and paints anywhere. Starting now, people should find ways to reduce waste. Look at what is in your garbage, and try to reduce it by half. Recycle paper. Donate materials to a charity, a church, or a library. Don't throw away dangerous household materials anywhere — find out where to dispose of them safely in your community.

What best describes the writer's attitude toward recycling?

① Cynical   ② Passive

③ Indifferent   ④ Determined

2

There are several laws that have changed or have been added regarding seatbelts. Starting in 2011, passengers sitting in the back seat of a car have to wear seatbelts. If they don't, they have to pay a fine of 30,000 won. If a passenger of a taxi doesn't wear a seatbelt, the driver is charged a fine of 100,000 won, which is more than three times higher than the last year's fine. If an express bus or taxi passenger refuses to wear a seatbelt, the driver can tell the passenger to get off.

BUCKLE UP

What can NOT be known from the passage?

① A fine is charged for not wearing a seatbelt on an express bus.

② A taxi driver can force a passenger not wearing a seatbelt to leave the vehicle.

③ A penalty was charged to a taxi driver whose passenger didn't wear a seatbelt in 2010.

④ A passenger not wearing a seatbelt in the back seat of a car should pay over 10,000 won.

03-C 독해 지문 이해하기 (1지문 2문항)

주어진 독해 지문을 읽고 지문과 관련된 두 개의 질문에 대한 답을 고르는 유형입니다. 글의 제목이나 주제 등을 파악하는 추론 능력과 함께 세부적인 내용 확인 등의 정확한 내용 이해 능력이 요구됩니다.

S A M P L E

You will read a variety of reading materials such as advertisements, notices, newspaper articles, and letters. Choose the best answer for each question.

The ant is a common house pest. There are over 20 varieties of ants that can attack your house. Among them, carpenter ants are the ones that cause the most damage. They come in different colors — black, red, brown, and sometimes a combination of these colors. They flock inside the house. If you find lines of them inside your house, it means there is a nest in your house. They normally enter the house through damp woodwork. So ensure that there are no leaks in the house that can dampen the woodwork.

Q1.

What should you do to make your house free of ants?

① Attack their nests
② Block holes on walls
③ Keep the woodwork dry
④ Dampen the whole house

Q2.

Which of the following is NOT true about ants?

① They vary in colors.
② They are common house pests.
③ More than twenty varieties of ants exist.
④ They move inside the house individually.

Study Point

▶ 다양한 주제의 긴 지문을 읽고 글 전체의 주제나 글의 제목, 목적 등 글의 전체적인 대의를 파악하는 연습을 합니다.

▶ 독해 지문의 구제적인 정보를 묻는지, 글의 내용과 일치하거나 일치하지 않는 문장을 골라야 하는지 등의 주어진 질문의 내용을 정확하게 이해해야 합니다.

▶ 지문에 나온 구체적인 정보와 선택지의 정보를 비교하며 확인하도록 합니다.

Tips
집안에서 가장 흔히 볼 수 있는 해충 중에 하나인 개미에 대한 글입니다. 첫 번째 질문은 집안에 개미가 없게 하기 위한 방법은 무엇인지 묻고 있고, 두 번째 질문은 글에 나온 개미와 관련된 정보와 일치하지 않는 것을 고르는 문제입니다. 질문의 내용에 따라 글에서 해당 부분을 찾아 비교하여 정확한 답을 찾아내도록 합니다.

해석
개미는 흔한 집안의 해충이다. 당신의 집을 공격할 수 있는 20가지 이상의 다양한 개미가 있다. 그들 중, 목수 개미는 가장 큰 피해의 원인이 된다. 그들은 검은색, 붉은색, 갈색 등 여러 가지 색깔로, 때때로 이 색깔들이 섞여있기도 하다. 그들은 집안에 무리지어 있다. 만일 당신이 집안에서 그들의 행렬을 발견한다면, 당신의 집에 둥지가 있다는 것이다. 그들은 보통 눅눅한 목조를 통해 집으로 들어온다. 따라서 목조부를 축축하게 할 수 있는, 집안에 물이 새는 곳이 없도록 해야만 한다.

Q1. 당신의 집에 개미가 없도록 하기 위해 무엇을 해야 하는가?
① 그들의 둥지를 공격하기
② 벽에 난 구멍을 막기
③ 목조부를 건조하게 유지하기
④ 집 전체를 축축하게 하기

Q2. 다음 중 개미에 대해 사실이 아닌 것은 무엇인가?
① 그들의 색상은 다양하다.
② 그들은 흔한 집안의 해충이다.
③ 20종 이상의 다양한 개미가 존재한다.
④ 그들은 집안에서 개별적으로 이동한다.

정답
1. ③　2. ④

Practice

You will read a variety of reading materials such as advertisements, notices, newspaper articles, and letters. Choose the best answer for each question.

1

Of all the devastating natural disasters, earthquakes are perhaps the most dangerous. Unlike volcanic eruptions, which can be also devastating, earthquakes cannot be accurately predicted. Scientists can predict when a volcano is likely to erupt by observing its behavior. There is then usually time for the population in the neighborhood to be evacuated. This is not the case with earthquakes. Scientists know where earthquakes are most likely to occur, but they do not know when. So when earthquakes do occur, they are more devastating than any other natural disaster.

Q1.

Why are earthquakes considered to be the most dangerous natural disaster?

① They are unpredictable.

② They occur too frequently.

③ Scientists do not know where they occur.

④ They cause many buildings to collapse at a time.

Q2.

What can be known from the passage?

① There are more than three kinds of volcanoes.

② Scientists can anticipate when volcanic eruptions occur.

③ Many people live in the cities built on top of earthquake zones.

④ The number of people injured by earthquakes has increased every year.

2

According to a new Cambridge University study, running a few days a week will help the growth of a great number of new brain cells. They did a study on two groups of mice. The first group ran 24 kilometers every day for a week, while the second group didn't run at all. According to the researchers, the first group showed improved mental ability.  The running mice scored nearly twice as high as the other group on a memory test after the week of running. They concluded that running improves the ability to recall memories, a skill that is essential for learning.

Q1.
How did the researchers come to the conclusion?

① By testing memories of athletes
② By running for a week themselves
③ By observing two groups of joggers
④ By conducting an experiment using animals

Q2.
What can NOT be known from the passage?

① Running can help improve the ability to remember.
② A few days of running helps increase the number of new brain cells.
③ One cannot learn well if one doesn't have the ability to recall memories.
④ A regular jogger scores twice as high on an IQ test as those who don't run regularly.

01 : 빈칸에 알맞은 단어 쓰기

주어진 독해 지문의 빈칸에 어법에 맞는 표현이나 글의 흐름에 적절한 단어를 골라 쓰는 유형입니다.
문법 지식을 바탕으로 문맥상 필요한 단어를 파악하여 쓸 수 있는 능력이 요구됩니다.

S A M P L E

Read the following passage and fill in each blank with one of the words given below.

The Island of California refers to ____1____ misconception, dating from the 16th century. Europeans believed that California was not part ____2____ mainland North America. They thought it was a large island. It is one of the most famous map-making errors in history. However, many maps ____3____ made according to this misconception at that time. They depicted California as an island.

are, the, of, with, their, were

Study Point

▶문맥의 흐름을 정확히 이해하고 빈칸에 들어갈 단어를 유추합니다.

▶문장에서 요구되는 적절한 시제와 단어의 형태를 고려해야 합니다.

▶함께 자주 쓰이는 표현이나 앞뒤 흐름에 맞는 적절한 단어를 찾아내기 위해서 평소에 어휘력을 기르는 것이 중요합니다.

Tips

문맥의 흐름에 맞게 빈칸에 알맞은 단어를 쓰는 문제입니다. 1.은 명사 앞에 관사를 써야 하는데, dating from ~ 의 설명이 이어지고 있으므로 관사는 the가 필요합니다. 2.는 문맥상 본토의 일부라는 의미가 되어야 하므로 소유를 나타내는 전치사가 와야 하고, 3.은 지도가 만들어지는 것이므로 수동태가 되어야 합니다. 이때 주어가 복수인지, 시제는 어떻게 되는지 파악하여 알맞은 be동사를 써야 합니다.

해석

캘리포니아 섬은 16세기부터 시작된 오해와 관련이 있다. 유럽인들은 캘리포니아가 북아메리카 본토의 일부가 아니라고 믿었다. 그들은 그것이 큰 섬이라고 생각했다. 이것은 역사상 가장 유명한 지도 제작의 오류 중에 하나이다. 그러나 그 당시 많은 지도들이 이 오해를 바탕으로 만들어졌다. 그것들은 캘리포니아를 섬으로 묘사하였다.

정답

1. the   2. of   3. were

Need to Know

시간을 나타내는 접속사

□ **When** I was a child, I lived in New York.

□ Jeremy sometimes listens to music **as** he is alone.

□ You should take off your shoes **before** you go into the house.

□ Let's go for a walk **after** you finish your homework.

□ I will be busy at work **until** tomorrow.

□ **While** she was waiting for the bus, she read a book.

□ He fell asleep **as soon as** he went to bed.

Read the following passage and fill in each blank with one of the words given below.

1

Charles John Huffam Dickens was an English novelist. He was very famous in his lifetime and he is still loved today. He was born ____1____ Portsmouth, England. As a child, he spent his time outdoors, reading books ____2____ lot. The book *Great Expectations* ____3____ one of his most famous works.

a, the, are, in, to, is

2

Dental braces are sometimes needed ____1____ straighten your teeth and correct their position about your bite. The bite is the way that your upper and lower teeth line up. Regular dentists let the patients know if their bite is not correct. If a dentist notices a problem, they ____2____ usually sent to a dental clinic. The dentist can check their teeth and decide ____3____ type of treatment is best for them.

were, to, whether, for, are, what

3

How do people describe the 21st century? "The digital age," "the information age," and "the technology age" ____1____ popular descriptions. Whatever the name, one thing is sure; employees in the 21st century need to be smarter and ____2____ flexible than in the past. New technology means new machines, new ideas, and different jobs. Employees must learn new skills in order ____3____ prepare for new jobs.

is, to, for, most, are, more

4

If you visit Thailand, you should try some ____1____ the delicious desserts like sweet sticky rice. People often eat it as an afternoon snack with tea. You can order it in a restaurant or buy it at a food stand on the street. There ____2____ many types of sweet sticky rice. For example, people make black sticky rice with a kind of wild rice, ____3____ they also make sticky rice with corn.

with, are, because, have, of, and

5

Learning and understanding the economy are important for young students. Buying something and saving money ____1____ all economic activities. Sadly, many children lose interest in economics ____2____ they open their textbooks. In order to help students learn this important subject ____3____ fun ways, schools should have more interesting and useful real-life examples to help students better understand the economy.

that, in, when, is, are, for

6

Walt Disney was born on December 5, 1901 in Chicago. He was one of five children in his family. After Walt's birth, the Disney family moved to Missouri, ____1____ he spent most of his childhood. Young Walt began ____2____ love nature and wildlife and became interested in drawing at an early age. He pursued his art career by studying art ____3____ photography at McKinley High School in Chicago.

which, but, to, and, for, where

02 ┊ 대화에 알맞은 문장 쓰기

1문항
각 3점

A와 B의 대화문을 읽고 대화가 자연스럽게 완성되도록 주어진 단어들을 이용하여 빈칸에 알맞은 의문문의 문장을 쓰는 유형입니다. 대화의 문맥을 파악하여 완전한 형태의 한 문장으로 쓰는 능력이 요구됩니다.

S A M P L E

Read the following dialogue and fill in the blank with one complete sentence by putting the given words in the correct order.

A : Long time no see, Julie.

B : Hey, Mike. How have you been?

A : I've been doing well. How about you? Did you go anywhere during the vacation?

B : Yes, I went to Chicago.

A : _____?

B : With my sister.

there, you, did, with, who, go

Study Point

▶ 평소 의문문의 어순을 정확히 알아두도록 합니다.

▶ 다양한 의문사의 의미를 정확히 파악하고, 각 의문사의 용법을 익혀둡니다.

▶ be동사, 조동사, 의문사를 이용하여 의문문 만드는 연습을 합니다.

Tips

대화의 흐름상 빈칸에 적절한 의문문의 형태를 쓰는 문제입니다. B는 시카고에 갔었다고 하고, 빈칸 다음에 언니와 갔다고 했으므로 빈칸에는 '누구와 갔는지'에 대한 물음이 올 수 있습니다. 응답의 시제를 보면 과거이므로 의문사 다음에 조동사 과거를 써야 하고, 이어서 주어 동사가 옵니다.

해석

A : Julie, 오랜만이야.

B : 안녕, Mike. 어떻게 지냈니?

A : 잘 지내고 있어. 너는 어떠니? 방학 동안 어디라도 갔다 왔니?

B : 응, 시카고에 갔었어.

A : 누구와 함께 거기 갔는데?

B : 우리 언니와 함께.

정답

Who did you go there with?

Need to Know

How + 형용사[부사] ~? 의문문

□ **how old** (나이)	□ **how far** (거리)	□ **how often** (빈도)
□ **how much** (양, 정도, 가격)	□ **how many** (수)	□ **how long** (길이)
□ **how tall** (키)	□ **how deep** (깊이)	□ **how high** (높이)

ex) How often do you wash your car?

ex) How far is it from here?

ex) How long does it take to get to the station?

ex) How tall are you?

Read the following dialogue and fill in the blank with one complete sentence by putting the given words in the correct order.

1

A : Hey, Chuck.

B : Hi, Olivia.

A : Shall we go to the movies tonight?

B : I'm sorry, but I have plans for tonight.

A : _____?

B : I am going to visit my uncle.

> you, to, what, are, do, going

2

A : Hey, this looks good. I'm so hungry.

B : Help yourself. I hope you like Korean food.

A : Umm... Wow, this is really delicious! What do you call it?

B : It's Bulgogi. It's one of the most famous Korean food.

A : Oh, I see. _____?

B : I cook it once a month.

> you, often, it, do, how, cook

3

A : May I help you?

B : Yes, I'd like to buy a sweater for myself.

A : How about this one? This color will look good on you.

B : I don't like pink. _____?

A : Of course, we do. We have yellow, black, and green ones.

B : Can I see the green one?

> colors, you, do, different, have

4

A : Good evening.

B : Good evening. My name is Richard Ericson and I'm here to meet Mr. Carlson.

A : _____?

B : I have an appointment at 4 o'clock.

A : Please sit down. He is in a business meeting now, but he will be with you shortly.

B: Okay. Thanks.

> to, you, supposed, when, are, meet

5

A : Jackie, what happened? You look terrible!

B : I think I've got bad food poisoning. I have a terrible stomachache.

A : Sorry to hear that. _____?

B : Yes, I did. The doctor prescribed medicine for food poisoning and I took it once.

A : I hope it'll help you.

B : So do I. Thanks.

> go, doctor, you, a, see, did

6

A : Shall we do something fun at the Mississippi River sometime next week?

B : Okay. _____?

A : I'd like to go fishing.

B : Okay. When are you free?

A : I'm free on the weekend.

B : Alright. Let's go fishing next weekend then.

> in, what, you, mind, have, do

03 제시어를 이용하여 사진의 상황을 한 문장으로 묘사하기

주어진 사진을 보고 제시된 단어들을 이용하여 완전한 문장으로 사진을 올바르게 묘사하는 유형입니다. 문장 성분에 맞게 단어들의 순서를 바르게 배열하여 완전한 문장을 만들 수 있는 능력이 요구됩니다.

S A M P L E

Describe the picture with one complete sentence by putting the given words in the correct order.

the, kneeling, uniform, is, man, the, down, on, in, ground

Study Point

▶주어, 동사, 목적어 등 문장의 성분으로 쓰일 수 있는 형태에 대해 정확하게 익혀둡니다.

▶명사를 수식하는 형용사나 형용사구의 형태나 위치에 대해 파악하여 완전한 문장을 만드는 연습을 합니다.

▶제시된 단어를 사용하지 않거나 변형하지 않도록 주의합니다.

Tips 사진을 보고 제시된 단어를 이용하여 사진의 상황을 바르게 묘사하는 문제입니다. 사진에 야구 유니폼을 입은 남자가 바닥에 무릎을 꿇고 앉아 있습니다. 현재진행형으로 표현하는데, 동사에 –ing가 있는 kneeling이 주동사가 될 수 있습니다. '유니폼을 입은'은 전치사구를 이용해 주어를 수식하는 구조가 될 수 있으므로 주어, 전치사구, 현재진행형, 장소의 부사구 순이 되어야 합니다.

해석 유니폼을 입은 남자가 바닥에 무릎을 꿇고 앉아 있다.

정답 The man in uniform is kneeling down on the ground.

Need to Know

전치사 in의 쓰임

☐ 복장 : ~을 입고 있는 ex) Look at the girl **in** blue dress.

☐ 장소 : ~안에 ex) My father caught fish **in** the river.

☐ 범위 : ~안에서, ~중에서 ex) Six **in** ten children wear glasses.

☐ 때, 시간 : ~ 동안에 ex) It was cold **in** the morning.

　　　　　 ~ 후에 ex) Call back **in** an hour.

☐ 방법 : ~로 ex) We talk to each other **in** English.

Describe the picture with one complete sentence by putting the given words in the correct order.

1

> flying, is, sky, man, into, the, kite, a, the

2

> sitting, each, two, on, people, railroad, other, the, are, facing

3

some, throwing, bin, woman, trash, the, away, in, is, trash, the

4

with, suits, other, in, hands, men, shaking, each, are, two

TOPEL Intermediate

Level **1**

1

Level Up

Listening Part

Reading Part

Writing Part

Listening Part

In the Listening Test, you will be asked to demonstrate how well you understand spoken English.

 CD1-40

Part I

Directions: In questions 1-5, you will see a picture and hear four statements describing each picture. Choose the statement that best describes what you see in the picture. Then, mark the correct answer on your answer sheet. The statements will not be repeated, so you must listen carefully.

1
CD1-41

2
CD1-41

3
CD1-41

4
CD1-41

5
CD1-41

Part II

Directions: In questions 6-10, you will hear short conversations. Choose the most appropriate response to the last person's comment at the end of the conversation. Each conversation will not be repeated, so you must listen carefully.

6
CD1-43

① Since I was ten.
② From a pet shop.
③ With light brown hair.
④ Every other weekend.

7
CD1-43

① I'll definitely be there.
② Tennis games are interesting.
③ We play basketball every Friday.
④ You should come to see my game.

8
CD1-43

① Thanks. The dinner was great.
② Sure. We have a lot to catch up on.
③ Sorry. I will go abroad for the summer.
④ Okay. Let me introduce you to my family.

9
CD1-43

① I can't put it down.
② I've met the author.
③ I have his autograph on it.
④ I borrowed a book from him.

10
CD1-43

① At a travel agency.
② Except for the hotel.
③ For the whole month.
④ Back in New Zealand.

CD1-44

Part III

Directions: In questions 11-24, you will hear some conversations. Choose the best response to each question and mark the correct answer on your answer sheet. The questions are printed out in your test booklet.

11
CD1-45

Where is the conversation most likely taking place?

① At a bakery ② At a restaurant
③ At a dry cleaner's ④ At a grocery store

12
CD1-46

What color shirt will the man buy?

① Blue ② Black
③ White ④ Green

13
CD1-47

Who is the woman most likely talking to?

① A mechanic ② A car dealer
③ An insurance agent ④ A computer engineer

14
CD1-48

For what time has the woman reserved a table?

① 5 o'clock ② 6 o'clock
③ 7 o'clock ④ 8 o'clock

15
CD1-49

What did the woman ask the man to do?

① Tell her his opinion ② Teach her some dialects
③ Choose a topic for her paper ④ Give directions to a certain place

16
CD1-50

What are the man and the woman mainly talking about?

① A novel ② A movie
③ A TV show ④ A weekend plan

17
CD1-51

How would the woman most likely feel about the man?

① Proud ② Doubtful
③ Indifferent ④ Frustrated

18
CD1-52

What can be known about the woman?

① She never skips meals.

② She is a bit overweight.

③ She has taken swimming classes before.

④ She goes to aerobics classes every morning.

19
CD1-53

What is mentioned about the assistant curator position?

① The salary   ② Working hours

③ The location of the office   ④ The number of employees

20
CD1-54

When is the assignment due?

① Today   ② Tomorrow

③ Next Monday   ④ In a month

21
CD1-55

What can NOT be known about the man's roommate?

① He leaves the room messy.

② He stays up until late at night.

③ He often invites her friends over.

④ He always plays loud music in the room.

22
CD1-56

What can be known from the conversation?

① The woman has lost her library card.

② The woman has never met her academic advisor.

③ The woman has decided not to go to the library today.

④ The woman has made her next semester's class schedule with the man.

23
CD1-57

What does the man suggest the woman do?

① Go to a Japanese class   ② Ask her teacher for help

③ Try to make Japanese friends   ④ Read Japanese newspapers

24
CD1-58

How much can the man save by getting the discount?

① 10 dollars   ② 20 dollars

③ 50 dollars   ④ 80 dollars

CD1-59

Part IV

Directions: In questions 25-30, you will hear some monologues. Choose the best response to each question and mark the correct answer on your answer sheet. The questions are printed out in your test booklet.

25
CD1-60

What should you do to book a room?

① Press 1   ② Press 2

③ Press 3   ④ Stay on hold

26
CD1-61

How is the weather expected to be today?

① Warm and sunny   ② Cold and rainy

③ Hot and humid   ④ Chilly and cloudy

27
CD1-62

What is the purpose of the announcement?

① To notify shoppers of reopening of the mall

② To promote newly opened shops of the mall

③ To attract shoppers to a special event of the mall

④ To inform shoppers of temporary closing of the mall

28
CD1-63

What caused the flight to be delayed?

① Plane malfunction   ② Crowded runways

③ Change in flight paths   ④ Problems at the airport

29
CD1-64

What is the main topic of the lecture?

① Tips for waking up early

② Benefits of being an early riser

③ Suggestions for sleepless people

④ Advantages of having enough sleep

30
CD1-65

What is NOT true about Jamie Sale?

① She is blind.   ② She is a figure skater.

③ She was born with a disability.   ④ She is an Olympic gold medalist.

Reading Part

In the Reading Test, you will read a variety of texts and answer several different types of reading comprehension questions.

Part V

Directions: In questions 1-10, you will have to either find the grammatical error or choose the best word to complete the sentence.

1~5

Choose the underlined one that is grammatically incorrect.

1   One of my goals are to join the Peace Corps to help poor people.
    ①   ②   ③   ④

2   Small mammals tend to be more aggressive when they got in danger.
         ①   ②   ③   ④

3   He discussed the socially background of modern Chinese literature in
       ①   ②   ③   ④
    his writing.

4   Global temperatures are rising little by little because of the increased in
                                ①   ②   ③   ④
    pollution.

5   Training methods for the players should be improve in order to win the
             ①   ②   ③   ④
    game.

6~10

Choose the one that best completes the sentence.

6 The cafeteria will be open late _____ the exam week.

① while
② during
③ though
④ besides

7 Since ancient times, silver _____ to treat diseases.

① is used
② was used
③ has used
④ has been used

8 Parents these days are too _____ towards their children.

① protect
② protective
③ protection
④ protectively

9 Light travels _____ faster than sound, so lightning always precedes thunder.

① far
② less
③ very
④ many

10 A common complaint among air passengers is _____ not enough leg room is provided.

① that
② what
③ which
④ where

Directions: In questions 11-20, you will have to find the most appropriate one to complete the sentence.

11   Accidents usually happen when safety checks are _____.

① overcome   ② overlooked

③ overcharged   ④ overwhelmed

12   Thanks to calculators, we do calculations very quickly and

_____.

① totally   ② gradually

③ accurately   ④ respectively

13   Part of being _____ is listening to the voices of people around you.

① confident   ② desperate

③ independent   ④ considerate

14   The interviewer wanted _____ in at least two languages from the applicant.

① definition   ② deficiency

③ promotion   ④ proficiency

15   Erin had to _____ the chief editor who was away on an overseas trip.

① run over   ② take after

③ look up to   ④ stand in for

16 Joel studied very hard for the exam. He _____ to get such good marks.

① refused   ② afforded
③ deserved   ④ pretended

17 Be careful when you walk on that path. The surface is rather _____.

① unfair   ② uneven
③ unfolded   ④ unknown

18 Scientists are looking for a _____ to treat the currently incurable disease.

① solution   ② attention
③ destination   ④ competition

19 Joseph and Yura ran into each other and fell down. _____, neither of them was hurt.

① Especially   ② Obviously
③ Conversely   ④ Fortunately

20 Eric's team won the tournament and he accepted the trophy _____ his team.

① in charge of   ② on behalf of
③ in addition to   ④ with regard to

Directions: In questions 21-35, you will read a variety of reading materials such as advertisements, notices, newspaper articles, and letters. Choose the best answer for each question.

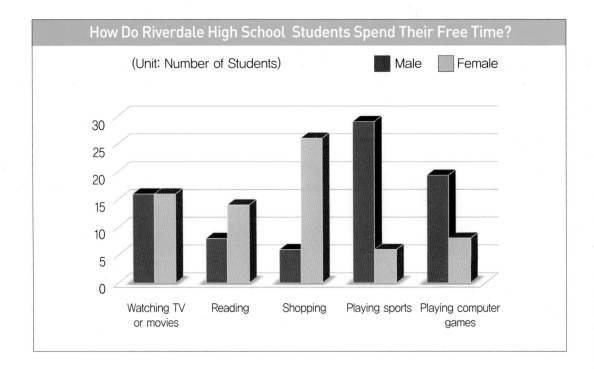

How Do Riverdale High School Students Spend Their Free Time?

21 **What is true according to the graph?**

① Female students tend to read more than male students in their free time.

② The biggest number of female students watch TV or movies in their free time.

③ More female students spend their free time playing sports than male students do.

④ The same number of male and female students play computer games in their free time.

Please come to have a look at our new house
and celebrate with us!

2 pm, Saturday, April 16th

Justin Lee and Annie Park

20 Sweetbriar Drive
Glordale, California 91705

If you can come,
please give us a call at 555-2036.

22 Why did Justin and Annie write the card?

① To invite people to their housewarming party

② To ask people for help with house renovation

③ To inform people of their new contact number

④ To let people know that they've been engaged

All Northside students are invited to go skating.

Date: Thursday, December 15th, 2014
Time: 10 am – 12 pm
Fee: $6

Please wear long pants and gloves.

Send in the fee
by Wednesday, December 14th

23 Which information is NOT provided in the poster?

① Where the students will skate

② What the students should wear

③ How much it costs to go skating

④ How long the students can skate for

WEB COUPON

Complimentary

Buy a large size beverage and get one free!

* Limit one coupon per guest
* One item per coupon
* No cash value
* Maximum value of $7 for a free item

EXPIRES 6/30/2014

---

24 What is true about the coupon?

① It is valid until the end of the year.

② It can be used for drinks in any size except large.

③ It cannot be used for an item that costs more than $7.

④ It provides a 30% discount on any kind of beverage item.

Video Contest 2015

Win a $1,000 cash prize,
gain experience,
and earn recognition with one short video!

Subject: Computer Security Awareness
Length: 2 minutes or less
Submission Deadline: August 15th, 2015

For more information,
call 1588-3042 or visit ECNSTF.or.ca

---

25 What can NOT be known from the poster?

① The length of a video

② The prize for the winner

③ The ways to submit a video

④ The deadline for submission

There are three main reasons why vitamins in foods like vegetables and fruits are lost or destroyed. First, some food loses vitamins when it meets water. When some vegetables are washed in water, vitamins are lost. Also, some vitamins are vulnerable to heat. When vegetables are cooked, the heat destroys some of the vitamins, and the vitamins lose effect. Finally, people sometimes throw away the part of a fruit which contains the most vitamins. For example, the skin of an apple contains much vitamin, but people often peel it off and don't eat it.

26 What is NOT mentioned as a circumstance in which vitamins are lost or destroyed?

① When food gets wet
② When food is heated up
③ When food is stored in a cold place
④ When a certain part of food is removed

Have you ever experienced motion sickness? Do you know why it happens? Let's suppose you are reading a book in a moving car. Your inner ears detect that you are moving and send the information to your brain. Meanwhile, your eyes, which are looking at the book, also detect that you are moving and send the information. Consequently, the information coming from different senses confuses your brain. This makes you feel dizzy or sick.

27 What is the main topic of the passage?

① The cause of motion sickness
② The symptoms of motion sickness
③ The tips for avoiding motion sickness
④ The effect of motion sickness on the human brain

How can we live long lives without disease? The Hunza people living in the high mountains in Pakistan live over one hundred years, and they are healthy. How can it be possible? The answer is their diet. They only eat vegetables, fruit, and grains that they grow for themselves. Also, they avoid eating meat, and they never drink alcohol. From the lifestyle of Hunza, we can guess that living a long, healthy life is closely related to one's daily diet.

28 How does the writer explain the importance of daily diet?

① By giving health benefits of vegetarian diets

② By suggesting certain foods that should be avoided

③ By presenting the lifestyle of people in a certain area

④ By comparing two groups of people on totally opposite diets

The yellow dust is becoming a bigger problem every year. This is because more land in China turns into desert each year. This desertification happens in many ways. The reason that the land near the desert turns into desert is that wind carries the sand and covers it. When there is no rain for a long time, plants die out and the land gets ruined. Also, sometimes people cause desertification. When people cut down trees, the land can't hold water in the ground and the soil dries out.

29 What can be inferred from the passage?

① Trees play a major role in holding water in the ground.

② Desertification has been a serious problem for a decade.

③ Water shortage is the main reason for the desertification in China.

④ Once the soil is ruined, it is impossible to restore the soil structure.

30~31

Hi Gillian,

I need some advice. As you know, I was accepted at a university in Canada, and the school starts this September. I really want to study there, but my parents want me to stay in Korea. I'm an only child, and they worry about me a lot. I really love my parents, and I appreciate their concern for me, but I really want to follow my dream! I can't sleep or study. Please let me know when I can meet you to talk about this.

Thanks,
Min Jung

30 What is the purpose of the letter?

① To make a complaint

② To ask for some advice

③ To make an appointment

④ To give a self-introduction

31 What is NOT true about Min Jung?

① She has no brothers or sisters.

② She has difficulty sleeping now.

③ She was forced to go to Canada.

④ She wants to study at a university overseas.

If you are in love with poetry, you may have read the poems of Emily Dickinson, one of the most famous female poets. She rarely left her home. She would sit alone at home, writing poems. This may have helped her spread her imagination and write so many unique poems. Her work does not fit into only one genre. One critic said that her work is that of extraordinary grasp and insight. Her poems are loved by many people until today because of her fantastic imagination.

32 What best describes Emily Dickinson's personality?

① Creative

② Sociable

③ Ordinary

④ Energetic

33 What can be known about Emily Dickinson from the passage?

① She spent most of her time at home.

② She received mixed reviews from critics.

③ She wrote more than a thousand poems.

④ She published her first poetry book when she was alive.

34~35

People of the ancient Middle East created the earliest form of pizza. They baked bread on stones in a wood-heated oven. Then, they topped the bread with simple spices and vegetables. However, pizza as it is known today originated in Naples, Italy. In 1889, Raffaele Esposito, a baker, created a special dish to honor the visiting king and queen of Italy. Esposito topped Neapolitan flat bread with green basil, white mozzarella cheese, and red tomato sauce. These colors represented the Italian flag. Many bakers soon copied the dish.

34 What is the best title for the passage?

① The Ingredients of Pizza

② The Best Recipe to Make Pizza

③ The Origin and History of Pizza

④ The Most Famous Pizza Maker in Italy

35 What is true about Raffaele Esposito?

① He made pizza in honor of the royalty of Italy.

② He added tomato sauce on pizza by accident.

③ He copied other bakers' recipes to make pizza.

④ He was an Italian baker in the eighteenth century.

Writing Part

In the Writing Test, you will be asked to demonstrate how well you write in English.

Part VIII

Directions: In questions 1-5, you will be asked to fill in the blanks and to describe a picture. Write the best answer for each question.

1~3

Read the following passage and fill in each blank with one of the words given below.

> Are you afraid of falling out of bed when you sleep? If so, don't worry
> _____1_____ it. Your brain keeps you safe when you sleep. Your brain
> _____2_____ well aware of its surroundings and careful of what will happen
> to you. For example, it remembers how large _____3_____ how high your
> bed is.

> and, are, about, by, is, but

4

Read the following dialogue and fill in the blank with one complete sentence by putting the given words in the correct order.

A : Hi, Angie.

B : Hi, Tim. Where are you going?

A : I'm going to the city library. Do you know which bus I should take?

B : Take the number 4421 bus here.

A : Oh, I see. _____?

B : Get off at Central Park Station.

> I, off, should, get, where

5

Describe the picture with one complete sentence by putting the given words in the correct order.

a, on, is, stairs, the, book, woman, the, reading

THE END

TOPEL Intermediate

Level **1**

2

실 전 모 의 고 사

Level Up

Listening Part

Reading Part

Writing Part

Listening Part

In the Listening Test, you will be asked to demonstrate how well you understand spoken English.

Part I

Directions: In questions 1-5, you will see a picture and hear four statements describing each picture. Choose the statement that best describes what you see in the picture. Then, mark the correct answer on your answer sheet. The statements will not be repeated, so you must listen carefully.

1
CD1-67

2
CD1-67

3
CD1-67

4
CD1-67

5
CD1-67

Part II

Directions: In questions 6-10, you will hear short conversations. Choose the most appropriate response to the last person's comment at the end of the conversation. Each conversation will not be repeated, so you must listen carefully.

6
CD1-69

① I will call the repairman to fix the machine.
② The copy machine must have been broken.
③ You need to enter the amount of copies first.
④ The copy machine can make many copies.

7
CD1-69

① We need to be there early.
② We should wear formal clothes.
③ It is going to be a wonderful dinner.
④ Both of his parents are going to be there.

8
CD1-69

① I was having so much fun with them.
② A few friends helped translate for me.
③ You will meet many new friends like I did.
④ I learned so much over there during the year.

9
CD1-69

① How big is your friend's house?
② Thank you. I will look for someone, too.
③ Where are you going for your vacation?
④ OK. I will ask you to take care of him later.

10
CD1-69

① Please clean it up for me.
② I'm not an organized person.
③ That sounds like a good idea.
④ I can hardly remember the title.

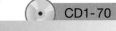

CD1-70

Part Ⅲ

Directions: In questions 11-24, you will hear some conversations. Choose the best response to each question and mark the correct answer on your answer sheet. The questions are printed out in your test booklet.

11
CD1-71

Who is the man most likely talking to?

① A nurse   ② A doctor
③ A mother   ④ A teacher

12
CD1-72

Who taught the woman about animals?

① The man   ② Her father
③ Zookeepers   ④ School teachers

13
CD1-73

What would the woman do right after the conversation?

① Wash her clothes   ② Pack for the camp
③ Buy camping items   ④ Go on a camping trip

14
CD1-74

How much money will the man lose?

① $50   ② $100
③ $150   ④ $300

15
CD1-75

What are the man and the woman mainly talking about?

① The work to finish   ② The Internet problems
③ E-mails they received   ④ Difficulties of sending e-mails

16
CD1-76

What did the man do last weekend?

① Take care of his brother   ② Go on a business trip
③ Play basketball with the woman ④ Play basketball with his brother

17
CD1-77

What time will the man go to the woman's performance?

① At 5:45   ② At 6:00
③ At 6:15   ④ At 6:30

18

What is the man trying to do?

① Make an international call to Korea

② Ask about his previous call to Korea

③ Ask the operator to dial the country code

④ Make a call to another country from Korea

19
CD1-79

What will the man do next?

① Take a nap

② Read a new book

③ Go to the bookstore

④ Tell his brother of the woman's visit

20
CD1-80

What will the woman do after the conversation?

① Call her friends

② Set up the table

③ Make reservations

④ Wait for her company to arrive

21
CD1-81

What is true according to the conversation?

① The woman's party is on Tuesday.

② The man will go to the party alone.

③ The man's sister is currently not hired.

④ The man's sister can't go to the party.

22
CD1-82

How many people will go to eat ice cream?

① 3

② 4

③ 5

④ 6

23
CD1-83

When will the man contact the woman for the job?

① Next year

② Next month

③ Next summer

④ Next weekend

24
CD1-84

What does the woman suggest the man do about the notebook?

① Buy two big notebooks

② Buy two small notebooks

③ Buy one small notebook

④ Buy one big notebook with a divider

CD1-85

Part IV

Directions: In questions 25-30, you will hear some monologues. Choose the best response to each question and mark the correct answer on your answer sheet. The questions are printed out in your test booklet.

25
CD1-86

What is the purpose of the speech?

① To inform a gift card sale   ② To announce a job opening

③ To announce a baking contest   ④ To teach how to bake cookies and cakes

26
CD1-87

What is NOT true according to the speech?

① The tour packages are for summer vacation.

② Students can go on either one of the two tour packages.

③ The Niagara Falls is the most powerful waterfall in the world.

④ The Grand Canyon is a great place to learn about the Earth's history.

27
CD1-88

What will the speaker mainly talk about next?

① Small species of spiders   ② Two kinds of harmful spiders

③ Spiders and insect population   ④ Harmful and harmless spiders

28
CD1-89

What should the girls do after the class?

① Talk to Mrs. Jones   ② Clean up the floor

③ Go to the student center   ④ Remain in the classroom

29
CD1-90

According to the weather forecast, when will the rain probably stop?

① 4:00 am   ② 8:00 am

③ 9:00 pm   ④ 12:00 pm

30
CD1-91

What is NOT true about Hong Kong International Airport?

① It handles Airbus 380 flights.

② It is operated by 60,000 workers.

③ It serves 3.5 million passengers in a year.

④ It is one of the best and the busiest airports.

Reading Part

In the Reading Test, you will read a variety of texts and answer several different types of reading comprehension questions.

Part V

Directions: In questions 1-10, you will have to either find the grammatical error or choose the best word to complete the sentence.

1~5

Choose the underlined one that is grammatically incorrect.

1 The computer labs at school were being use by the students.
      ①   ②   ③   ④

2 I felt uneasy watching my son sang in his first performance.
      ①   ②   ③   ④

3 Maintaining people in work is likely to be most challenging than entering
      ①   ②   ③   ④
   work.

4 John would be found the solution yesterday if the question had been
              ①   ②   ③
   given to him.
   ④

5 Cookies are very delicately and must be handled carefully.
          ①   ②   ③   ④

6~10

Choose the one that best completes the sentence.

6 The restaurant designed a new menu _____ a new page for delicious desserts.

① include
② includes
③ included
④ including

7 Dan _____ a chance to practice playing the piano since he caught a cold last week.

① hasn't
② hasn't had
③ hasn't been
④ hasn't having

8 Emma brought an umbrella because the weatherman said there may be _____ rain in the afternoon.

① possibly
② possible
③ possibility
④ possibilist

9 The sun's energy helps plants _____.

① grow
② grew
③ grown
④ growing

10 The disappearance of the great female pilot, Amelia Earhart, will forever remain a _____.

① mystery
② mysteries
③ mysterious
④ mysteriously

Directions: In questions 11-20, you will have to find the most appropriate one to complete the sentence.

11 He picked up the _____ of wood from the backyard.

① net   ② pile

③ area   ④ sheet

12 Because of the cold and wet snow, the heavy truck was stuck in the _____ road.

① dry   ② silky

③ muddy   ④ smooth

13 Road signs are _____ bright in order for drivers to see them more easily.

① loudly   ② slowly

③ quickly   ④ noticeably

14 A _____ of letters was delivered by the postman.

① head   ② depth

③ board   ④ bundle

15 The boss _____ all her employees to attend the company meeting.

① committed   ② appointed

③ encouraged   ④ acknowledged

16   There's no time to be nervous. You need to _____ and go perform on stage.

① calm yourself   ② put yourself down

③ lower your voice   ④ keep your promise

17   All guests can _____ one item from the products that works the best for them.

① wait   ② choose

③ depend   ④ increase

18   Jessica _____ studies by herself than with her friends.

① does   ② soon

③ never   ④ rather

19   Countryside College is the most dynamic and ethnically _____ college in the Inland Empire.

① empty   ② diverse

③ numerous   ④ handsome

20   Although the two brothers are identical twins, they have _____ different personalities.

① softly   ② slowly

③ expectedly   ④ extremely

Directions: In questions 21-35, you will read a variety of reading materials such as advertisements, notices, newspaper articles, and letters. Choose the best answer for each question.

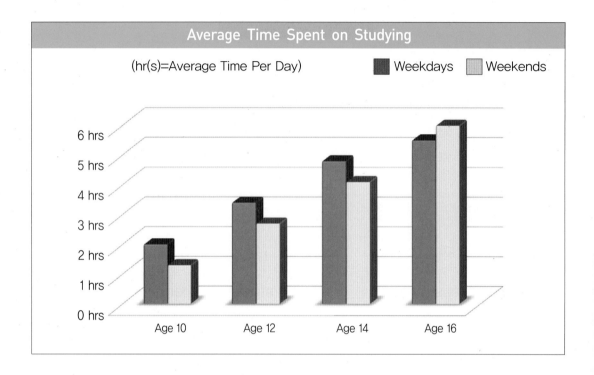

21

What is true according to the graph?

① 12-year-olds study for more than ten hours a week on average.

② Average time spent on studying decreases as students get older.

③ 10-year-olds study for fewer hours on weekdays than on weekends.

④ 16-year-olds study for longer hours on weekends than on weekdays.

22 What can be known from the advertisement?

① The salads are served with soup.

② The store sells more than 10 kinds of salads.

③ Customers can carry out three plates at once.

④ The special deal expires at the end of the year.

23 What is NOT true according to the sign above?

① The pool is open at only certain hours.

② You should not run around the swimming pool.

③ If you are an adult, you may take pets to the pool.

④ If you are older than 9 years old, you can swim alone.

New Message

From:	The National Science Academy
To:	Cindy Lee
Subject:	Finalist Winner

Congratulations!

You have been chosen to compete in our science contest. You will need to invent a science experiment. The first prize winner will receive a scholarship. Please respond to this e-mail to confirm your participation.

Sincerely,

The National Science Academy

Reply

24 What could be the best response to the e-mail above?

① Thank you for confirming me as a winner.

② Thank you for offering a scholarship to me.

③ Yes. I am interested in participating in the contest.

④ Yes. I am curious about what I need to do to become a finalist.

🏠 Family Chores 🏠

	MONDAY-FRIDAY	SATURDAY-SUNDAY
FATHER	Vacuum the house	Clean windows
MOTHER	Wash dishes	Wash dirty laundry
RACHEL	Make bed in the morning	Help Mom prepare dinner
DAVID	Throw away trash	Water the grass

25 Which of the following is NOT true?

① Rachel makes her bed every morning.

② Father cleans the windows on weekends.

③ David takes out the garbage on weekdays.

④ Mother and Rachel make dinner together on weekends.

Maximilien Robespierre was a French lawyer and politician who became one of the leading figures of the French Revolution. He brought about what is known as the "Reign of Terror." Robespierre became popular in France for attacking the kingdom and pushing for political reform. His influence put an end to the kingdom and took out the French king and queen. When the kingdom fell, the power went to him. Robespierre quickly became a dictator, and he was soon overthrown in 1794.

26 Why is Maximilien Robespierre remembered today?

① He overthrew the French monarchy.

② He was the first president of France.

③ He led France to the war with England.

④ He brought about peaceful political change.

Everyone is unique, except for those who are twins. Twins are siblings who are from the same birth. There are two types of twins. One type is an identical twin. Identical twins have the exact same looks and share the same genes. The other type is a fraternal twin. Fraternal twins are siblings from the same birth but do not share the same genes. Although they are twins, they may look very different from each other like any other pair of siblings.

27 What is the best title for the passage?

① Siblings Born in the Same Birth

② The Unique Individuals in Twin Births

③ The Similar Characteristics Found in Twins

④ The Differences Between the Two Types of Twins

Today, I had a good and a bad moment. My day started out well. My English class had a surprise quiz. Fortunately, I studied last night for my test. I was glad we had a surprise quiz because I did really well. However, I had completely forgotten to write my speech for my speech club. I was not prepared and stood in front of many students without knowing what to talk about. From now on, I must keep a to-do list for myself.

28 **What can NOT be known from the passage?**

① The writer took a quiz on English grammar.

② The writer did really well on his English surprise quiz.

③ The writer had already prepared for his test last night.

④ The writer was not prepared for his speech in front of many students.

The gold rush in California began in 1848. A worker named Samuel Rogers found shiny metal in the American River near Sacramento. The news of the discovery of gold quickly spread to local areas. Soon enough, the news traveled around the world and brought thousands of people to California to search for gold.

These gold seeking people were called the "forty-niners," named after the year 1849 when the gold rush bloomed. The forty-niners were made up of families and children who set up camp near the river in search of gold.

29 **What can be known from the passage?**

① Samuel Rogers became famous all around the world.

② People moved to California to live by the American River.

③ Gold miners searched for gold by mining rocks in river beds.

④ The name "forty-niners" derived from the year of the gold rush.

30~31

The City of Indio Palms has made a list of popular hobbies. In the survey, 25% of the people listed reading as their hobby. Watching television was listed by 15%. Spending time with their family and kids was listed by 10% and fishing, gardening, going to the movies followed. After the survey, the city has decided to expand the existing library and to build a family activity center there. The new family activity center will have an indoor basketball court, a swimming pool, racquetball courts, and outside picnic shelters. The city hopes it will bring family members together.

30 What is NOT mentioned about the City of Indio Palms?

① More citizens watch TV as their hobby than go to the movies.

② Hobbies and activities can be enjoyed at the family activity center.

③ The new family activity center will be located at the existing library.

④ Citizens spend a lot of time outdoors, swimming and going on picnics.

31 What can be inferred from the passage?

① The majority of citizens are small families.

② Some citizens of Indio Palms are family-oriented.

③ The City of Indio Palms is made up of wealthy people.

④ Many families spend their weekends playing video games.

Born in the 1700s in Germany, Ludwig van Beethoven is one of the world's most influential composers of classical music. Beethoven spent most of his life writing only nine symphonies. He began to lose his hearing in his 20s but still continued writing music. He became completely deaf later in his life and many questioned how he was able to hear his own music. Regardless of his hearing loss, Beethoven's music was extraordinary and made a profound impact on the world. Many people still love listening to his music for over hundreds of years.

32 What did many people question about Beethoven in regards to his music?

① At what age he learned about music

② How he got inspiration for his symphonies

③ How he became the most famous composer

④ How he was able to create music with hearing loss

33 What can NOT be known about Beethoven?

① Beethoven's death was due to his hearing loss.

② Beethoven was born in the country of Germany.

③ Beethoven is one of the most influential composers.

④ Beethoven was still able to write music when he became deaf.

34~35

Jellyfish are a very unique species of fish. They swim freely and live in the deep oceans although some live in fresh water. It is discovered that jellyfish have been roaming the sea for 500 million years. The jellyfish is one of the most toxic species of fish. It has the ability to sting with its tentacles. Jellyfish stings can be deadly to humans and cause extreme pain. Some jellyfish are colorless and do not have the ability to sting, but many jellyfish are colorful creatures and can be dangerous to humans.

34 What is true about jellyfish stings?

① All jellyfish have the ability to sting.

② Jellyfish can attack others with their tentacles.

③ Most adults can endure pain caused by jellyfish.

④ Jellyfish stings can cause death to everything in the ocean.

35 What can be inferred from the passage?

① People can touch jellyfish.

② All of the jellyfish are found in the deep oceans.

③ People should be careful about colorful jellyfish.

④ Jellyfish can roam in the ocean for a short period.

Writing Part

In the Writing Test, you will be asked to demonstrate how well you write in English.

Part VIII

Directions: In questions 1-5, you will be asked to fill in the blanks and to describe a picture. Write the best answer for each question.

1~3

Read the following passage and fill in each blank with one of the words given below.

Carrots are high in nutrients and vitamins. They are usually orange and are grown in the ground. Carrots are vegetables that can ____1____ eaten raw without cooking. They provide good nutrition, especially for the eyes. Carrots have vitamin ____2____ provides better vision. However, eating too many carrots can cause the skin to turn orange because ____3____ the pigment in the carrots.

---

what, that, of, be, have, by

4

Read the following dialogue and fill in the blank with one complete sentence by putting the given words in the correct order.

A : I cannot find my wallet. I thought I left it at school, but it was not there.

B : Did you stop by anywhere before you came home?

A : Yes. I went to the bookstore to buy a reference book.

B : You must have left it there.

A : That's right. _____?

B : The bookstore closes at 9 o'clock.

does, close, time, the, bookstore, what

5

Describe the picture with one complete sentence by putting the given words in the correct order.

is, picture, the, both, woman, with, hands, a, holding

THE END

실전모의고사 1회

실전모의고사 2회

실전모의고사 3회

실전모의고사 4회

TOPEL Intermediate

Level **1**

3

실 전 모 의 고 사

Listening Part

Reading Part

Writing Part

Listening Part

In the Listening Test, you will be asked to demonstrate how well you understand spoken English.

Part I

Directions: In questions 1-5, you will see a picture and hear four statements describing each picture. Choose the statement that best describes what you see in the picture. Then, mark the correct answer on your answer sheet. The statements will not be repeated, so you must listen carefully.

1
CD2-02

2
CD2-02

3
CD2-02

4
CD2-02

5
CD2-02

Part II

Directions: In questions 6-10, you will hear short conversations. Choose the most appropriate response to the last person's comment at the end of the conversation. Each conversation will not be repeated, so you must listen carefully.

6
CD2-04
① One of my new neighbors.
② The party will not last long.
③ You should bring some food.
④ I will invite people over to my place.

7
CD2-04
① Yes, it is free of charge.
② Yes, you can have my card.
③ No, just a couple of minutes.
④ No, the card is no longer usable.

8
CD2-04
① Of course not.
② Don't hang up.
③ I'm so grateful to you.
④ Please help me with it.

9
CD2-04
① By bus.
② With my tutor.
③ In three hours.
④ Ten miles from here.

10
CD2-04
① It took me hours.
② For my little sister.
③ From my art class.
④ It was just a plain T-shirt.

CD2-05

Part Ⅲ

Directions: In questions 11-24, you will hear some conversations. Choose the best response to each question and mark the correct answer on your answer sheet. The questions are printed out in your test booklet.

11
CD2-06

Who is the woman talking to?

① A customer
② A movie star
③ A movie director
④ A ticket office clerk

12
CD2-07

What is NOT mentioned as a tip for dry skin?

① Try to use a lotion
② Drink enough water
③ Get a massage regularly
④ Take a shower with warm water

13
CD2-08

What is the woman's plan for Thanksgiving?

① Taking care of her baby
② Spending time with her sister
③ Joining the man's dinner party
④ Hosting a gathering with the man

14
CD2-09

What are the man and the woman arguing over?

① How to go to the island
② When to go to the island
③ Where to go on the island
④ Whom to go to the island with

15
CD2-10

How much will the man pay?

① $70
② $80
③ $90
④ $100

16
CD2-11

Why can the man NOT eat with the woman?

① He has some work to do.
② He has an upset stomach.
③ He already ate some bread.
④ He has brought his own dish.

17
CD2-12

What are the man and the woman talking about?

① Jenny's personality
② The presidents in history
③ The school election result
④ A concert they are going to hold

18
What can be known about the woman?

① She once failed to climb Mt. Jiri.

② She likes climbing mountains alone.

③ She goes jogging on a regular basis.

④ She hadn't climbed to the peak of Mt. Seorak before.

19

When have the man and the woman decided to meet?

① At 6:30　　　　　② At 7:00

③ At 7:30　　　　　④ At 8:00

20

What is the woman's problem?

① Her watch doesn't work.

② She got all wet in the rain.

③ The examination takes too long.

④ She doesn't know how to take apart her watch.

21

Why was the woman reluctant to go see a movie with the man?

① She needed to get some rest.

② She doesn't like watching movies.

③ She already watched the movie on DVD.

④ She had to participate in the school festival.

22

How often will the woman take swimming lessons?

① Every day　　　　② Once a week

③ Twice a week　　　④ Three times a week

23

What does the woman suggest the man do?

① Introduce her to his family　　② Have dinner with her family

③ Spend more time with his family　④ Make good comments on the restaurant

24

What can be known from the conversation?

① The man has no friend around him.

② The physics test is coming up soon.

③ The man often gets help from the woman.

④ The woman's brother is majoring in physics.

CD2-20

Part IV

Directions: In questions 25-30, you will hear some monologues. Choose the best response to each question and mark the correct answer on your answer sheet. The questions are printed out in your test booklet.

25
CD2-21

What is the weather like today in the southern part of the country?

① Rainy   ② Snowy

③ Sunny   ④ Cloudy

26
CD2-22

What is NOT mentioned about the prize winner?

① Her name   ② Her occupation

③ Her family members   ④ Her relationship with the man

27
CD2-23

How much should the customers spend at least to get a free gift?

① 20 dollars   ② 30 dollars

③ 40 dollars   ④ 50 dollars

28
CD2-24

What should you do if you lost your phone?

① Press 0   ② Press 1

③ Press 2   ④ Press 3

29
CD2-25

How many minutes will each student have for the interview?

① 3 minutes   ② 5 minutes

③ 10 minutes   ④ 15 minutes

30
CD2-26

What is true according to the announcement?

① It is expected to be sunny this afternoon.

② Students will watch comedies this afternoon.

③ Students were supposed to watch a basketball game.

④ Each homeroom teacher will deliver food to their classroom.

Reading Part

In the Reading Test, you will read a variety of texts and answer several different types of reading comprehension questions.

Part V

Directions: In questions 1-10, you will have to either find the grammatical error or choose the best word to complete the sentence.

1~5

Choose the underlined one that is grammatically incorrect.

1   I don't really understand why so many people is upset about this.
                   ①   ②   ③   ④

2   The construction of the new building has been delaying due to a lack
                ①   ②   ③
of funds.
①④

3   Except for major events, I haven't watch TV news for five years and
     ①   ②   ③
rather relied on radio.
④

4   The staff at the store is especial friendly, which keeps me going back
           ①   ②   ③   ④
there.

5   The manual will provide beginning photographers for good advice
       ①   ②   ③
about taking pictures.
④

6~10

Choose the one that best completes the sentence.

6

Greg already turned in his report, but Christine has yet to finish
_____.

① her   ② she

③ hers   ④ herself

7

Every student was instructed to write about _____ they are planning for vacation.

① who   ② what

③ wherever   ④ whenever

8

Power to the whole school was lost _____ the intense thunderstorm.

① during   ② though

③ whether   ④ whereas

9

Because of _____ rents downtown, more families are moving out of the city.

① rise   ② rose

③ risen   ④ rising

10

I don't know why he decided at the last minute _____ the position.

① to accept not   ② accept not to

③ not to accept   ④ accept to not

Directions: In questions 11-20, you will have to find the most appropriate one to complete the sentence.

11 The hotel had good facilities, so we took full _____ of them while staying there.

① care   ② action

③ control   ④ advantage

12 The company _____ my father as the best employee of the year.

① ran   ② worked

③ charged   ④ selected

13 Maps and brochures are _____ at any tourism information desk in the airport.

① reliable   ② available

③ convenient   ④ responsible

14 Hannah will arrive here _____, so let's wait for her a little while.

① shortly   ② relatively

③ impossibly   ④ accordingly

15 You must let me know 3 days _____ whether or not you will go to the concert.

① by hand   ② by chance

③ in advance   ④ in sequence

16 Actually, only graduate students have _____ to those research files.

① access

② assess

③ agreement

④ arrangements

17 You can _____ some evening courses as an auditing student.

① admit

② attend

③ admire

④ approve

18 My older brother applied for the positions at both domestic and _____ offices.

CD 107-1

① severe

② responsive

③ competitive

④ international

19 We tried to discuss the issue calmly and _____ to find a solution.

① lastly

② roughly

③ currently

④ reasonably

20 As long as you live here, you have to _____ the law of this state.

① bring up

② adhere to

③ hold down

④ derive from

Directions: In questions 21-35, you will read a variety of reading materials such as advertisements, notices, newspaper articles, and letters. Choose the best answer for each question.

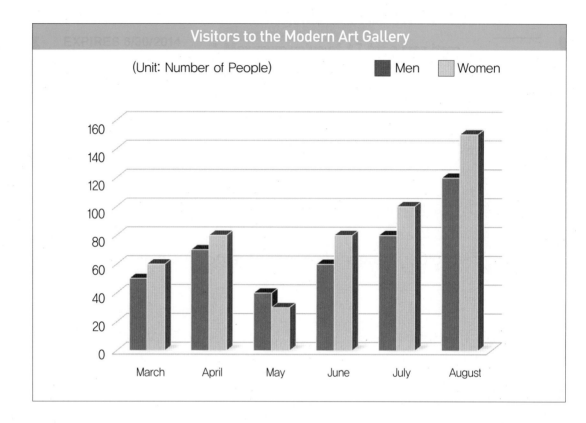

Visitors to the Modern Art Gallery

(Unit: Number of People)   ■ Men   ▧ Women

21 Which of the following is true according to the graph?

① Fewer women than men visited the gallery in May.

② The same number of men visited the gallery in April and June.

③ Twice as many women visited the gallery in August as they did in July.

④ The number of male visitors to the gallery has steadily increased since March.

22 What is true according to the invitation?

① The party starts after midnight.

② The host will not take e-mail responses.

③ Guests can join the party without prior notice.

④ Guests should put on a costume to join the party.

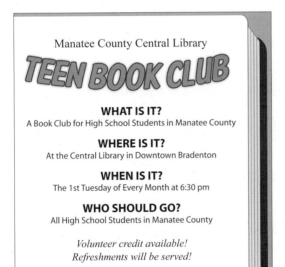

23 What is NOT true about the book club?

① It is held every Tuesday.

② It takes place in a library.

③ People can get volunteer credit from it.

④ The library will give free drinks for the students.

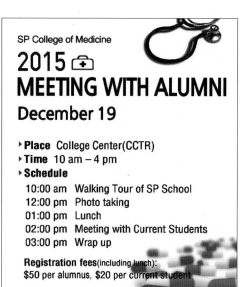

SP College of Medicine

2015
MEETING WITH ALUMNI
December 19

▸ **Place** College Center(CCTR)
▸ **Time** 10 am – 4 pm
▸ **Schedule**
  10:00 am Walking Tour of SP School
  12:00 pm Photo taking
  01:00 pm Lunch
  02:00 pm Meeting with Current Students
  03:00 pm Wrap up

Registration fees(including lunch):
$50 per alumnus, $20 per current student

24

What is true according to the poster?

① The event ends after 5 pm.

② Current students are invited for free.

③ There is a photo taking session before lunch.

④ The event is taking place outside of the college.

✈ Trip Plan

April 11, 2015

- **From:** London, UK   **To:** Boston, USA
  British Airways Flight 213

- **Depart:** 10:55 am – Heathrow Airport – London
- **Arrive:** 1:00 pm – Boston Logan International Airport – Boston

April 11, 2015

- **From:** Boston, USA   **To:** Toronto, Canada
  Jetblue Airways Flight 1011

- **Depart:** 3:55 pm – Boston Logan International Airport – Boston
- **Arrive:** 5:10 pm – JFK International Airport – New York

  Connect (Jetblue Airways Flight 282)

- **Depart:** 7:00 pm – JFK International Airport – New York
- **Arrive:** 11:00 pm – Pearson International Airport – Toronto

25

What is NOT true about the person who has the trip plan above?

① He will use two different airlines.

② He will leave London before noon.

③ He is going to Toronto directly from Boston.

④ He is scheduled to arrive in Toronto late at night.

The Sea Shepherd Conservation Society is a non-profit marine conservation organization based in the United States. It was founded in 1977 by Paul Watson, an early member of Greenpeace. This group is well-known for its direct action against fishing, whaling, and seal hunting. Every winter, the Sea Shepherd staff and crew set sail to the Southern Ocean to stop Japanese whalers from catching and killing nature's largest mammals.

26 What can NOT be known about the Sea Shepherd Conservation Society?

① What its aim is

② When it was established

③ Whom it was founded by

④ What qualification is needed to join

Bossa nova is a style of Brazilian music. The style came from samba, but is more complex harmonically. It was developed in Brazil in the mid 1950s. Bossa nova is commonly performed on the nylon-string classical guitar. Though not as often used as the guitar, the piano is another important instrument in bossa nova. In addition to the piano, the electronic organ is also largely featured on many classic bossa nova tracks.

27 What is the passage mainly about?

① The origin of Brazilian music

② Some well-known bossa nova songs

③ The instruments used to play bossa nova

④ The music genre which most influenced bossa nova

It seems that meeting people sometimes can be difficult. You may be missing a chance to talk to someone who could become your best friend. To be friends with new people, you need to be confident. You should try to start a conversation and remember that people judge you on first impressions. So always look neat, dress nice, and smile. The big smile can make others come to you easier.

28 What is the best title for the passage?

① How to Make New Friends

② Why a Friendship is Important

③ How to Start a Conversation with People

④ Why a Big Smile Makes a Good Impression

The foldable parachute was invented by Andre Garnerin. The parachute had 36 ribs and lines and looked like a very large umbrella. Garnerin made his first successful parachute jump above Paris on October 22nd, 1779. After going up to an altitude of 3,200 feet in a hydrogen balloon, he jumped from the basket. He landed unhurt half a mile from the balloon's takeoff site. After this success, he made exhibition jumps all over Europe including one of 8,000 feet over London.

29 What is true about Andre Garnerin?

① The parachute he made did not consist of ribs.

② His first parachute jump succeeded without injury.

③ His first parachute jump attempt took place in London.

④ He could go up to 8,000 feet on his first parachute jump attempt.

30~31

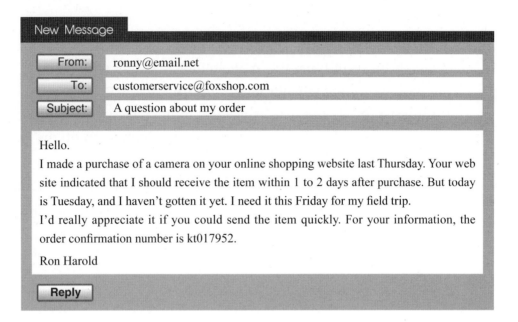

30 Why did Ron send this e-mail?

① To register for a website

② To ask for recommendation

③ To complain about late shipping

④ To purchase a brand new camera

31 Which of the following can be known according to the e-mail?

① He made the purchase in cash.

② The camera has been lost while being delivered.

③ The shopping mall specializes in selling cameras.

④ He intends to use the camera during his field trip.

A robot named Nao can feel emotions and is capable of forming relationships with humans. It has emotional skills like a one-year-old child and uses the same type of expressive behaviors that babies use to interact socially and emotionally with others. It can recognize human emotions by reading body languages and facial expressions. It can  also memorize faces of different people and remember interactions with them. The scientists believe that robots like Nao could be used in the future to give care to the elderly.

32 How does the writer develop the passage?

① By listing things the robot can do

② By quoting from a notable scientist

③ By comparing the new robot to older models

④ By mentioning the names of people involved

33 What is NOT true about Nao according to the passage?

① It can distinguish faces of people.

② It is expected to be used for the elderly.

③ It is able to read the gestures people make.

④ Its emotional skills are better than those of a baby.

34~35

Walking is a great exercise and a great sport. Two out of three joggers are affected by injuries each year, most commonly of the knees. On the other hand, walking produces far fewer injuries. Besides, when you walk, it helps you burn calories and strengthen your heart. Most healthy adults can do walking without equipment or special training and they can enjoy walking anytime they want. In addition, walking makes you sweat less, so you can walk in many climates.

34 What can people NOT expect by walking according to the passage?

① To run faster

② To burn calories

③ To enjoy anytime

④ To make heart stronger

35 What can be known from the passage?

① Many joggers go through knee surgery.

② A special training is required for most sports.

③ Walking does not need many things to prepare.

④ People in a cold climate prefer walking to jogging.

121

Writing Part

In the Writing Test, you will be asked to demonstrate how well you write in English.

Part VIII

Directions: In questions 1-5, you will be asked to fill in the blanks and to describe a picture. Write the best answer for each question.

1~3

Read the following passage and fill in each blank with one of the words given below.

> A typhoon ___1___ a name used in East Asia for a hurricane. It is a type of cyclone occurring in the western regions of the Pacific Ocean. A typhoon is similar ___2___ a hurricane in its level of destructiveness. The word "typhoon" comes from the Chinese term "tai-fung" meaning great wind. Typhoons form year-round, with peak months from August to October. Typhoon Tip in 1979 was ___3___ most intense tropical cyclone on record.

for, to, that, the, is, has

4

Read the following dialogue and fill in the blank with one complete sentence by putting the given words in the correct order.

A : Why do you commute to school on foot these days?

B : My bike was broken, but I didn't have time to take it to the repair shop.

A : Maybe I can take a look at it. I'm a good bike mechanic.

B : Really? That's wonderful. Are you busy tonight?

A : I'm free this evening. _____?

B : Come to my house by 7.

can, then, we, meet, when

5

Describe the picture with one complete sentence by putting the given words in the correct order.

is, train, the, to, a, get, about, on, woman, just

THE END

TOPEL Intermediate

Level 1

실 전 모 의 고 사

Listening Part

Reading Part

Writing Part

Listening Part

In the Listening Test, you will be asked to demonstrate how well you understand spoken English.

CD2-27

Part I

Directions: In questions 1-5, you will see a picture and hear four statements describing each picture. Choose the statement that best describes what you see in the picture. Then, mark the correct answer on your answer sheet. The statements will not be repeated, so you must listen carefully.

1
CD2-28

2
CD2-28

3
CD2-28

4
CD2-28

5
CD2-28

실전모의고사 1회

실전모의고사 2회

실전모의고사 3회

실전모의고사 4회

Part II

Directions: In questions 6-10, you will hear short conversations. Choose the most appropriate response to the last person's comment at the end of the conversation. Each conversation will not be repeated, so you must listen carefully.

6
CD2-30

① It's on the 2nd floor.
② There is an elevator.
③ Sure. I can help you out.
④ Sorry. I can't wait any longer.

7
CD2-30

① That would be perfect.
② The website has been shut down.
③ One of my friends wrote that book.
④ I went to the bookstore last weekend.

8
CD2-30

① I had to work harder.
② I'd be glad to meet you.
③ Let's go take some pictures.
④ I'll have dinner with my family.

9
CD2-30

① It cost a lot to get there.
② I was there for two weeks.
③ It is 50 miles away from here.
④ I am planning to go there next year.

10
CD2-30

① Okay. I should keep that in mind.
② I don't want to lose weight, though.
③ Sorry. I can't help you work out tomorrow.
④ Thanks. I'll have my dinner at the restaurant.

Part III

Directions: In questions 11-24, you will hear some conversations. Choose the best response to each question and mark the correct answer on your answer sheet. The questions are printed out in your test booklet.

11
CD2-32

Why does the woman NOT join the man to eat together?

① She is on a diet.　　　② She is not hungry at all.

③ She has to go to the library.　　④ She doesn't have money right now.

12
CD2-33

What does the woman ask the man to do?

① Call her later　　　② Visit her father

③ Delay the meeting　　④ Meet her at the hospital

13
CD2-34

How does the woman feel about the news?

① Satisfied　　　② Doubtful

③ Unhappy　　　④ Indifferent

14
CD2-35

Where is the conversation most likely taking place?

① In a taxi　　　② In a car

③ On a bus　　　④ On a train

15
CD2-36

How much will it cost to buy two projectors?

① $180　　　② $200

③ $220　　　④ $240

16
CD2-37

What are the man and the woman mainly talking about?

① The man's trip　　　② Some water sports

③ A temple in Bali　　④ The man's old friend

17
CD2-38

What can be inferred from the conversation?

① The man doesn't like the tower.

② The woman doesn't want to see the tower.

③ The man and the woman will take the ferry.

④ The man and the woman will probably miss the bus.

18
CD2-39
What do the man and the woman NOT need to buy to make a salad?

① Olives   ② Onions

③ Tomatoes   ④ Cucumbers

19
CD2-40
Who is the man talking to?

① A dentist   ② An animal doctor

③ A personal trainer   ④ A grocery store clerk

20
CD2-41
What will the man do right after the conversation?

① Call the manager

② Require a receipt from the woman

③ Give a refund on the woman's shoes

④ Get the woman a different size shoes

21
CD2-42
What is the man's new part time job?

① A cook   ② A waiter

③ A cashier   ④ A delivery man

22
CD2-43
What does the woman suggest the man do?

① Study more   ② Make some snacks

③ Help her make food   ④ Go outside for fresh air

23
CD2-44
What is the woman worried about the cap?

① Its size   ② Its style

③ Its color   ④ Its price

24
CD2-45
What can NOT be known from the conversation?

① The man enjoys his new job.

② The man likes his colleagues.

③ The woman is not satisfied with her job so much.

④ The man and the woman work for the same company.

CD2-46

Part Ⅳ

Directions: In questions 25-30, you will hear some monologues. Choose the best response to each question and mark the correct answer on your answer sheet. The questions are printed out in your test booklet.

25
CD2-47

What will the weather be like tomorrow morning?

① Rainy ② Sunny

③ Cloudy ④ Snowy

26
CD2-48

What is true about the flight?

① The destination of the flight is Toronto.

② Passengers can board the plane in 3 hours.

③ Passengers should not go outside the airport.

④ The flight has been delayed because of an accident.

27
CD2-49

What is the main purpose of the announcement?

① To explain the history of *Make a Difference Day*

② To introduce *Make a Difference Day* to students

③ To hire volunteer workers for *Make a Difference Day*

④ To announce the school's plans on *Make a Difference Day*

28
CD2-50

What do you need in order to eat in the cafeteria during the semester?

① A meal ticket ② A free coupon

③ A student ID card ④ A receipt of payment

29
CD2-51

What is NOT mentioned as benefits of music?

① It gives more energy. ② It brings peace of mind.

③ It cures a specific disease. ④ It boosts one's confidence.

30
CD2-52

What was the second purpose of the building?

① A library ② A church

③ A city hall ④ A museum

Reading Part

In the Reading Test, you will read a variety of texts and answer several different types of reading comprehension questions.

Part V

Directions: In questions 1-10, you will have to either find the grammatical error or choose the best word to complete the sentence.

1~5

Choose the underlined one that is grammatically incorrect.

1 Many <u>citizens</u> say we should learn our <u>history</u> <u>first</u> <u>in order to</u> <u>keeping</u>
     ①   ②   ③   ④
Dokdo Island.

2 A new <u>study</u> has <u>revealed</u> that chimpanzees show <u>selflessly</u> behaviors
           ①   ②   ③
and help <u>others</u>.
         ④

3 Fingerprints are <u>special</u> <u>until</u> they are <u>unique</u> for <u>each</u> person.
                      ①   ②   ③   ④

4 Since 2000, typhoons <u>have</u> been <u>naming</u> after plants, humans, animals
      ①   ②   ③
and <u>other</u> things.
    ④

5 Last month, <u>the first</u> 'New York K-pop Contest' <u>is held</u> to <u>share</u> Korean
                 ①   ②   ③
culture <u>with</u> Americans.
        ④

6~10

Choose the one that best completes the sentence.

6 The number of foreign students _____ come to Seoul has been increasing.

① who
② when
③ whom
④ whoever

7 Dr. Michael Cook is famous _____ his discovery that dolphins have incredible healing ability.

① at
② in
③ on
④ for

8 Over the past 20 years, the Hubble Space Telescope has taken numerous _____ pictures of the universe.

① amaze
② amazed
③ amazes
④ amazing

9 People who watch television more _____ four hours a day have a high risk of certain health problems.

① far
② that
③ ever
④ than

10 _____ an adult does not necessarily mean that you have to be a perfect person.

① Be
② Been
③ Being
④ Having been

Directions: In questions 11-20, you will have to find the most appropriate one to complete the sentence.

11 Height, while _____ largely by genetics, is also influenced by childhood nutrition.

① identified   ② neglected
③ determined   ④ represented

12 Many experts say soy foods are a rich _____ of high-quality protein.

① basis   ② entry
③ sense   ④ source

13 The rare pink bottlenose dolphin is _____ pink from tip to tail.

① lately   ② finally
③ rapidly   ④ entirely

14 Reading interesting English books helps you _____ your English proficiency.

① stop   ② write
③ protect   ④ improve

15 The first animal to _____ orbit was a Russian dog named Laika.

① call off   ② go into
③ do harm   ④ fall behind

16 It is safe for healthy people to donate blood because the bones are making new blood cells _____.

① financially   ② constantly

③ importantly   ④ approximately

17 Dana was _____ to Greg for helping her with the challenging project.

① free   ② serious

③ thankful   ④ significant

18 Eating a healthy breakfast can prevent hair loss _____ stress or lack of sleep.

① due to   ② as usual

③ in charge of   ④ according to

19 Lauren has learned the importance of _____; she did not give up but continued to work hard.

① equality   ② security

③ patience   ④ advantage

20 Eating too much junk food can _____ a number of diseases including heart problems and diabetes.

① cause   ② afford

③ escape   ④ embarrass

Part VII

Directions: In questions 21-35, you will read a variety of reading materials such as advertisements, notices, newspaper articles, and letters. Choose the best answer for each question.

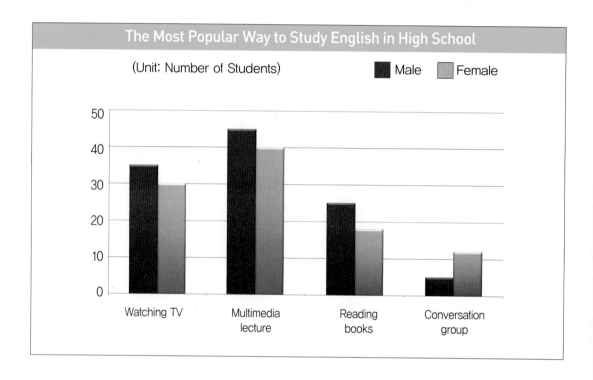

The Most Popular Way to Study English in High School

(Unit: Number of Students)   ■ Male   ▦ Female

21 ## Which of the following is true according to the graph?

① The biggest number of female students use TV to study English.

② Male students join more English conversation groups than female students.

③ The same number of male and female students tend to read to study English.

④ Male students prefer multimedia lectures more than female students to study English.

22

What can be known from the invitation card?

① How long the ceremony will last

② What kind of food the guests will eat

③ What time the wedding will be held

④ How many guests you can bring with

23

What is true according to the poster?

① The ski camp is free for the age under 5.

② The ski camp lasts for three hours each day.

③ To register, you should send the application by fax.

④ You have to pay the extra fee for the use of ski equipment.

Winter Fun Saturdays

Catch all the excitement and great food at your store. We'll be serving up samples of meat and burgers at your local store. You can also get a prepared sandwich or burger for just $5.

Date	Featured Sandwich
November 5	Lemon & Garlic Chicken Sandwich
November 12	Brown Sugar BBQ Chicken Sandwich
November 19	Bacon Cheddar Burger
November 26	Memphis BBQ Chicken Sandwich

- **Date:** Every Saturday from 11:30 AM – 2:00 PM
- **Address:** All Wegmans stores
- **Cost:** $5

24

Which of the following is NOT true according to the advertisement?

① The event ends at 2:00 in the afternoon.

② All stores have the same schedule for this event.

③ The event is also taking place in a nearby food court.

④ The featured sandwich on November 19 is Bacon Cheddar Burger.

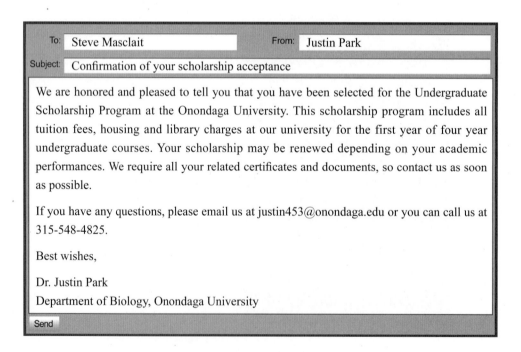

To: Steve Masclait   From: Justin Park

Subject: Confirmation of your scholarship acceptance

We are honored and pleased to tell you that you have been selected for the Undergraduate Scholarship Program at the Onondaga University. This scholarship program includes all tuition fees, housing and library charges at our university for the first year of four year undergraduate courses. Your scholarship may be renewed depending on your academic performances. We require all your related certificates and documents, so contact us as soon as possible.

If you have any questions, please email us at justin453@onondaga.edu or you can call us at 315-548-4825.

Best wishes,

Dr. Justin Park
Department of Biology, Onondaga University

Send

25

What can be known from the letter?

① Steve is now a high school student.

② The scholarship will be automatically renewed next year.

③ This undergraduate program is a four-year degree program.

④ Dr. Justin Park is the only professor in the biology department.

Many teenagers are interested in their appearance. It's natural for teenagers to have an interest in their looks. However, appearance is not the only thing you should think about in youth. If you focus too much on your looks, you may forget other important things that you have to nurture in your adolescent period. Reasonable thinking, open-mindedness, and responsibility cannot be gained in one day and these will be an asset in your future life.

26 What is the main idea of the passage?

① People have to focus on open-mindedness.

② Teenagers have a lot of responsibilities these days.

③ It is not easy to have a good look in the early ages.

④ There are more important things to cultivate other than appearance.

After three tryouts, Pyeongchang was finally chosen as the destination for the 2018 Winter Olympics. Following this happy news, a lot of interest was centered on the district. For those into sports, there are a lot of ski resorts for skiers. For mountain lovers wanting fresh air, Odaesan and Daegwallyeong will be a perfect place to visit. Last but not least, for people who are into experiencing culture, the location has a lot of movie sets, including a popular movie "Welcome to Dongmakgol."

27 What can be known about Pyeongchang?

① It has a lot of great places for skiing.

② It has the biggest movie set in Korea.

③ It also hosted many Asian Winter Olympics.

④ It is hard to climb Odaesan for the first time visitors.

On June 21, 2011, UN General Assembly elected Ban Ki-moon again for a second term as the Global Body's secretary general. As a result of his modesty and sincerity, the 67-year-old UN leader will serve 5 more years. Mr. Ban won praise for his commitment to fighting climate change, supporting nuclear disarmament and women's issues. Now Mr. Ban is ready to work harder to make the world a better place for everyone.

28 What can NOT be known about Ban Ki-moon from the passage?

① He has been working to make a better world.

② He will start his third term as UN leader in 2016.

③ His work as a leader has been successful so far.

④ He committed himself to various global issues.

Located to the north and east of Canada is a very large island that reaches almost to the North Pole. Strangely enough, this island, which is mostly covered by ice, is called Greenland. Some people believed that the place was given its strange name by early settlers who lived on the coast. They believed that the whole island was fruitful and green. Most Greenlanders live on or near the coast, where some of them grow crops.

29 What is the passage mainly about?

① When people first settled in Greenland

② How Greenland has its beautiful nature

③ Why people named the island Greenland

④ What kinds of crops Greenlanders grow near the coast

30~31

People started eating cheese more than 4,000 years ago and there are more than 2,000 kinds of cheese in the world. Cheese is very rich in calcium, so it is good for dental care. Eating cheese makes your teeth stronger. Cheese is also good for your bones. Cheese is a good source of vitamin B and it helps form bones and keeps them strong. Last, cheese is full of proteins, calcium, vitamins and minerals, so you can maintain strong muscles and bones by eating cheese often.

30 What is mentioned about cheese?

① Who invented it

② What nutrients it has

③ Where it was first made

④ How often you should eat it

31 What can NOT be inferred from the passage?

① Calcium is only good for muscles.

② There are various kinds of cheese worldwide.

③ There are a lot of health benefits by eating cheese often.

④ In order to have strong bones, you have to take vitamin B regularly.

Valentine's Day originated from the days of Roman Empire. The Emperor of Rome, Claudius, wanted to increase the size of his army. He made a rule that no young man could marry until he had served years in the army. A priest named Valentine resisted the rule and performed secret marriages for many young couples. Sadly, the Emperor found it out and put the priest in prison. Valentine remained there until his death on February 14. The day of his death then was named Saint Valentine's Day.

32 What is the best title for the passage?

① The Origin of Valentine's Day

② The History of the Roman Empire

③ The Most Famous Emperor in History

④ The Most Popular Marriage Style in the Roman Period

33 What can be inferred from the passage?

① Valentine's Day is still important for many soldiers.

② There were many married soldiers in the Roman army.

③ The Emperor of Rome expected to have more soldiers in his army.

④ Chocolate was used in the wedding ceremony during the Roman Period.

34~35

> In a sense, the United States has already had a woman president. In 1919, President Woodrow Wilson became disabled from a stroke. He had a lot of stress when the United States joined the League of Nations. The doctors believed his life could be in danger if the vice-president took his job. By the time Wilson became ill, his doctors persuaded Mrs. Wilson to become the "acting president." They insisted that his recovery largely depended on her. For this reason, she worked as, in effect, the acting president for more than a year.

34 When did Mrs. Wilson start working as the acting president?

① When her son was born
② When her husband was dead
③ When she won the election
④ When her husband became ill

35 What can be known from the passage?

① Mrs. Wilson had plenty of experiences in acting.
② President Wilson's stroke was due to stress from work.
③ Doctors in the 20th century could not cure patients with a stroke.
④ President Wilson was the first male president in the United States.

Writing Part

In the Writing Test, you will be asked to demonstrate how well you write in English.

Part VIII

Directions: In questions 1-5, you will be asked to fill in the blanks and to describe a picture. Write the best answer for each question.

1~3

Read the following passage and fill in each blank with one of the words given below.

"Making it easier to work hard!" That was the motto of Lillian Gilbreth, _____1_____ studied workers' motions to make them more efficient. Lillian had twelve children and it was important for them _____2_____ figure out efficiency in their home. Each older child was made responsible for a younger one. Smaller children _____3_____ assigned to clean the dust off table legs and lower shelves. Larger children took care of the tops of the tables and higher shelves.

which, was, to, can, were, who

4

Read the following dialogue and fill in the blank with one complete sentence by putting the given words in the correct order.

A : Excuse me. Does this line go to Columbia University?

B : No. This line is for the Brooklyn Bridge. You should take the opposite line.

A : Oh, no. So should I take the orange line to get there?

B : Yes. You should get off at the next station.

A : _____?

B : It will take more than 45 minutes to get to Columbia University.

it, will, long, take, how

5

Describe the picture with one complete sentence by putting the given words in the correct order.

man, phone, the, is, glasses, on, with, talking, the

THE END

TOPEL Intermediate

Level 1

TOPEL Intermediate 답안지

ONELSA
National Evaluation of Language skill
Association

감독위원 확인란

응시번호	유형	감독위원확인
		(인)

Writing Test

1	0 1 2 3
2	0 1 2 3
3	0 1 2 3
4	0 1 2 3
5	0 1 2 3

Reading Comprehension

1	① ② ③ ④	6	① ② ③ ④	11	① ② ③ ④	16	① ② ③ ④	21	① ② ③ ④
2	① ② ③ ④	7	① ② ③ ④	12	① ② ③ ④	17	① ② ③ ④	22	① ② ③ ④
3	① ② ③ ④	8	① ② ③ ④	13	① ② ③ ④	18	① ② ③ ④	23	① ② ③ ④
4	① ② ③ ④	9	① ② ③ ④	14	① ② ③ ④	19	① ② ③ ④	24	① ② ③ ④
5	① ② ③ ④	10	① ② ③ ④	15	① ② ③ ④	20	① ② ③ ④	25	① ② ③ ④
26	① ② ③ ④	31	① ② ③ ④
27	① ② ③ ④	32	① ② ③ ④
28	① ② ③ ④	33	① ② ③ ④
29	① ② ③ ④	34	① ② ③ ④
30	① ② ③ ④	35	① ② ③ ④

Listening Comprehension

1	① ② ③ ④	6	① ② ③ ④	11	① ② ③ ④	16	① ② ③ ④	21	① ② ③ ④
2	① ② ③ ④	7	① ② ③ ④	12	① ② ③ ④	17	① ② ③ ④	22	① ② ③ ④
3	① ② ③ ④	8	① ② ③ ④	13	① ② ③ ④	18	① ② ③ ④	23	① ② ③ ④
4	① ② ③ ④	9	① ② ③ ④	14	① ② ③ ④	19	① ② ③ ④	24	① ② ③ ④
5	① ② ③ ④	10	① ② ③ ④	15	① ② ③ ④	20	① ② ③ ④	25	① ② ③ ④
26	① ② ③ ④
27	① ② ③ ④
28	① ② ③ ④
29	① ② ③ ④
30	① ② ③ ④

유의사항

1. 답란을 포함한 모든 표기사항은 반드시 컴퓨터용 연필을 사용해야 합니다.
2. 표기가 잘못되었을 경우는 지우개로 깨끗이 지운 후 다시 칠하십시오.
3. 모든 표기요령은 아래와 같이 원 안을 까맣게 칠해야 합니다.
   〈보기〉 ● ○ ⊗ ⊘ × ×
4. 응시자의 답안지 기재 오류로 인한 불이익은 책임지지 않습니다.

성명

과제번호

실전모의고사 1

본인확인 본인의 이름을 자필로 쓰시오.

응시번호

1	0	0	1	5
● ① ② ③ ④ ⑤ ⑥ ⑦ ⑧ ⑨	⓪ ● ② ③ ④ ⑤ ⑥ ⑦ ⑧ ⑨	● ① ② ③ ④ ⑤ ⑥ ⑦ ⑧ ⑨	⓪ ● ② ③ ④ ⑤ ⑥ ⑦ ⑧ ⑨	⓪ ① ② ③ ④ ● ⑥ ⑦ ⑧ ⑨

유형
A ○
B ○

검정코드
1	1
⓪ ● ② ③ ④ ⑤ ⑥ ⑦ ⑧ ⑨	⓪ ● ② ③ ④ ⑤ ⑥ ⑦ ⑧ ⑨

지역코드
1	2
⓪ ● ② ③ ④ ⑤ ⑥ ⑦ ⑧ ⑨	⓪ ① ● ③ ④ ⑤ ⑥ ⑦ ⑧ ⑨

수험번호 등록번호

3	3	3	3	3	3	7	0	0	7	5	0

TOPEL Intermediate 답안지

NELSA
National Evaluation of Language skill Association

LEVEL Test

과제 번호
실전모의고사 2

성 명

본인확인
본인의 이름을 자필로 쓰시오.

감독위원 확인란

응시편호	유형	감독위원확인
		㊞

Writing Test

	0 1 2 3
1	0 1 2 3
2	0 1 2 3
3	0 1 2 3
4	0 1 2 3
5	0 1 2 3

Reading Comprehension

No.	1	2	3	4
1	①	②	③	④
2	①	②	③	④
3	①	②	③	④
4	①	②	③	④
5	①	②	③	④
6	①	②	③	④
7	①	②	③	④
8	①	②	③	④
9	①	②	③	④
10	①	②	③	④
11	①	②	③	④
12	①	②	③	④
13	①	②	③	④
14	①	②	③	④
15	①	②	③	④
16	①	②	③	④
17	①	②	③	④
18	①	②	③	④
19	①	②	③	④
20	①	②	③	④
21	①	②	③	④
22	①	②	③	④
23	①	②	③	④
24	①	②	③	④
25	①	②	③	④
26	①	②	③	④
27	①	②	③	④
28	①	②	③	④
29	①	②	③	④
30	①	②	③	④
31	①	②	③	④
32	①	②	③	④
33	①	②	③	④
34	①	②	③	④
35	①	②	③	④

Listening Comprehension

No.	1	2	3	4
1	①	②	③	④
2	①	②	③	④
3	①	②	③	④
4	①	②	③	④
5	①	②	③	④
6	①	②	③	④
7	①	②	③	④
8	①	②	③	④
9	①	②	③	④
10	①	②	③	④
11	①	②	③	④
12	①	②	③	④
13	①	②	③	④
14	①	②	③	④
15	①	②	③	④
16	①	②	③	④
17	①	②	③	④
18	①	②	③	④
19	①	②	③	④
20	①	②	③	④
21	①	②	③	④
22	①	②	③	④
23	①	②	③	④
24	①	②	③	④
25	①	②	③	④
26	①	②	③	④
27	①	②	③	④
28	①	②	③	④
29	①	②	③	④
30	①	②	③	④

응시편호

1	0	0	1	5
● ② ③	● ① ② ③ ④ ⑤ ⑥ ⑦ ⑧ ⑨	● ① ② ③ ④ ⑤ ⑥ ⑦ ⑧ ⑨	⓪ ● ② ③ ④ ⑤ ⑥ ⑦ ⑧ ⑨	⓪ ① ② ③ ④ ● ⑥ ⑦ ⑧ ⑨

유형
| A | ○ |
| B | ○ |

검정코드
1	1
⓪ ● ② ③ ④ ⑤ ⑥ ⑦ ⑧ ⑨	⓪ ● ② ③ ④ ⑤ ⑥ ⑦ ⑧ ⑨

지역코드
1	2
⓪ ● ② ③ ④ ⑤ ⑥ ⑦ ⑧ ⑨	⓪ ① ● ③ ④ ⑤ ⑥ ⑦ ⑧ ⑨

주민등록번호

3	3	3	3	3	3	7	0	0	5	0
⓪ ① ② ● ④ ⑤ ⑥ ⑦ ⑧ ⑨	⓪ ① ② ● ④ ⑤ ⑥ ⑦ ⑧ ⑨	⓪ ① ② ● ④ ⑤ ⑥ ⑦ ⑧ ⑨	⓪ ① ② ● ④ ⑤ ⑥ ⑦ ⑧ ⑨	⓪ ① ② ● ④ ⑤ ⑥ ⑦ ⑧ ⑨	⓪ ① ② ● ④ ⑤ ⑥ ⑦ ⑧ ⑨	⓪ ① ② ③ ④ ⑤ ⑥ ● ⑧ ⑨	● ① ② ③ ④ ⑤ ⑥ ⑦ ⑧ ⑨	● ① ② ③ ④ ⑤ ⑥ ⑦ ⑧ ⑨	⓪ ① ② ③ ④ ● ⑥ ⑦ ⑧ ⑨	● ① ② ③ ④ ⑤ ⑥ ⑦ ⑧ ⑨

TOPEL Intermediate 답안지

NELSA National Evaluation of Language skill Association

LEVEL Test

감독위원 확인란

감독위원 확인란		
응시번호	유형	감독위원확인
		감독위원확인 (인)

Writing Test

1	0 1 2 3
2	0 1 2 3
3	0 1 2 3
4	0 1 2 3
5	0 1 2 3

Reading Comprehension

1 2 3 4 5 ① ② ③ ④
6 7 8 9 10 ① ② ③ ④
11 12 13 14 15 ① ② ③ ④
16 17 18 19 20 ① ② ③ ④
21 22 23 24 25 ① ② ③ ④
26 27 28 29 30 ① ② ③ ④
31 32 33 34 35 ① ② ③ ④

Listening Comprehension

1 2 3 4 5 ① ② ③ ④
6 7 8 9 10 ① ② ③ ④
11 12 13 14 15 ① ② ③ ④
16 17 18 19 20 ① ② ③ ④
21 22 23 24 25 ① ② ③ ④
26 27 28 29 30 ① ② ③ ④

유의사항

1. 답란을 포함한 모든 표기사항은 반드시 컴퓨터용 연필을 사용해야 합니다.
2. 표기가 잘못되었을 경우는 지우개로 깨끗이 지운 후 다시 칠하십시오.
3. 모든 표기요령은 아래와 같이 원 안을 까맣게 칠해야 합니다.
   〈보기〉 ● ○ ⊗ × ×
4. 응시자의 답안지 기재 오류로 인한 불이익은 책임지지 않습니다.

성명

과제번호 실전모의고사 3

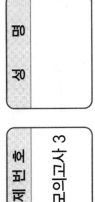

본인확인 본인의 이름을 자필로 쓰시오.

유형 A ○ B ○

검정코드

지역코드

응시번호

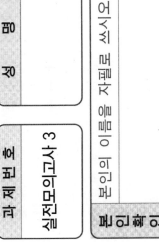

Side1

TOPEL Intermediate 답안지

LEVEL Test

NELSA
National Evaluation of Language skill
Association

감독위원 확인란

응시번호	유형	감독위원확인
		감독위원확인 ㊞

유의사항

1. 답란을 포함한 모든 표기사항은 반드시 컴퓨터용 연필로 사용해야 합니다.
2. 표기가 잘못되었을 경우는 지우개로 깨끗이 지운 후 다시 칠하십시오.
3. 모든 표기요령은 아래와 같이 원 안을 까맣게 칠해야 합니다.
   〈보기〉 ● ◐ ⊗ × ×
4. 응시자의 답안지 기재 오류로 인한 불이익은 책임지지 않습니다.

성 명

과제 번호
실전모의고사 4

본인확인
본인의 이름을 자필로 쓰시오.

Writing Test

1	0 1 2 3
2	0 1 2 3
3	0 1 2 3
4	0 1 2 3
5	0 1 2 3

Listening Comprehension

	1	2	3	4
1	①	②	③	④
2	①	②	③	④
3	①	②	③	④
4	①	②	③	④
5	①	②	③	④
6	①	②	③	④
7	①	②	③	④
8	①	②	③	④
9	①	②	③	④
10	①	②	③	④
11	①	②	③	④
12	①	②	③	④
13	①	②	③	④
14	①	②	③	④
15	①	②	③	④
16	①	②	③	④
17	①	②	③	④
18	①	②	③	④
19	①	②	③	④
20	①	②	③	④
21	①	②	③	④
22	①	②	③	④
23	①	②	③	④
24	①	②	③	④
25	①	②	③	④
26	①	②	③	④
27	①	②	③	④
28	①	②	③	④
29	①	②	③	④
30	①	②	③	④

Reading Comprehension

	1	2	3	4
1	①	②	③	④
2	①	②	③	④
3	①	②	③	④
4	①	②	③	④
5	①	②	③	④
6	①	②	③	④
7	①	②	③	④
8	①	②	③	④
9	①	②	③	④
10	①	②	③	④
11	①	②	③	④
12	①	②	③	④
13	①	②	③	④
14	①	②	③	④
15	①	②	③	④
16	①	②	③	④
17	①	②	③	④
18	①	②	③	④
19	①	②	③	④
20	①	②	③	④
21	①	②	③	④
22	①	②	③	④
23	①	②	③	④
24	①	②	③	④
25	①	②	③	④
26	①	②	③	④
27	①	②	③	④
28	①	②	③	④
29	①	②	③	④
30	①	②	③	④
31	①	②	③	④
32	①	②	③	④
33	①	②	③	④
34	①	②	③	④
35	①	②	③	④

응시번호
1 0 0 1 5

유형
A B

지역코드 1 2 / 검정코드 1 1

주민등록번호
5 7 0 0 7 — 3 3 3 3 3 3 3

TOPEL Intermediate
LEVEL UP

정답 및 해설
Answers &
Explanations

1

TOPEL Intermediate 1급

정답 및 해설

유형 분석 & 연습문제 01

Section 1 Listening Part

Listening Type 01

Sample
본문 14쪽

Script

① The girl is taking off her glasses.
② The boy is handing the earphones to the girl.
③ The boy and the girl are holding newspapers.
④ The boy and the girl are working on a computer.

① 소녀는 자신의 안경을 벗고 있다.
② 소년은 소녀에게 이어폰을 건네주고 있다.
③ 소년과 소녀는 신문을 들고 있다.
④ 소년과 소녀는 컴퓨터로 작업을 하고 있다.

안경을 쓴 소년과 소녀가 각자의 신문을 들고 있으므로 정답은 ③번입니다.

• take off ~을 벗다
• glasses 안경 (복수로 씀)
• hand 건네주다
• newspapers 신문

정답 ③

Practice
본문 16~17쪽

1 Script

① The girl is cutting wood.
② The girl is buying the boards.
③ The girl is cleaning the house.
④ The girl is nailing down the floor.

① 소녀는 나무를 자르고 있다.
② 소녀는 판자를 사고 있다.
③ 소녀는 집을 청소하고 있다.
④ 소녀는 마루에 못을 박고 있다.

소녀가 마루에 앉아 못을 박고 있으므로 정답은 ④번입니다.

• cut 자르다
• wood 나무
• board 판, 보드
• nail 못을 박다
• floor 바닥

정답 ④

2 Script

① The people are eating fruit.
② The people are sitting on the grass.
③ The woman is drinking from a bottle.
④ The man is reaching out toward the dog.

① 사람들은 과일을 먹고 있다.
② 사람들은 잔디에 앉아 있다.
③ 여자는 병의 음료를 마시고 있다.
④ 남자는 개에게 손을 뻗고 있다.

남자와 여자가 아무것도 먹지 않고 있는 상태에서 잔디에 앉아 서로를 바라보고 있으므로 정답은 ②번입니다.

• fruit 과일
• grass 잔디
• bottle 병
• reach out 손을 뻗다
• toward ~쪽으로

정답 ②

3 Script

① Two of the girls are wearing skirts.
② One of the girls is reading a book.
③ All the girls have tied back their hair.
④ All the girls are holding notebooks in their arms.

① 소녀들 중 두 명은 치마를 입고 있다.
② 소녀들 중 한 명은 책을 읽고 있다.
③ 소녀 모두는 그들의 머리를 묶었다.
④ 소녀 모두는 그들의 팔에 공책을 들고 있다.

긴 머리에 바지를 입은 세 명의 소녀가 모두 공책을 팔에 끼고 있으므로 정답은 ④번입니다.

• skirt 치마
• tie 묶다
• arm 팔

정답 ④

4 Script

① The television is turned off.
② The drawers are wide open.
③ The bookcases are completely empty.
④ The framed pictures are being moved by someone.

① 텔레비전은 꺼져 있다.
② 서랍은 활짝 열려 있다.
③ 책장은 완전히 비어 있다.
④ 액자에 넣은 사진들은 누군가에 의해 옮겨지고 있다.

서랍은 모두 닫혀 있고, 책장에는 책이 있고, 사진들은 선반에 놓여 있습니다. 텔레비전은 꺼져 있으므로 정답은 ①번입니다.

• turn off ~을 끄다 (↔ turn on)
• drawer 서랍
• wide 넓게
• bookcase 서가, 책장
• completely 완전히
• empty 텅 빈
• framed 틀[액자]에 넣은
• move 이동하다, 옮기다

정답 ①

5 Script

① The man is drinking a glass of juice.
② The man is giving some food to the girl.
③ The woman is putting a sausage on the barbecue grill.
④ The man and the woman are looking in the same direction.

① 남자는 주스 한 잔을 마시고 있다.
② 남자는 소녀에게 음식을 좀 주고 있다.

③ 여자는 바비큐 그릴에 소시지 하나를 올려놓고 있다.
④ 남자와 여자는 같은 방향을 바라보고 있다.

남자가 소녀에게 음식을 주고 있으므로 정답은 ②번입니다.

• a glass of ~   한 잔
• put   ~을 놓다
• sausage   소시지
• grill   그릴
• same   같은
• direction   방향

 ②

 Script

① One of the boys is opening the window.
② All the boys are looking in the same direction.
③ All the boys are holding hands with each other.
④ One of the boys is wearing a short-sleeved shirt.

① 소년들 중 한 사람은 창문을 열고 있다.
② 모든 소년이 같은 방향을 보고 있다.
③ 모든 소년이 서로의 손을 잡고 있다.
④ 소년들 중 한 사람은 짧은 소매의 옷을 입고 있다.

네 명의 소년 중 한 사람만 짧은 소매의 옷을 입고 있으므로 정답은 ④번입니다.

• open   ~을 열다
• hold hands   손을 잡다
• each other   서로
• short-sleeved   짧은 소매의

정답 ④

Listening Type 02

Sample
본문 18쪽

Script

W: Can I get a ticket for the 9:30 train to Boston?
M: Sorry, but the train just left.
W: Oh, no! I have to go to my sister's wedding!
M: Sorry to hear that. Do you want to take the next train?
W: When is the next train?
M: It leaves at 10:35.

여자: 보스턴으로 가는 9시 30분 기차표 하나 주세요.
남자: 죄송합니다만 그 기차는 막 떠났어요.
여자: 아, 이런! 전 언니의 결혼식에 가야만 해요.
남자: 그 말을 들으니 유감이네요. 다음 기차를 타고 싶으세요?
여자: 다음 기차는 언제인가요?
남자: 10시 35분에 떠납니다.

① 10시 35분에 떠납니다.
② 당신은 여기서 표를 살 수 있습니다.
③ 나는 다음 기차도 탈 수 없습니다.
④ 결혼식은 한 시간 후에 시작될 것입니다.

보스턴으로 가는 기차표를 사려는 여자입니다. 여자의 마지막 질문이 다음 기차는 언제 떠나는지를 묻고 있으므로 출발 시간을 말하는 ①번이 정답입니다.

• get a ticket   표를 사다
• leave   떠나다, 출발하다 (leave-left-left)
• have to   ~해야 한다
• Sorry to hear that.   안됐다. (상대방을 위로하는 표현)
• take   ~을 타다

• in an hour   한 시간 후에

정답 ①

Practice
본문 20~21쪽

1 Script

W: Hey, Chris.
M: Hi, Miranda. How have you been?
W: I've been doing great. Actually, I quit my job and I'm taking some time off.
M: Good for you. I guess you deserve a break. You've worked so much.
W: I know. What about you?
M: I've been fine, too.

여자: 안녕, Chris.
남자: 안녕, Miranda. 어떻게 지냈니?
여자: 아주 잘 지내고 있어. 사실 난 일을 그만두고 휴식을 좀 취하고 있어.
남자: 잘했어. 넌 쉴 자격이 있다고 생각해. 일을 너무 많이 해왔어.
여자: 그래. 너는 어떠니?
남자: 나도 잘 지내고 있어.

① 나도 잘 지내고 있어.
② 나는 규칙적으로 운동을 할 거야.
③ 너도 잘했어.
④ 너는 일을 시작해야만 해.

여자는 자신이 일을 그만두고 쉬고 있다고 말하며 남자에게도 안부를 묻고 있습니다. 어떻게 지내고 있는지를 묻는 말에 '잘 지내고 있다'고 답하는 것이 자연스러우므로 정답은 ①번입니다.

• How have you been?   어떻게 지냈니? (안부를 묻는 표현)
• actually   사실은, 실제로는
• quit   그만두다 (quit-quit-quit)
• take ~ off   ~동안 쉬다
• Good for you.   잘했다. (상대방을 격려하는 표현)
• deserve   ~을 받을 만하다, ~할 가치가 있다
• break   휴식, 휴가
• work out   운동하다
• regularly   정기적으로, 규칙적으로
• do a good job   훌륭히 해내다

정답 ①

2 Script

M: Who is that girl over there?
W: Oh, that's Catherine Johns. She's a new student.
M: She looks pretty and nice.
W: Yes, she's very kind and smart, too.
M: Wait. I think she looks familiar. Do you know where she came from?
W: She used to live in Philadelphia.

남자: 저쪽에 있는 저 소녀는 누구니?
여자: 아, Catherine Johns야. 새로 온 학생이야.
남자: 귀엽고 멋져 보인다.
여자: 그래, 아주 친절한데다가 똑똑하기도 해.
남자: 잠깐. 그녀가 낯익은 거 같아. 그녀가 어디서 왔는지 알고 있니?
여자: 그녀는 필라델피아에서 살았어.

① 그녀는 제주도로 떠날 거야.
② 그녀는 언니와 살고 있어.
③ 그녀는 필라델피아에서 살았었어.
④ 그녀는 한 달 전에 이 도시로 왔어.

새로 온 소녀에 대해 이야기를 하고 있습니다. 남자의 마지막 질문이 그녀가 낯익다며 어디서 왔는지를 묻고 있으므로, '필라델피아에서 살았었다'는 ③

번이 정답입니다.

- over there   저쪽에 (↔ over here 이쪽으로)
- kind   친절한
- smart   똑똑한
- familiar   익숙한, 친숙한
- come from   ~에서 오다, ~ 출신이다
- used to   ~했었다
  (과거 한때는 일어났지만 지금은 그렇지 않은 일에 씀)

 ③

3 Script

M: Is your Chinese friend staying with you?
W: Not yet. She'll arrive tomorrow afternoon.
M: Are you going to the airport to welcome her?
W: I can't. My class won't finish until 6 pm.
M: Who will pick her up at the airport, then?
W: I asked my dad to do it.

남자: 너의 중국인 친구는 너와 함께 있니?
여자: 아직 아냐. 그녀는 내일 오후에 도착할 거야.
남자: 그녀를 마중하러 공항에 갈 예정이니?
여자: 그럴 수 없어. 내 수업이 6시가 되어야 끝나거든.
남자: 그러면 누가 그녀를 데리러 공항에 가니?
여자: 우리 아빠에게 그것을 부탁했어.

① 내가 확실히 그녀를 데리러 갈 거야.
② 우리 아빠에게 그것을 부탁했어.
③ 그녀는 그녀의 언니와 함께 가.
④ 그녀는 이전에 한 번도 나를 방문한 적이 없어.

남자가 마지막에 공항에 누가 중국인 친구를 마중 나갈 것인지를 묻고 있습니다. 여자는 수업 때문에 가지 못한다고 했으므로, '아빠에게 부탁했다'는 ②번이 정답입니다.

- stay with   ~와 머물다
- arrive   도착하다
- airport   공항
- welcome   환영하다
- finish   끝나다, 마치다
- until   ~까지
- pick ~ up   ~을 차에 태우다, (차로) 마중 나가다
- certainly   확실히, 분명히
- ask   ~을 요청하다, 부탁하다

 ②

4 Script

M: Thanks for inviting me.
W: It's my pleasure. Make yourself at home.
M: Thanks. Oh, is this the stamp collection you told me about?
W: That's right. I've collected more than 500 stamps from all around the world.
M: Wow. How long have you been collecting them?
W: For about five years.

남자: 나를 초대해 줘서 고마워.
여자: 내가 좋아서 한 거야. 편안히 있어.
남자: 고마워. 아, 이것이 네가 말한 우표 수집품이니?
여자: 맞아. 난 전 세계로부터 500가지가 넘는 우표를 수집해 왔어.
남자: 와. 그것들을 얼마나 오랫동안 수집해 오고 있니?
여자: 대략 5년 동안.

① 대략 5년 동안.
② 30개의 다른 나라로부터.
③ 200 종류 이상.
④ 국제적인 친구들의 도움으로.

여자의 우표 수집품을 보며 남자가 얼마 동안 우표를 수집해 왔는지 '기간'을 묻고 있으므로 '약 5년 동안'이라고 답한 ①번이 정답입니다.

- invite   초대하다
- It's my pleasure.   내가 좋아서 하는 거야., 괜찮아., 천만에.
- make yourself at home   편안히 있다
- stamp   우표
- collection   수집, 수집품
- tell about   ~에 대해 말하다
- more than   ~ 이상
- about   ~쯤, 대략
- different   다른, 여러 가지의
- over   ~넘게
- kind   종류
- international   국제적인

 ①

5 Script

W: Jeremy Collins? Is that you?
M: Oh, Wendy! Long time no see!
W: It's so good to see you here. We haven't seen each other since our graduation.
M: I know. It's because I moved to Boston.
W: Right. Then what brought you back to Seattle?
M: I'm here to visit my relatives.

여자: Jeremy Collins? 너니?
남자: 아, Wendy! 오랜만이다!
여자: 여기서 너를 보니 정말 반갑다. 졸업 후 서로 만나지 못했네.
남자: 그래. 내가 보스턴으로 이사를 가서 그래.
여자: 맞아. 그런데 시애틀에는 무슨 일로 돌아왔니?
남자: 친척들을 만나러 여기 왔어.

① 여기에 비행기로 왔어.
② 내가 너를 보스턴에 데려왔어.
③ 친척들을 만나러 여기 왔어.
④ 나는 졸업식에 참석하지 않을 거야.

졸업 후 만나지 못했던 남자와 여자가 만나 이야기를 나누고 있습니다. 마지막 여자의 말은 '무엇이 너를 시애틀에 다시 오게 했니?'라는 의미로 왜 오게 되었는지를 묻고 있으므로 '친척들을 만나기 위해서 왔다'는 ③번이 정답입니다.

- Long time no see.   오랜만이야.
- each other   서로
- graduation   졸업
- fly   비행기를 타다, 비행기로 오다 (fly-flew-flown)
- relative   친척
- attend   참석하다
- ceremony   의식, 식

 ③

6 Script

W: I think we ran out of plastic files.
M: Yes. I need some pens, too.
W: Let's ask Celine to order them.
M: But she's on vacation till next Friday.
W: You're right. Let's write down the things we need, so she can order them as soon as she comes back.
M: Okay. We definitely need files and pens.

여자: 플라스틱 파일을 다 쓴 거 같아.
남자: 응. 나도 펜이 좀 필요해.
여자: Celine에게 그것들을 주문해 달라고 요청하자.
남자: 그런데 그녀는 다음 주 금요일까지 휴가야.
여자: 그렇지. 우리가 필요한 물건들을 적어 놓자. 그녀가 돌아오자마자 그것들을 주문할 수 있도록 말이야.
남자: 좋아. 우리는 파일과 펜이 꼭 필요해.

① 물론이지. 그녀는 분명 재미있는 시간을 보내고 있을 거야.
② 좋아. 내가 지금 당장 Celine에게 전화를 할게.
③ 응. 너는 글씨체가 좋지 않아.
④ 좋아. 우리는 파일과 펜이 꼭 필요해.

필요한 물품을 주문하는 일을 Celine에게 요청해야 하는데, 그녀가 휴가 중인 상황입니다. 그녀가 돌아오면 곧 주문할 수 있게 주문할 물품을 적어두자는 여자의 말에 남자는 동의하는 표현을 할 수 있습니다. '파일과 펜이 필요하다'는 것을 다시 한 번 확인해 주는 ④번이 정답입니다.

• run out of ~을 소모해 버리다, 다 쓰다
• order 주문하다
• on vacation 휴가 중
• till ~까지 (= until)
• write down ~을 적다, 적어놓다
• as soon as ~하자마자
• must be ~임에 틀림없다
• handwriting 글씨체
• right now 지금 당장
• definitely 분명히

정답 ④

7 Script

W: You chose a nice belt, sir. This one is very elegant.
M: Thanks, I really like it. And the price is quite reasonable.
W: You're right. 18,000 won is inexpensive.
M: OK, let me pay for it. Do you take Master Card?
W: Sorry, sir. We only accept Visa Card.
M: In that case, I'll pay in cash.

여자: 멋진 벨트를 고르셨네요, 선생님. 이것은 아주 세련되요.
남자: 고맙습니다, 정말 맘에 드네요. 그리고 가격도 꽤 저렴하고요.
여자: 맞습니다. 18,000원은 비싼 것은 아니죠.
남자: 좋아요, 계산할게요. 마스터 카드를 받나요?
여자: 죄송합니다, 선생님. 저희는 비자 카드만 받습니다.
남자: 그렇다면 현금으로 계산할게요.

① 그 벨트는 할인 중입니다.
② 그렇다면 현금으로 계산할게요.
③ 그것이 그렇게 세련되다고 생각지 않습니다.
④ 신용 카드 기계가 고장입니다.

남자가 벨트를 구매하려고 계산을 할 때, 마스터 카드가 되는지를 묻자 여자는 비자 카드만 된다고 했습니다. 그렇다면 남자는 다른 지불 수단을 말해야 합니다. 현금으로 하겠다고 말한 ②번이 정답입니다.

• choose ~을 선택하다 (choose-chose-chosen)
• elegant 우아한, 고상한, 세련된
• price 가격
• quite 꽤, 상당히
• reasonable 합리적인, 비싸지 않은
• inexpensive 비싸지 않은 (↔ expensive)
• let me (내가) ~하게 하다
• pay for ~에 대한 비용을 지불하다, 가격을 묻다
• accept ~을 수용하다, 받아들이다
• on sale 할인 중
• in that case 그런 경우에는, 그렇다면
• in cash 현금으로
• out of order 고장 난

정답 ②

8 Script

W: I'm bored. Why don't we go outside?
M: Well, I want to watch TV at home.
W: Come on, it's the weekend! I don't want to stay at home all day long.
M: OK. Where do you want to go?

W: Let's go see a movie, or we can go shopping.
M: I'd rather watch a movie than go shopping.

여자: 지루해. 밖에 나가지 않을래?
남자: 글쎄, 나는 집에서 TV를 보고 싶어.
여자: 이봐, 주말이야! 하루 종일 집에 있고 싶지 않아.
남자: 좋아. 넌 어디에 가고 싶어?
여자: 영화를 보러 가거나 쇼핑을 갈 수 있지.
남자: 쇼핑을 가는 것보다는 영화를 보는 게 낫겠다.

① 당분간은 너와 함께 할 수 없어.
② 왜 영화를 혼자 보러 갔어?
③ 어떤 TV 프로그램을 보고 싶니?
④ 쇼핑을 가는 것보다는 영화를 보는 게 낫겠다.

주말이라 외출하자는 여자의 말에 남자가 어디에 가고 싶냐고 묻자 여자는 영화를 보거나 쇼핑을 하자고 합니다. 그렇다면 남자는 둘 중 어떤 것을 할지 말하는 것이 자연스럽습니다. 쇼핑보다는 영화를 보자는 ④번이 정답입니다.

• bored 지루해 하는
• why don't you ~? ~하지 않을래? (제안을 나타내는 표현)
• go outside 밖으로 나가다
• at home 집에서
• stay at ~ ~에 머물다
• all day long 하루 종일
• for now 당분간은, 우선은, 지금 당장은
• I'd(= I would) rather A than B B보다는 차라리 A하는 편이 낫다

정답 ④

Listening Type 03

Sample   본문 22쪽

Script

W: Good evening, sir. Can you show me your customs declaration form?
M: Here you go. (pause) Do I have to declare duty-free items?
W: What kind of duty-free items did you buy?
M: Just some cosmetics. They cost less than 200 dollars.
W: Then you don't have to declare them.
M: OK.

여자: 안녕하세요, 선생님. 세관 신고서 양식을 보여 주시겠어요?
남자: 여기 있습니다. (잠시 후) 면세 물품도 신고해야 하나요?
여자: 어떤 종류의 면세 물품을 사셨나요?
남자: 화장품 몇 개입니다. 200 달러 미만의 비용이 들었습니다.
여자: 그렇다면 그것들을 신고할 필요는 없습니다.
남자: 알겠습니다.

Q. 남자가 이야기하고 있는 사람은 누구인가?
① 판매 직원   ② 여행사 직원
③ 배달원   ④ 세관원

세관 신고서, 면세 품목 등의 표현으로 보아 여자는 세관원임을 알 수 있습니다. 그러므로 정답은 ④번입니다.

• customs (공항, 항구의) 세관 (복수로 씀)
• declaration 신고서; 선언(문)
• form 양식, 서식
• declare (세금을) 신고하다; 선언하다, 발표하다
• duty-free 면세의
• item 품목, 물품
• cosmetic 화장품
• less than ~ 미만
• don't have to ~할 필요는 없다

• clerk   직원
• agent   대리인, 중개인
• delivery   배달
• officer   공무원

 ④

Practice

본문 24~25쪽

1 Script

W: Let's call Jake and go to the amusement park together.
M: Sounds fun! But aren't you going to be uncomfortable in that dress?
W: Oh, you're right. I must go home and get changed first.
M: Okay. Then I'll get Jake from the library. He must be there.
W: Alright. See you at the Main Station in half an hour.
M: See you soon!

여자: Jake에게 전화해서 함께 놀이공원에 가자고 하자.
남자: 재미있겠다! 그런데 그 옷으로는 불편하지 않겠어?
여자: 아, 네 말이 맞아. 집에 가서 우선 갈아입어야겠다.
남자: 좋아. 그렇다면 나는 도서관에서 Jake를 데려올게. 그는 거기 틀림없이 있을 거야.
여자: 알았어. 30분 후에 Main역에서 만나자.
남자: 곧 보자!

Q. 여자는 대화가 끝난 후 바로 어디로 갈 것인가?
① 그녀의 집으로   ② 도서관으로
③ 지하철역으로   ④ 놀이공원으로

여자는 옷이 불편해서 집에 가서 먼저 옷을 갈아입겠다고 했으므로 집으로 먼저 갈 것입니다. 그러므로 정답은 ①번입니다.

• amusement park   놀이공원
• together   함께
• (It) Sounds fun!   그거 재미있게 들린다! (It은 종종 생략됨)
• uncomfortable   불편한 (↔ comfortable 편안한)
• dress   옷
• first   우선
• half an hour   반 시간, 30분
• subway   지하철

 ①

2 Script

W: Jack, what are you doing?
M: I can't find my wallet. I thought I put it in my backpack, but it isn't there.
W: Isn't it on your bed or on your desk?
M: I checked out my room, but it wasn't there, either.
W: There it is, on the dining table!
M: That's strange. I don't know when I put it there.

여자: Jack, 무엇을 하고 있니?
남자: 내 지갑을 찾을 수 없어. 내 배낭에 넣어두었다고 생각했는데 거기에 없어.
여자: 네 침대 위나 책상 위에 있지는 않니?
남자: 내 방은 확인했지만 거기도 없었어.
여자: 저기 있구나, 식탁 위에!
남자: 이상하네. 내가 언제 그것을 거기에 뒀는지 모르겠네.

Q. 남자의 지갑은 어디에 있는가?
① 침대 위에   ② 책상 위에
③ 배낭 안에   ④ 식탁 위에

대화의 마지막에 여자가 식탁 위에 지갑이 있다고 말하고 있으므로 정답은 ④번입니다.

• find   ~을 찾다
• wallet   지갑
• backpack   배낭
• check out   ~을 확인하다
• either   ~도 또한 (부정문에 쓰임)
• dining table   식탁
• strange   이상한

정답 ④

3 Script

W: Your car looks always clean and shiny. You wash it every day, don't you?
M: No way. I wash it just once a week.
W: Still often. I wash mine only once a month.
M: Even after it rains?
W: Yes, I actually don't mind how dirty my car looks.
M: Well, I think you need to clean it at least twice a month.

여자: 네 차는 항상 깨끗하고 반짝거려. 너는 매일 세차를 하는구나, 그렇지 않니?
남자: 절대 아냐. 난 일주일에 단지 한 번 세차해.
여자: 그래도 자주 하네. 나는 내 차를 한 달에 단 한 번 세차해.
남자: 비가 온 후에도?
여자: 응, 사실 내 차가 더러워 보이는 것에 신경을 안 써.
남자: 음, 난 네가 적어도 한 달에 두 번은 세차할 필요가 있다고 생각해.

Q. 여자는 자신의 차를 얼마나 자주 세차하는가?
① 매일   ② 일주일에 한 번
③ 한 달에 한 번   ④ 한 달에 두 번

남자는 차를 일주일에 한 번 세차하고, 여자는 한 달에 한 번 정도 한다고 했으므로 정답은 ③번입니다.

• look   ~처럼 보이다
• shiny   빛나는, 반짝 반짝이는
• no way   절대. (no보다 강한 표현)
• once   한 번
• still   여전히, 아직도
• often   자주, 종종
• even   심지어 ~도
• at least   적어도
• twice   두 번

정답 ③

4 Script

W: Where have you been? You didn't answer any of my calls.
M: I was at the library and I didn't want to break the silence.
W: I see. Were you reading books?
M: No, I was studying for my next class. Why did you call me?
W: I just wanted to ask you out for a movie.
M: Sounds like fun. What do you want to see?

여자: 너 어디 있었니? 내 전화를 받지 않던데.
남자: 도서관에 있었어, 그래서 고요한 분위기를 깨고 싶지 않았어.
여자: 그랬구나. 책을 읽고 있었니?
남자: 아니, 다음 수업을 위해 공부하고 있었어. 왜 내게 전화했니?
여자: 영화를 보러 나갈 수 있는지 물어보고 싶었을 뿐이야.
남자: 재미있을 것 같은데. 무엇을 보고 싶니?

Q. 남자는 왜 여자의 전화를 받지 않았는가?
① 그는 책을 읽고 있었다.
② 그는 영화를 보고 있었다.
③ 그는 다른 사람들을 방해하고 싶지 않았다.
④ 그는 전화기를 가지고 있지 않았다.

남자는 도서관에 있었고, 그곳의 조용함을 깨고 싶지 않았다고 말했으므로 '다른 사람들을 방해하고 싶지 않았다'는 ③번이 정답입니다.

- call 전화
- break ~을 깨다, 부수다
- silence 고요, 적막, 침묵
- disturb 방해하다

 ③

5 Script

W: How are the preparations for the party going?
M: They're going well. I've confirmed every guest's attendance.
W: How many staff members will serve the party?
M: There are 6 members now and three of them will serve 12 VIPs.
W: We need three more staff members. The party will go on for more than 5 hours, and more than 50 guests will join us.
M: OK, I'll contact some more staff.

여자: 파티 준비는 어떻게 되어가고 있나요?
남자: 잘 되고 있습니다. 모든 손님들의 참석을 확인했습니다.
여자: 파티에서 시중을 드는 직원 수는 몇 명인가요?
남자: 현재 6명으로 그들 중 3명은 12명의 VIP 손님들의 시중을 들 것입니다.
여자: 3명의 직원이 더 필요합니다. 파티는 5시간 이상 진행될 것이고, 50명 이상의 손님이 참여할 것입니다.
남자: 알겠습니다, 직원 몇 명에게 더 연락하겠습니다.

Q. 파티를 위해 필요한 직원 수는 모두 몇 명인가?
① 여섯　　　② 아홉　　　③ 열 둘　　　④ 열 다섯

현재 6명의 직원이 준비되었다고 하자 여자는 3명을 더 추가하라고 말했으므로 정답은 ②번입니다.

- preparation 준비
- go well 잘 되어가다
- confirm ~을 확인하다
- attendance 참석, 참석자
- staff 직원
- serve 시중을 들다
- go on 지속하다
- join 참여하다
- contact 연락하다

정답 ②

6 Script

W: Hi, I'd like to buy tickets for the 7 o'clock show.
M: We have S and R seats left. Which seats would you like?
W: How much are the seats?
M: S seats are 50 dollars and R seats are 25 dollars each.
W: I'll take the cheaper ones. Can I buy three tickets?
M: Sure. How would you like to pay?

여자: 안녕하세요. 7시 쇼의 표를 사고 싶어요.
남자: S와 R 좌석이 남아 있습니다. 어느 좌석이 좋으세요?
여자: 그 좌석들은 가격이 얼마죠?
남자: 각각 S석은 50달러이고, R석은 25달러입니다.
여자: 더 싼 것으로 할게요. 표 세 장 살 수 있죠?
남자: 물론입니다. 어떻게 지불하시겠습니까?

Q. 여자는 티켓 값으로 얼마를 지불할 것인가?
① 50달러　　② 75달러　　③ 100달러　　④ 150달러

여자는 좀 더 싼 25달러짜리 R석을 세 장 구입하겠다고 했으므로 모두 75달러를 지불할 것입니다. 그러므로 정답은 ②번입니다.

- I'd like to + 동사원형 ~하고 싶다
- seat 좌석, 자리
- leave ~을 남기다(leave-left-left)
- left 남겨진

- each 각각

정답 ②

7 Script

M: I have this 20-page essay to finish by next Friday, but I haven't even started writing.
W: You should really start working on it.
M: I know. But the topic is too broad, so I don't know where to start.
W: Why don't you get some help from the teacher? He might give you some ideas.
M: I think I should. Otherwise, I won't be able to finish it on time.
W: Yes. Go right ahead.

남자: 나는 다음 주 금요일까지 이 20쪽짜리 에세이를 끝내야 하는데, 쓰는 것을 심지어 시작도 못했어.
여자: 넌 그것에 대해 작업을 정말 시작해야 해.
남자: 알아. 그런데 주제가 너무 넓어서 어디서부터 시작해야 할지 모르겠어.
여자: 선생님께 도움을 좀 받아보지 그래? 선생님은 아이디어를 좀 주실지 몰라.
남자: 그래야겠다. 그렇게 하지 않으면 제 시간에 그것을 끝낼 수 없을 거야.
여자: 그래. 어서 해 봐.

Q. 여자가 에세이에 대해 남자에게 하라고 제안한 것은 무엇인가?
① 다른 주제를 찾아라.
② 선생님과 상의해라.
③ 더 많은 아이디어를 찾아내라.
④ 가능한 한 빨리 끝내라.

주제의 범위가 너무 넓어 시작을 하지 못하고 있는 남자에게 여자는 선생님에게 도움을 청해 보라고 제안합니다. 그러므로 정답은 ②번입니다.

- essay 에세이
- finish ~을 끝내다
- broad 넓은
- where to start 어디서 시작할지
- Why don't you ~? ~을 하지 그래? (제안을 나타내는 표현)
- otherwise 그렇지 않으면
- be able to ~할 수 있다 (= can)
- on time 제 시간에, 정각에
- go ahead 시작하다, 앞서 가다
- consult 상담하다
- come up with ~을 찾아내다, 떠올리다
- as soon as possible 가능한 한 빨리

정답 ②

8 Script

M: Are you on the Internet again?
W: Yeah. I'm in a cool chat room. It's a cool way to meet people.
M: You don't really know who you're talking to. It's not like talking to someone in person.
W: But I can still talk about interesting stuff.
M: Well, don't you think it's more fun to talk to people, I mean, face-to-face?
W: Maybe, but it's not that easy to find people with the same interest.

남자: 다시 인터넷을 하고 있니?
여자: 응. 난 굉장한 채팅방에 있어. 사람들을 만날 수 있는 멋진 방법이야.
남자: 너는 네가 말하고 있는 사람이 누구인지 정말 모르잖아. 그것은 누군가와 직접 이야기하는 것과는 달라.
여자: 그렇지만 여전히 흥미로운 것들에 대해 이야기할 수 있어.

7

남자: 글쎄, 내 말은 사람들과 직접 만나 이야기하는 것이 더 재미있다고 생각하지 않니?

여자: 아마도, 그런데 같은 관심사를 가진 사람들을 찾는 게 그리 쉽지는 않아.

Q. 인터넷 채팅에 대한 남자의 태도는 무엇인가?
① 그는 인터넷 채팅보다 직접 사람과 대화하는 것을 선호한다.
② 그는 인터넷 채팅이 새로운 사람을 만나는 좋은 방법이라고 생각한다.
③ 그는 인터넷 채팅이 직접 사람을 만나는 것만큼 재미있다고 생각한다.
④ 그는 같은 관심사를 가진 사람들을 쉽게 찾을 수 있어 인터넷 채팅을 좋아한다.

여자는 인터넷 채팅을 통해 새로운 사람들을 만날 수 있고, 관심 있는 것에 대해 이야기할 수 있는 장점을 이야기하지만, 남자는 직접 사람을 만나 대화하는 것이 더 재미있을 거라고 여자에게 말하고 있으므로 정답은 ①번입니다.

• chat   수다 떨다, 이야기하다
• cool   멋진; 시원한
• in person   직접
• stuff   것, 물건, 일
• face-to-face   마주 보는, 대면하는
• prefer A to B   B보다 A를 더 선호하다
• as ~ as ...   ...만큼 ~한
• interest   흥미, 관심

 ①

 Listening Type 04

Sample

본문 26쪽

Script

(M) One key to getting along well with people is knowing when to say you're sorry. Sometimes some comments or actions can hurt or offend others. Heavy workloads and stress may keep us from seeing how our actions make others feel. In most cases, if someone is offended by something you do or say, it's much better to apologize right away. That solves the small problem and keeps it from getting bigger.

사람들과 잘 지내는 한 가지 방법은 미안하다고 언제 말할 것인지 아는 것이다. 때때로 어떤 말들이나 행동들은 남에게 상처를 주거나 공격이 될 수도 있다. 과도한 업무와 스트레스는 우리의 행동을 다른 사람이 어떻게 느껴지는지 아는 것을 방해한다. 대부분의 경우, 누군가 당신이 한 행동이나 말에 의해 공격을 받게 된다면 즉시 사과를 하는 것이 더욱 좋다. 그것이 소소한 문제를 해결하고 그것이 확대되는 것을 막을 수 있다.

Q. 화자는 주로 무엇에 대해서 말하고 있는가?
① 질문하기   ② 학생들을 가르치기
③ 사과하기   ④ 누군가에게 감사하기

내가 한 말이나 행동으로 인해 누군가가 상처를 받았을 때, 이를 즉시 해결하는 방법은 곧바로 미안하다고 말하는 것이라고 말하고 있으므로 정답은 ③번입니다.

• get along with   ~와 잘 지내다
• when to say   언제 말할 것인지
• comment   언급, 말
• action   행동
• hurt   상처를 주다
• offend   ~을 공격하다
• heavy   무거운, 많은
• workload   업무량
• keep ~ from -ing   ~로 하여금 …하는 것을 막다
• case   경우
• much   훨씬 (비교급 앞에서 비교급을 강조)

• apologize   사과하다
• right away   지금 바로
• solve   ~을 해결하다

 ③

Practice

본문 28~29쪽

1 Script

(M) Good morning, listeners. This is Edward Park from NCB local weather news. Now we have clear sunny skies, but they will be cloudy this afternoon. Today's high will be 20 degrees Celsius with South to Southeast winds at 30 to 40 kilometers per hour. Today's low will be 13 degrees Celsius. Tomorrow's forecast calls for a 70 percent chance of heavy rain with strong winds.

안녕하세요, 청취자 여러분. 저는 NCB 지역 방송국 기상 뉴스의 Edward Park입니다. 현재 하늘이 맑고 화창하지만 오늘 오후에는 구름이 낄 것입니다. 오늘의 최고 온도는 섭씨 20도이고, 남쪽에서 남동쪽으로 시간당 30~40 km의 바람이 불겠습니다. 오늘의 최저 온도는 섭씨 13도입니다. 내일의 예보는 강한 바람과 함께 많은 비가 올 가능성이 70%입니다.

Q. 오늘 오후의 날씨는 어떨 것인가?
① 비가 오는   ② 해가 나는   ③ 안개가 낀   ④ 구름이 낀

지금은 맑지만 오후에는 구름이 낄 것이라고 했으므로 정답은 ④번입니다.

• local   지방의
• degree   ~도 (온도를 나타냄)
• Celsius   섭씨 (cf. Fahrenheit 화씨)
• per   ~당
• forecast   예상
• (weather) forecast calls for ~   (일기) 예보에 의하면
• chance   가능성

 ④

2 Script

(Beep)
(W) Hi, Jeremy. How's it going? You know my brother is an actor. His new play starts tomorrow. It'll be great if you can come with me and congratulate him together. He will be glad, too. He says the play is very fun and anyone can enjoy it. Please let me know if you are free tomorrow night. Talk to you soon.

(삐~)
안녕, Jeremy. 어떻게 지내? 우리 오빠가 배우인 것을 알지. 오빠의 새로운 연극이 내일 시작해. 네가 나와 함께 가서 오빠를 축하해 준다면 정말 멋질 거야. 오빠도 기뻐할 거고. 오빠는 연극이 아주 재미있고, 누구나 즐길 수 있다고 말했어. 내일 저녁 시간 있는지 내게 알려줘. 조만간 이야기하자.

Q. 여자는 Jeremy에게 왜 메시지를 남겼는가?
① 그를 초대하기 위해
② 그에게 감사하려고
③ 그를 축하해 주기 위해
④ 그에게 자신이 어떻게 지내고 있는지 말하려고

여자는 Jeremy에게 자신의 오빠 연극을 함께 보러가 그를 축하해 주었으면 좋겠다고 말하고 있습니다. 그러므로 정답은 ①번입니다.

• actor   배우 (↔ actress 여배우)
• play   연극
• come with   ~와 함께 오다
• congratulate   축하하다
• let me know   내게 알려줘

정답 ①

3 Script

(W) To receive a Baltimore University student identification card, visit the Student Center located in room 520 of the Mercer Building. You just need to provide your photo and student number. It only takes 15 minutes for you to receive your ID. You can take a photo on the spot but it will take 10 more minutes to receive your ID. The center is open from 9 am to 6 pm during weekdays.

볼티모어 대학교 학생증을 받기 위해서는 Mercer 빌딩의 502호에 위치해 있는 학생 센터를 방문해 주세요. 당신은 사진과 학번만 제시하면 됩니다. 당신의 학생증을 받으려면 15분이면 됩니다. 즉석에서 사진을 찍을 수 있지만 학생증을 받는 데는 10분 더 걸릴 것입니다. 센터는 주중에 오전 9시에서 오후 6시까지 열려 있습니다.

Q. 즉석에서 사진을 찍을 경우, 학생증을 받는 데 걸리는 시간은 얼마인가?
① 10분   ② 15분   ③ 20분   ④ 25분

학생증을 받는 데 15분 걸린다고 했고, 즉석에서 사진을 찍는다면 10분 더 걸린다고 했으므로 25분이 필요합니다. 그러므로 정답은 ④번입니다.

• receive 받다
• identification card 신분증
• located in ~에 위치한
• provide 제공하다
• It takes + 시간 + to + 동사원형 ~하는 데 ~(시간)이 걸리다
• take a photo 사진을 찍다
• on the spot 즉석에서
• during ~동안에

정답 ④

4 Script

(M) Hello, Ms. Jones. Here's your schedule for today. You will have a meeting with the marketing department starting from 9:30 am. It is regarding new marketing plans for the next quarter. After that, managers will report on their teams' weekly performances. After lunch, the CEO of Mainland Manufacturing will visit you. He'd like to discuss a joint venture with us. Please let me know if you need anything.

안녕하세요, Jones 씨. 여기 오늘 당신의 일정이 있습니다. 당신은 마케팅 부서와 오전 9시 30분에 시작하는 회의가 있습니다. 그것은 다음 분기에 대한 새로운 마케팅 계획에 관한 것입니다. 그 이후, 관리자들이 자신의 팀의 주간 업무에 대해 보고할 것입니다. 점심 식사 후, 메인랜드 제조 공장의 대표가 당신을 방문할 예정입니다. 그는 우리와 합작 투자에 대해 논의하고 싶어 합니다. 더 필요하신 것은 제게 알려주세요.

Q. Jones 씨는 점심 식사 후 무엇을 할 것인가?
① 관리자들의 보고를 듣는다
② 메인랜드 공장을 방문한다
③ 다른 회사의 고객을 만난다
④ 다음 분기에 대한 새로운 마케팅 계획을 논의한다

점심 식사 후에는 메인랜드 공장의 대표를 만나 합작 투자건에 대해 논의할 예정이므로 정답은 ③번입니다.

• schedule 일정
• department 부서, 부
• regarding ~에 관하여
• plan 계획
• quarter 4분의 1, 분기
• manager 관리자, 감독관
• report 보고하다
• performance 업무, 수행
• manufacturing 제조 공장, 제조업
• discuss ~에 관하여 논의하다, 토론하다

• joint 공동의, 합동의
• venture 투자
• company 회사

정답 ③

5 Script

(W) One of our best bus tours is the Yosemite Valley Floor Tour. It is approximately a two-hour tour and it is the best way to experience and learn about Yosemite National Park. Knowledgeable tour guides will introduce some of the most famous sightseeing points in Yosemite Valley. The trolley bus operates every 30 minutes from 8 am to 9 pm. The tour costs 25 dollars per adult, and 13 dollars per child under 12.

우리의 최고 버스 투어 중 하나는 Yosemite Valley Floor 투어입니다. 그것은 두 시간 가까이 걸리는 투어이고, Yosemite 국립공원을 경험하고 배울 수 있는 최상의 방법입니다. 정통한 여행 가이드가 Yosemite 계곡에서 가장 유명한 관광 포인트 몇 군데를 소개할 것입니다. 무궤도 버스는 오전 8시부터 저녁 9시까지 30분마다 운행합니다. 투어 비용은 성인은 25달러이고 12세 미만 어린이는 13달러입니다.

Q. 투어에 대해 언급되지 않은 정보는 무엇인가?
① 얼마나 오래 투어가 걸리는지
② 투어의 비용은 얼마나 되는지
③ 얼마나 자주 투어 버스가 운행하는지
④ 얼마나 많은 투어 가이드가 제공될 것인지

Yosemite 계곡 투어에 대해 두 시간 정도 걸리고, 성인과 12세 미만 아이들의 요금은 각각 25달러, 13달러이고, 버스는 30분마다 운행된다고 했습니다. 식견이 있는 여행 가이드가 있다고는 했지만 몇 명인지에 대한 언급은 없으므로 정답은 ④입니다.

• approximately 대략, 거의
• knowledgeable 아는 것이 많은, 식견이 넓은
• introduce ~을 소개하다
• sightseeing 관광
• trolley bus 무궤도 버스
• adult 성인

정답 ④

6 Script

(M) Thank you for calling Delton Health Club, one of the best fitness centers in the South Bay. Our hours are from 5 am to 10 pm from Mondays to Fridays, and 9 am to 8 pm on Saturdays. We're closed on Sundays. We provide our members with power stretching classes. The classes are offered for an hour, twice a day from Monday to Friday. The classes start at 10 am and at 8 pm.

사우스 베이에서 가장 좋은 체육관 중의 하나인 델턴 헬스 클럽에 전화 주셔서 감사합니다. 저희 영업 시간은 월요일부터 금요일까지 오전 5시에서 밤 10시까지이고, 토요일에는 오전 9시부터 저녁 8시까지입니다. 일요일에는 문을 닫습니다. 우리는 회원분들께 파워 스트레칭 수업을 제공합니다. 수업은 한 시간 동안, 월요일부터 금요일까지 하루에 두 번 제공됩니다. 수업은 오전 10시와 저녁 8시에 시작합니다.

Q. 파워 스트레칭 수업은 아침 언제 시작하는가?
① 주중 9시에   ② 주중 10시에
③ 주말 9시에   ④ 주말 10시에

담화 후반부에 보면 스트레칭 수업은 월요일에서 금요일까지 하루에 두 번 한다고 했으므로 주중에 진행되는 것이고, 오전에는 10시, 저녁에는 8시에 시작한다고 했으므로, 정답은 ②번입니다.

• fitness center 신체 단련장, 헬스 클럽
• hours 근무 시간, 영업 시간
• stretching (몸 등을) 늘리기
• offer ~을 제공하다

• twice 두 번

 ②

 Script

(W) May I ask for your attention, please? We have a brown leather wallet. It was found in the woman's washroom on the 5th floor. It contains a receipt for fruit purchased in the basement today and some cash. If you are the owner of this wallet, please come to the lost and found office on the 10th floor. Thank you.

주목해 주시겠어요? 갈색 가죽 지갑을 가지고 있습니다. 그것은 5층 여자 화장실에서 발견되었습니다. 오늘 지하층에서 구매한 과일 영수증과 얼마의 현금이 들어 있습니다. 이 지갑의 주인은 10층에 있는 분실물 사무실로 오세요. 감사합니다.

Q. 지갑의 주인에 대해 알 수 있는 것은?
① 주인은 갈색 머리이다.
② 주인은 옷을 사는 데 현금을 사용했다.
③ 주인은 5층에서 쇼핑을 하고 있다.
④ 주인은 과일을 산 후에 지갑을 잃어버렸다.

분실된 지갑의 주인을 찾고 있습니다. 지갑의 색이 갈색이고, 여자가 옷을 샀는지에 대한 언급은 없습니다. 5층에서 지갑이 발견되었지만 지금 주인이 5층에서 쇼핑을 하고 있는지는 알 수 없습니다. 지갑 속에 과일 영수증이 있는 것으로 보아, 주인은 과일을 산 후에 지갑을 잃어버린 것을 알 수 있으므로 정답은 ④번입니다.

• attention 주목, 주의
• leather 가죽
• wallet 지갑
• washroom 화장실
• contain ~을 포함하다
• receipt 영수증
• purchase ~을 구입하다 (수식하는 앞의 fruit과의 관계가 수동이므로 과거분사를 씀)
• basement 지하
• cash 현금
• lost and found 분실물 취급소

 ④

 Script

(Beep)
(W) Hello, this is Bella Pattison. I'm on a business trip to Bangkok from the 20th to 23rd of August. If you have urgent messages, please call my coworker, Angela Risso. Her extension number is 121. Or you can send me an email since I will check my email as frequently as possible during the trip. I'll be back in the office on August 26th. Thank you very much and have a good day.

(삐~)
여보세요. Bella Pattison입니다. 저는 8월 20일에서 23일까지 방콕으로 출장 중입니다. 급한 메시지가 있다면 제 동료 Angela Risso에게 전화 주세요. 그녀의 내선 번호는 121번입니다. 또는 여행하는 동안 가능한 한 자주 이메일을 확인할 것이기 때문에 저에게 이메일을 보내셔도 됩니다. 저는 8월 26일에 사무실로 돌아올 것입니다. 감사드리며 좋은 하루 되세요.

Q. Bella Pattison에 대해 사실인 것은 무엇인가?
① 그녀의 출장은 일주일 동안 지속된다.
② 그녀의 동료 내선 번호는 120번이다.
③ 그녀는 여행 중에 이메일을 확인할 수 없다.
④ 그녀는 8월 26일 전까지는 사무실에 돌아오지 않을 것이다.

출장은 4일 정도 걸리고, 동료의 내선 번호는 121번이며, 여행 중 수시로 이메일을 확인한다고 했으므로 ①, ②, ③은 내용과 맞지 않습니다. 26일에 사

무실에 돌아온다고 했으므로 26일 전까지는 사무실에 돌아오지 않는다는 ④번의 내용이 정답입니다.

• business trip 업무 여행, 출장
• urgent 급한
• co-worker 동료
• extension number 내선 번호
• as frequently as possible 가능한 한 자주

 ④

Section 2 Reading Part

Reading Type 01-A

 Sample 　　　　　　　　본문 30쪽

나는 네가 지난 학기에 어떤 과목에서 만점을 받았는지 알고 있다.

last semester라는 과거를 나타내는 부사구가 있고, 이미 점수를 받은 것이므로 ②번 get은 과거시제인 got이 되어야 합니다.

• subject 과목
• perfect 완벽한
• score 점수
• semester 학기

 ②

 Practice 　　　　　　　　본문 31쪽

 1

8개국에서 온 유명한 마술사들이 그들의 기술을 보여주고 있다.

주어에 복수인 magicians가 있으므로 ④번 its는 their로 복수 표현이 되어야 합니다.

• famous 유명한
• magician 마술사
• skill 능력, 기술

 ④

 2

돈은 종종 사람들 사이에서 영원한 재앙의 근원이라고 여겨지고 있다.

명사를 앞에서 수식할 수 있는 것은 형용사입니다. ③번의 경우 앞에 the가 있고 뒤에 명사가 있으므로 permanence라는 명사가 아니라 permanent라는 형용사가 되어야 합니다.

• be said to ~라고 일컬어지다
• permanence 연속성
  cf. permanent 연속적인
• source 소재, 자원
• disaster 재앙
• among ~ 사이에

 ③

 3

공연 도중 Brain이라고 불리는 남자가 갑자기 무대 위에 나타났다.

'~라고 불리는'이라는 의미로 앞에 수식하는 명사와의 관계가 수동이면 과거분사가 되어야 합니다. 그러므로 ①번은 called로 표현되어야 합니다.

- suddenly 갑자기
- appear 나타나다
- stage 무대
- during ~하는 동안에
- performance 공연; 수행

 정답 ①

 4

비행기를 놓치고 싶지 않으면 너는 지금 공항으로 출발해야 한다.

otherwise와 unless의 쓰임을 정확히 알아야 합니다. A otherwise B는 'A를 하지 않으면 B가 된다'는 말입니다. 그런데 문장의 내용상 '비행기를 놓치고 싶지 않으면'이라는 뜻이 되어야 합니다. 이럴 경우는 unless(=if ~ not)를 써야 합니다. 즉, if you don't want miss the flight라는 의미가 됩니다. otherwise를 쓰려면 뒷문장은 you will miss the flight라고 표현해야 합니다. 그러므로 정답은 ③번입니다.

- leave for ~ ~로 떠나다, 출발하다
- airport 공항
- otherwise 그렇지 않으면
- miss 놓치다
- flight 비행기

 정답 ③

Reading Type 01-B

Sample
본문 32쪽

나는 우리가 가볍게 식사를 할 수 있는 작고 편안한 식당을 발견했다.

빈칸 앞에 restaurant이라는 장소가 나오고 빈칸 뒤에는 '가벼운 식사를 먹을 수 있는'이라는 부연 설명으로 앞의 식당을 수식할 수 있습니다. 이럴 경우 빈칸에는 관계부사 where를 써야 합니다. 그러므로 정답은 ④번입니다.

- cozy 아늑한, 편안한
- light meal 가벼운 식사

 정답 ④

Practice
본문 33쪽

 1

마을에 있는 대부분의 사람들은 고대 신앙을 따르기로 결정했다.

동사 decide는 목적어로 to부정사를 씁니다. 그러므로 빈칸에는 to follow를 써야 합니다.

- most 대부분의
- village 마을, 동네
- decide to + 동사원형 ~하기로 결정하다
- follow 따르다
- ancient 고대의, 옛날의
- belief 믿음, 신앙

 정답 ④

 2

그녀는 Cathy Jackson을 우연히 마주치고 싶어 하지 않아서 그녀의 고향을 결코 다시 방문하지 않았다.

뒷부분 because 이하의 내용에 따라 '고향을 절대 방문하지 않았다'라는 내

용이 되어야 합니다. 부정어 never는 be동사나 조동사 다음에 쓸 수 있고, 일반동사 앞에 써야 하므로 ③번 She never visited가 정답입니다.

- hometown 고향
- run into 우연히 만나다

 정답 ③

 3

저 신발들은 똑같아 보이지만 주의 깊게 살펴보면 그 디자인은 약간씩 다르다.

the designs에 대한 동사가 필요한 자리입니다. 제시된 선택지 중 동사는 ①번입니다.

- design 디자인
- slightly 약간, 조금
- take a close look 주의 깊게 보다
- differ 다르다
- different 다른
- difference 다름, 차이
- differently 다르게

 정답 ①

 4

Joy는 아버지로부터 한자를 배우기 전까지는 그것을 읽을 수 없었다.

'~전까지는 …하지 못했다'라는 표현으로 before 절이 과거이므로 빈칸의 시제는 과거 이전의 시제인 과거완료가 되어야 합니다. 그러므로 정답은 ④번입니다.

- be able to + 동사원형 ~할 수 있다
- character 글자, 문자
- learn 배우다

 정답 ④

Reading Type 02

Sample
본문 34쪽

가뭄이 6개월 동안 지속되면서 많은 탱크의 물 수위가 위험스러울 정도로 낮다.

so 이하의 내용을 보면 '탱크의 물 수위가 위험스러울 정도로 낮다'라는 말이 있으므로 빈칸에는 ④ drought(가뭄)가 정답입니다.

- last 지속하다
- level 수준
- tank (액체, 가스 등을 담는) 탱크, 저장통
- dangerously 위험하게
- low 낮다 (↔ high)
- hail 우박, 싸락눈
- smog 스모그
- flood 홍수
- drought 가뭄

 정답 ④

Practice
본문 36~37쪽

 1

나는 Billy를 더 이상 믿을 수가 없는데, 왜냐하면 그는 나의 비밀을 우리 엄마에게 말했기 때문이다.

because 이하의 내용을 보면 비밀을 말했다라는 내용이므로 문맥상 '신뢰

할' 수 없다는 말이 적절하므로 정답은 ③번입니다.

- not ~ any more   더 이상 ~이 아니다
- secret   비밀
- type   글자를 타이핑하다
- trust   믿다
- trace   추적하다, 밝혀내다

정답 ③

나는 그 가게의 정확한 위치는 모르지만 그것은 이 근처 어딘가에 있다.

가게가 주변 어딘가에 있다는 내용이 있으므로 문장은 가게의 '위치'와 관련이 있습니다. 해당 단어는 ①번입니다.

- exact   정확한
- somewhere   어딘가에
- around   ~ 주변의
- location   위치
- rotation   회전
- dictation   받아쓰기
- elevation   승진, 승격

정답 ①

사람들이 그들의 삶에서 물질적인 부와 정신적인 부를 모두 성취하는 것은 쉽지 않다.

부와 관련된 내용으로 and로 연결된 빈칸 앞의 단어가 '물질적'이라는 의미입니다. 제시된 선택지 중에서 물질적인 부와 함께 이야기 될 수 있는 단어는 '정신적인' 부라고 하는 것이 적절합니다. 그러므로 정답은 ①번입니다.

- achieve   성취하다, 얻다
- both A and B   A, B 모두
- material   물질적인
- wealth   부, 재산
- spiritual   정신적인
- optional   선택적인
- economical   경제적인
- agricultural   농업의

정답 ①

다른 사람을 의지하지 마라. 당신은 스스로 살아남는 법을 배워야 한다.

두 번째 문장은 '스스로 살아남아야 한다'는 내용이므로 앞부분에는 남에게 의지하지 말라는 내용이 적절합니다. depend on은 '~에게 의지하다'라는 의미이므로 정답은 ④번입니다.

- how to   ~하는 방법
- survive   살아남다
- on one's own   혼자서, 혼자 힘으로
- fall on   ~에게 떨어지다
- tell on   ~을 일러바치다
- turn on   ~을 켜다

정답 ④

Cathy는 차분하고 관찰력이 있으므로 그날 무슨 일이 일어났는지 기억할 것이다.

and로 연결되어 있으므로 앞의 calm과 함께 Cathy의 성격을 나타내는 형용사가 올 수 있습니다. 앞부분의 내용이 그날에 일어난 일을 기억할 것이라는 말이므로, 문맥상 '관찰력이 뛰어난(observant)'이라는 단어가 적합합니다.

- remember   기억하다
- happen   일어나다, 발생하다
- calm   조용한, 차분한
- urgent   긴급한
- resistant   저항력이 있는, 잘 견디는
- persistent   끈질긴, 집요한
- observant   관찰력이 있는

정답 ④

우리가 버스에 올라타려고 할 때 어린 소년이 갑자기 나타나서 새치기를 했다.

'소년이 갑자기 뛰어들었다'라는 말과 함께 빈칸에 들어갈 표현을 찾아야 하는데, 이런 경우는 답지 4개를 모두 빈칸에 넣어 문장의 흐름이 가장 자연스러운 것을 찾아야 합니다. 버스를 타려고 하는 순간이었으므로 '새치기하다'라는 의미의 ①번이 가장 적절합니다.

- be about to   막 ~하려고 하다
- get on   ~에 올라타다
- show up   나타나다
- cut in line   새치기하다
- bear in mind   명심하다, 유념하다
- keep in touch   연락하고 지내다
- come into use   쓰이게 되다

정답 ①

Christina는 회의에 대해 Jerry에게 연락하는 것을 잊었다. 결과적으로 그는 회의에 나타나지 않았다.

부사의 의미를 정확히 알고 있어야 합니다. Jerry에게 회의에 대한 안내를 하지 않았기 때문에 그가 회의에 참석하지 않았다는 내용이므로 빈칸에는 '결과적으로'라는 의미의 ③번이 정답입니다.

- forget   잊다 (↔ remember)
- inform A of B   A에게 B에 대해서 알리다, 통지하다
- meeting   회의
- patiently   참을성 있게
- sufficiently   충분하게
- consequently   결과적으로
- independently   독립적으로

정답 ③

Tommy는 성숙하고 현명하므로 당신은 단지 그가 어리다는 이유로 그를 얕보아서는 안 된다.

Tommy의 성격이 나와 있고, 뒷부분은 그가 어리다는 말이 있습니다. 그러므로 빈칸에는 그를 무시하거나 얕보지 말라는 내용이 자연스럽습니다. look down on은 '~을 내려다보다, 얕보다'라는 의미이므로 정답은 ④번입니다.

- mature   성숙한
- wise   현명한
- hold on to   고수하다, 지키다
- make up for   만회하다, 벌충하다
- catch up with   ~을 따라잡다
- look down on   ~을 낮춰보다, 얕보다

정답 ④

Reading Type 03-A

Sample
본문 38쪽

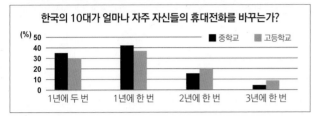

한국의 10대가 얼마나 자주 자신들의 휴대전화를 바꾸는가?

Q. 그래프에 따르면 다음 중 사실인 것은 어느 것인가?
① 가장 많은 중학생들이 1년에 두 번 자신의 휴대전화를 바꾼다.
② 5% 미만의 고등학생들이 3년에 한 번 자신의 휴대전화를 바꾼다.
③ 중학생들보다 더 많은 고등학생들이 1년에 한 번 자신의 휴대전화를 바꾼다.
④ 고등학생들보다 적은 중학생들이 2년에 한 번씩 자신의 휴대전화를 바꾼다.

그래프는 '한국 10대가 얼마나 자주 자신들의 휴대전화를 바꾸는가?'에 대한 도표입니다. 중학생과 고등학생으로 막대그래프가 나뉘어 있습니다. 가장 많은 중학생들이 1년에 한 번 바꾸고, 5% 미만의 중학생들이 3년에 한 번 바꾸며, 1년에 한 번 바꾸는 학생은 중학생이 더 많습니다. 그러므로 고등학생들보다 적은 중학생들이 2년에 한 번 바꾼다는 ④번의 내용이 그래프와 일치합니다.

• less than   ~에 못 미친, ~미만

정답 ④

Practice
본문 39쪽

 1

도서관 이용 시 명심해야 할 것들

✔ 휴대 전화를 끄세요.
✔ 음식이나 음료수를 가지고 오지 마세요.
✔ 필요한 경우 정기 간행물은 복사하세요.
✔ 책을 빌리기 위해서는 자신의 도서관 카드를 이용하세요.
✔ 공부방은 하루 전에 예약하세요.
　　　　　　　　　　　　　PSU 도서관

Q. 도서관 이용자들에게 추천되는 일은 무엇인가?
① 공부방은 사용 전에 예약하라.
② 학생증으로 책을 빌려라.
③ 졸릴 때는 차를 좀 마셔라.
④ 휴대 전화는 진동 모드로 해 놓아라.

책을 빌릴 때는 도서관 카드로, 음료수는 금지되며, 휴대 전화는 꺼야 한다고 했으므로 ②, ③, ④번은 해서는 안 되는 행동입니다. 공부방은 하루 전에 예약해야 하므로 정답은 ①번입니다.

• keep in mind   명심하다
• library   도서관
• bring in   들여오다, 도입하다
• make a copy   복사하다
• periodical   정기 간행물
• borrow   빌리다
• reserve   예약하다 (= book)
• in advance   미리
• recommend   추천하다
• prior to   ~에 앞서, 먼저
• sleepy   졸리운
• vibration   진동

• mode   방식, 유형

정답 ①

 2

이름: 이 미아			
너는 ~을 더 좋아하나?			
1	외출해서 어울리기?	집에서 친구들을 만나기?	✔
2	친구가 많은 것? ✔	친한 친구 몇 명만 있는 것?	
3	농담과 이야기하기? ✔	다른 사람이 하는 농담 듣기?	
4	가벼운 대화 나누기?	진지한 대화하기?	✔
5	다른 사람과 공부하기? ✔	혼자서 공부하기?	

Q. 조사에 따르면 이 미아에 대해 알 수 없는 것은?
① 그녀는 주말마다 친구들과 외출하는 것을 좋아한다.
② 그녀는 가벼운 대화보다 진지한 대화를 좋아한다.
③ 그녀는 다른 사람들의 이야기를 듣는 것보다 다른 사람들에게 농담하는 것을 더 좋아한다.
④ 그녀는 친한 친구 몇 명보다는 많은 친구들이 있는 것을 더 좋아한다.

표에 체크된 것을 보면 미아는 밖에 나가 사람들과 어울리기보다는 집에서 친구들을 만나는 것을 더 좋아한다고 했으므로 ①의 내용이 다릅니다.

• prefer A to B   B보다 A를 더 좋아하다
• go out   나가다, 외출하다
• socialize   (사람들과) 어울리다, 지내다
• at home   집에서
• close   가까운, 친밀한
• tell joke   농담하다
• casual   가벼운, 일상적인
• serious   심각한, 진지한
• by oneself   홀로, 스스로

정답 ①

Reading Type 03-B

Sample
본문 40쪽

보내는 사람: Amy Kim (amykim@email.com)
받는 사람: Kevin Harrison (1533kh@email.com)
제목: 파티에 대해
안녕, Kevin,
너의 파티에 나를 초대해 줘서 고마워, 그리고 그래, 난 꼭 거기에 갈 거야. 너의 첫 질문에 응답하자면, 나는 일본 음식보다는 중국 음식을 더 좋아해. 날 생선 먹는 것을 사실 좋아하지 않아. 손님의 숫자에 대한 너의 질문에, 나는 단지 두세 명의 친구들과 있는 것보다는 많은 사람들과 함께 하는 것이 더 좋다고 생각해. 어떤 종류의 파티에서든 더 많은 친구들과 시간을 보내는 것이 더 재미있으니까.
너의 파티에서 나중에 보자. 잘 지내.
Amy Kim

Q. Amy는 왜 Kevin에게 이메일을 쓰는가?
① 그의 이메일에 답장하기 위해
② 그에게 몇 가지 질문을 하기 위해
③ 그에게 그녀의 친구들을 소개하기 위해
④ 날 생선에 대해 그에게 불평하기 위해

첫문장에서 Kevin의 초대에 고마워하며 참석한다고 답합니다. 그리고 각각의 Kevin의 질문에 대해 자신의 응답을 적고 있으므로 정답은 ①번입니다.

• invite   초대하다
• definitely   분명히, 꼭

- actually 실제로, 사실상
- raw 날 것의
- the number of ~의 수, 숫자
- guest 고객, 손님
- a couple of 두 명의, 몇 명의
- spend time 시간을 보내다
- Take care. 몸 건강해. (헤어질 때 하는 인사말)
- reply 응답하다
- introduce 소개하다
- complain 불평하다

정답 ①

Practice

본문 41쪽

지구와 우리 자신에게 친절하자

이 나라에서 너무 많은 쓰레기를 보면서 실망스럽습니다. 많은 사람들이 재활용되거나 재사용될 수 있는 많은 물건을 버립니다. 몇몇 사람들은 심지어 세척제와 페인트와 같은 위험한 가정용 물건들을 아무데나 버립니다. 지금 시작해야 사람들은 쓰레기를 줄이는 방법을 찾을 수 있습니다. 여러분의 쓰레기에 무엇이 있는지 보고, 그것들을 반으로 줄여봅시다. 종이를 재활용하세요. 자선 단체나 교회, 도서관에 물건들을 기부하세요. 위험한 가정용 물건들을 아무데나 버리지 마세요. 여러분의 지역에 그것들을 안전하게 버릴 수 있는 곳을 찾아보세요.

Q. 재활용에 대한 글쓴이의 태도로 가장 알맞은 것은 무엇인가?
① 냉소적인　　② 수동적인　　③ 무관심한　　④ 단호한

쓰레기의 양을 줄이는 방법을 소개하면서 적극적으로 쓰레기 줄이기에 동참하도록 권고하는 내용의 글입니다. 글쓴이의 단호한 어조가 드러나는 글이므로 정답은 ④번입니다.

- disappointing 실망시키는
- waste 쓰레기
- dispose of ~을 처리[처분]하다
- recycle 재활용하다
- reuse 재사용하다
- throw away 버리다
- household 가정의
- reduce 줄이다, 감소시키다
- garbage 쓰레기
- half 절반
- donate 기부하다
- charity 자선단체
- dangerous 위험한
- cynical 냉소적인
- passive 수동적인, 소극적인
- indifferent 무관심한
- determined 단호한, 결연한

정답 ④

안전벨트와 관련해서 변경되거나 첨가된 여러 법안이 있다. 2011년부터 차의 뒷좌석에 앉은 승객들은 안전벨트를 매야 한다. 만약 그렇지 않으면, 그들은 3만원의 벌금을 물어야 한다. 택시 승객들이 안전벨트를 매지 않으면 운전자에게 10만원의 벌금이 부과된다. 그것은 지난 해 벌금보다 세 배 이상이다. 고속버스나 택시 승객들이 안전벨트 매는 것을 거부한다면 운전자는 그 승객을 내리라고 말할 수 있다.

Q. 이 글을 통해 알 수 없는 것은 무엇인가?
① 고속버스에서 안전벨트를 매지 않는 것에 대해서 벌금이 부과된다.
② 택시 운전자는 안전벨트를 매지 않은 승객에게 차량에서 내리라고 할 수 있다.

③ 2010년에 승객이 안전벨트를 매지 않았다면 택시 운전자에게 벌금이 부과되었다.
④ 차량의 뒷좌석에서 안전벨트를 매지 않은 승객은 1만원 이상을 지불해야 한다.

2011년부터 차량 뒷좌석에 앉은 사람과 택시 승객의 안전벨트 착용과 관련하여 벌금이 부과되기 시작했으므로 ③번은 글의 내용과 일치하지 않습니다.

- several 여러 가지의
- law 법, 법안
- change 변경하다, 바뀌다
- add 더하다, 첨가하다
- regarding ~와 관련하여
- seatbelt 안전벨트
- passenger 승객, 탑승자
- seat 좌석
- fine 벌금
- be charged ~이 부과되다
- express 급행의, 속달의
- express bus 고속버스
- refuse 거절하다
- get off 내리다

정답 ③

Reading Type 03-C

Sample

본문 42쪽

개미는 흔한 집안의 해충이다. 당신의 집을 공격할 수 있는 20가지 이상의 다양한 개미가 있다. 그들 중, 목수 개미는 가장 큰 피해를 야기하는 개미이다. 그들은 검은색, 붉은색, 갈색 등 여러 가지 색깔로, 때때로 이 색깔이 섞이어지기도 하다. 그들은 집안에 무리지어 있다. 만일 당신이 집안에서 그들의 행렬을 발견한다면, 당신의 집에 둥지가 있다는 것이다. 그들은 보통 눅눅한 목조를 통해 집으로 들어온다. 따라서 목조부를 축축하게 할 수 있는, 집안에 물이 새는 곳이 없도록 해야만 한다.

Q1. 당신의 집에 개미가 없도록 하기 위해 무엇을 해야 하는가?
① 그들의 집을 공격하기　　　　② 벽의 구멍을 막기
③ 목조부를 건조하게 유지하기　　④ 집 전체를 축축하게 하기

Q2. 다음 중 개미에 대해 사실이 아닌 것은 무엇인가?
① 그들의 색상이 다양하다.
② 그들은 흔한 집안의 해충이다.
③ 20종 이상의 다양한 개미가 존재한다.
④ 그들은 집안에서 개별적으로 이동한다.

Q1. 주로 개미는 눅눅한 목조부분을 통해 집안으로 침투하므로, 집안에서 물이 새는 곳이 없도록 하라고 했으므로 정답은 ③번입니다.

Q2. 개미는 떼를 지어 살고 있으며, 개미 행렬은 집안에 개미집이 있다는 것을 의미했으므로 ④번의 내용이 사실과 다릅니다.

- common 흔한, 평범한, 공동의
- pest 해충
- variety 다양성
- attack 공격하다
- carpenter 목수
- cause ~의 원인이 되다, 야기하다
- damage 피해, 손상
- combination 조합
- flock 떼지어 가다, 모이다
- nest (동물, 곤충 등의) 집, 둥지
- normally 보통
- through ~을 통해, ~으로
- damp 눅눅한, 축축한
- woodwork 목조부, 나무부문

- ensure 반드시 ~하게 하다
- leak (기체, 액체 등이) 새는 곳; 새게 하다
- dampen 축축하게 하다, 적시다
- block 차단하다, 막다
- vary 각기 다르다, 달라지다
- exist 존재하다
- individually 개별적으로, 개인적으로

정답 1.③ 2.④

Practice

본문 44~45쪽

모든 파괴적인 자연 재해 중에서 지진이 아마도 가장 위험하다. 화산 폭발과 달리, 그것도 엄청나게 파괴적이지만, 지진은 정확히 예측할 수가 없다. 과학자들은 화산의 움직임을 관찰함으로써 그것이 언제 폭발할지를 예측할 수 있다. 그래서 보통 주변의 인구를 대피시킬 수 있는 시간이 있다. 지진의 경우에는 그렇지 못하다. 과학자들은 지진이 어디서 일어날 가능성이 가장 높은지는 알지만 언제 일어날지는 알지 못한다. 그래서 지진이 정말 일어나게 됐을 때, 그것은 어떤 다른 자연 재해보다 더 파괴적이다.

Q1. 왜 지진이 가장 위험한 자연 재해로 여겨지는가?
① 그것들은 예측불가능하다.
② 그것들은 너무 자주 발생한다.
③ 과학자들은 어디서 그것이 발생할지 알지 못한다.
④ 그것은 한 번에 많은 빌딩을 붕괴시키는 원인이다.

Q2. 이 글을 통해 알 수 있는 것은 무엇인가?
① 세 종류 이상의 화산이 있다.
② 과학자들은 언제 화산 폭발이 일어날지 예상할 수 있다.
③ 많은 사람들은 지진 지역의 상단부에 건설된 도시에 살고 있다.
④ 지진에 의해 부상당한 사람들의 숫자가 매년 증가했다.

Q1. 화산보다 지진이 더 파괴적인 이유는 언제 지진이 발생할지 예측할 수 없기 때문이라고 했으므로 정답은 ①번입니다.

Q2. 화산의 종류나 사람들이 지진 구역의 상층부에 건설된 도시에 산다거나, 지진으로 인한 부상자 수에 대한 언급은 없습니다. 과학자들은 지진과 달리 화산 폭발이 언제 일어날지 예측할 수 있다고 했으므로 글의 내용과 일치하는 것은 ②번입니다.

- devastating 황폐시키는, 파괴하는
- natural 자연의, 자연적인
- disaster 재난, 재앙
- earthquake 지진
- perhaps 아마도, 어쩌면
- volcanic 화산의
- eruption 폭발
- accurately 정확하게
- predict 예측하다
- volcano 화산
- erupt 폭발하다
- observe 관찰하다
- behavior 행동
- population 인구
- evacuate 대피시키다
- occur 일어나다, 발생하다
- be considered (to be) 명사/형용사 ~로/~하다고 여겨지다
- unpredictable 예측할 수 없는
- frequently 빈번히, 종종
- collapse 붕괴하다, 무너지다
- at a time 한 번에
- anticipate 예상하다
- on top of ~의 위에
- injured 부상당한
- increase 증가하다

정답 1.① 2.②

캠브리지 대학교의 새로운 연구에 따르면 일주일에 며칠간의 달리기는 상당한 수의 새로운 뇌세포의 성장을 도울 것이라고 했다. 그들은 두 개의 쥐 그룹으로 연구를 했다. 첫 번째 그룹은 일주일 동안 매일 24킬로미터를 달린 반면 두 번째 그룹은 전혀 달리지 않았다. 연구원들에 의하면 첫 번째 그룹은 정신적인 능력이 향상된 것을 보여주었다. 달리기를 한 쥐들은 그 주간 달리기를 한 후 기억력 측정에서 다른 그룹보다 두 배 가까이 높은 점수를 기록했다. 그들은 달리기가 학습의 핵심 능력인 기억을 회상하는 능력을 향상시킨다고 결론지었다.

Q1. 연구원들은 어떻게 결론에 도달했는가?
① 운동선수들의 기억력을 측정함으로써
② 그들 스스로 일주일간 달리기를 함으로써
③ 두 그룹의 조깅하는 사람들을 관찰함으로써
④ 동물을 이용한 실험을 통해

Q2. 이 글을 통해 알 수 없는 것은 무엇인가?
① 달리기는 기억 능력을 향상시키는 데 도움을 줄 수 있다.
② 며칠 간 달리기를 하는 것은 새로운 뇌세포 수의 증가를 돕는다.
③ 기억을 회상하는 능력을 가지고 있지 않으면 잘 배울 수 없다.
④ 규칙적으로 조깅을 하는 사람들은 IQ 측정에서 규칙적으로 달리지 않는 사람들보다 두 배나 높은 수치를 기록한다.

Q1. 연구원들은 쥐를 두 그룹으로 나눠 실험을 해서 결론을 이끌어냈으므로 ④번이 정답입니다.

Q2. 달리기를 한 쥐들이 그렇지 않은 쥐들보다 기억을 회상하는 능력이 두 배 높게 나타났다고 했지만 달리기를 규칙적으로 한 사람들의 IQ 테스트와는 관계가 없으므로 정답은 ④번입니다.

- study 연구
- growth 성장
- a great number of 상당수의
- brain cell 뇌세포
- mouse 쥐 (복수형 mice)
- while 반면에
- not ~ at all 전혀 ~아니다
- researcher 조사원, 연구원
- improved 향상된
- mental 정신적인
- ability 능력
- score 점수를 기록하다
- nearly 거의
- twice as ~ as 두 배로 ~한
- memory 기억
- conclude 결론을 내리다
- improve 향상시키다
- recall 회상하다, 상기시키다
- skill 기술, 능력
- essential 필수적인
- athlete 운동선수
- jogger 조깅하는 사람
- conduct an experiment/a survey 실험/조사를 하다
- regular 규칙적인

정답 1.④ 2.④

Section 3 Writing Part

Writing Type 01

Sample
본문 46쪽

캘리포니아 섬은 16세기부터 시작된 오해와 관련이 있다. 유럽인들은 캘리포니아가 북아메리카 본토의 일부가 아니라고 믿었다. 그들은 그것이 큰 섬이라고 생각했다. 이것은 역사상 가장 유명한 지도 제작의 오류 중에 하나이다. 그러나 그 당시 많은 지도들이 이 오해를 바탕으로 만들어졌다. 그것들은 캘리포니아를 섬으로 묘사하였다.

1. misconception(오해)에 대해 dating from ~의 설명이 이어지고 있으므로 관사 the가 필요합니다.

2. 문맥상 본토의 일부라는 의미가 되어야 하므로 소유를 나타내는 전치사 of가 필요합니다.

3. 지도가 만들어지는 것이므로 수동태가 되어야 하는데, 주어가 복수(maps)이고 시제가 과거이므로 were가 들어가야 합니다.

- refer to ~와 관련이 있다
- misconception 오해
- date from ~로부터 시작되다
- European 유럽인
- believe 믿다
- part 일부, 부분
- mainland 본토
- map-making 지도 제작
- error 오류, 실수
- history 역사
- at that time 그 당시
- depict 그리다, 묘사하다

정답 1. the 2. of 3. were

Practice
본문 48~49쪽

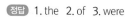

Charles John Huffam Dickens는 영국의 소설가였다. 그는 살아있는 동안 아주 유명했고, 그는 여전히 사랑을 받고 있다. 그는 영국의 포츠머스에서 태어났다. 어릴 때 그는 야외에서 책을 많이 읽으며 시간을 보냈다. '위대한 유산'이라는 책은 그의 가장 유명한 작품 중 하나이다.

1. '~에서 태어났다'라는 의미로 태어난 장소 앞에는 전치사 in을 씁니다.

2. 문맥상 책을 '많이 읽었다'라는 의미가 되고, 빈칸 뒤에 lot이 있으므로 빈칸에는 a가 필요합니다.

3. 빈칸에 동사가 들어가야 하는데, 이 문장의 주어는 Great Expectations가 아니라 The book입니다. 그러므로 is가 되어야 합니다.

- novelist 소설가
- in one's lifetime 일생동안, 살아생전에
- still 여전히
- outdoor 외부, 야외
- a lot 많이
- expectation 기대, 예상
- work 작품

정답 1. in 2. a 3. is

치과 교정기는 종종 치아를 똑바르게 하고 치아의 맞물림에 대한 위치를 교정하는 데 필요하다. 이를 무는 것은 당신의 윗니와 아랫니가 나란히 하게 하는 방법이다. 정기적인 치과 치료는 환자로 하여금 그들의 치아 맞물림이 바른지 바르지 않은지를 알게 하는 것이다. 치과의사가 문제를 발견하면 그들은 보통 치과 진료실로 보내진다. 그 치과 의사는 그들의 이를 점검하여 어떤 종류의 치료가 그들에게 가장 적합한지를 결정한다.

1. need는 to부정사를 목적어로 씁니다. 그러므로 빈칸에는 to가 들어갑니다.

2. 문맥상 치과 진료실에 '보내진다'라는 의미가 되므로 수동태가 되어야 하는데, 주어가 복수이고 시제가 현재형이므로 are가 정답입니다.

3. 내용상 적합한 치료 형태를 결정하는 것이므로 '어떤 종류의' 치료라는 의미로 what type of ~가 되어야 합니다.

- dental 치과의
- brace 치아 교정기
- straighten 똑바르게 하다
- correct 수정하다, 정정하다
- position 위치, 자리
- bite 물기, 무는 행위; (이로) 베어 물다
- upper 위쪽의 (↔ lower 아래쪽의)
- line up 줄을 서다, 정렬하다
- patient 환자
- notice 주목하다, 알다
- clinic 병원, 진료실
- treatment 치료

정답 1. to 2. are 3. what

사람들은 21세기를 어떻게 묘사할까? '디지털 시대', '정보 시대' 그리고 '기술의 시대'가 많이 사용되는 표현들이다. 명칭이 어떻든, 한 가지는 분명하다; 그것은 21세기에 고용된 사람들은 과거보다 더 똑똑하고, 더 유연할 필요가 있다는 것이다. 새로운 기술은 새로운 기계, 새로운 생각, 다른 직업을 의미한다. 고용된 사람들은 새로운 직업에 대비하기 위해 새로운 기술을 배워야만 한다.

1. 빈칸 앞에 명사구들이 나열되고, 빈칸 다음에 형용사가 나오므로 be동사가 필요한데, 주어가 and로 연결된 여러 개의 명사구이므로 복수로 취급합니다. 그러므로 be동사는 are입니다.

2. and로 연결된 앞뒤는 동일한 성분, 형태이어야 합니다. 앞에 비교급이 쓰였으므로 뒤에서도 비교급이 되어야 하는데, 3음절 이상의 형용사의 비교급은 앞에 more를 씁니다.

3. 문맥상 '새로운 직업에 대비하기 위해'라는 의미가 되어야 합니다. in order to는 '~하기 위해'라는 뜻이므로 빈칸에는 to가 들어가야 합니다.

- century 세기, 100년
- popular 인기 있는
- employee 고용된 사람 (↔ employer 고용주)
- flexible 유연한
- prepare for ~을 준비하다

정답 1. are 2. more 3. to

태국을 방문하게 된다면, 달콤한 찰밥과 같은 맛있는 후식을 먹어봐야 한다. 사람들은 종종 차와 함께 오후 간식으로 그것을 먹는다. 당신은 그것을 식당에서 주문하거나 길거리에 있는 음식 가판대에서 살 수 있다. 여러 형태의 많은 달콤한 찰밥이 있다. 예를 들어, 사람들은 일종의 줄을 넣어 검은 찰밥을 만들거나, 옥수수를 넣어 찰밥을 만들기도 합니다.

1. '맛있는 후식 중 어떤 것'이라는 의미가 되어야 하므로 빈칸에는 소유의 전치사 of가 필요합니다.

2. '~이 있다'라는 의미로 There is[are] 구문이 쓰입니다. many types가 복수이므로 동사는 are를 써야 합니다.

3. 두 개의 절이 동등한 역할로 나열되어 있으므로 등위접속사 and가 적절합니다.

- delicious 맛있는
- dessert 후적
- sticky 끈적거리는, 찰기가 있는

- snack 간단한 식사, 간식
- order 주문하다
- stand 가판대, 좌판
- type 형태, 모양
- for example 예를 들면
- wild rice 줄 (볏과의 다년초), 쌀 비슷한 열매

[정답] 1. of 2. are 3. and

경제를 배우고 이해하는 것은 어린 학생들에게 중요하다. 무언가를 사고 돈을 저금하는 것은 모두 경제적인 활동이다. 슬프게도, 많은 아이들은 자신들의 교과서를 폈을 때 경제학에 대한 흥미를 잃게 된다. 학생들이 이 중요한 과목을 재미있게 공부하는 것을 돕기 위해, 학생들이 경제를 더 잘 이해할 수 있도록 학교는 좀 더 흥미롭고 유익한 실생활 사례들이 있어야만 한다.

1. A and B의 형태로 주어가 제시되었으므로 동사 are를 쓰는 것이 적절합니다.

2. 빈칸을 중심으로 두 개의 절이 있는데, 이를 연결하기 위해서는 접속사가 필요합니다. 문맥상 '교과서를 펼쳤을 때'라는 의미가 되어야 자연스러우므로 때를 나타내는 접속사 when을 쓸 수 있습니다.

3. 여기서 'way'는 '방법', '방식'을 의미하며, '~방법으로'라고 할 때 'way' 앞에 전치사 in을 씁니다. 'in fun ways'는 '재미있는 방식으로(재미있게)'를 뜻합니다.

- economy 경제
- save 저금하다, 구하다
- economics 경제학
- textbook 교과서
- in order to ~하기 위해
- subject 과제
- useful 유익한, 도움이 되는
- real-life 실생활

[정답] 1. are 2. when 3. in

Walt Disney는 1901년 12월 5일 시카고에서 태어났다. 그는 다섯 명의 아이들 중 하나였다. Walt의 탄생 후, Disney 가족은 미주리 주로 이사를 했고, 거기서 그는 어린 시절 대부분을 보냈다. 어린 Walt는 자연과 야생을 사랑하기 시작했고, 어린 나이에 그림 그리는 것에 관심이 생겼다. 그는 시카고에 있는 매킨리 고등학교에서 미술과 사진을 공부하면서 그의 예술 경력을 추구했다.

1. 빈칸 앞에 장소와 콤마(,)가 있고, 그 장소에서 일어난 일을 추가로 설명하고 있으므로 빈칸에는 계속적 용법의 관계부사가 필요합니다. 장소의 관계부사는 where입니다.

2. begin은 목적어가 필요한 동사로, 목적어로 to부정사와 동명사를 모두 쓸 수 있습니다. 이 문장에서는 뒤에 동사원형 love가 있으므로 to부정사가 되도록 to가 들어가야 합니다.

3. studying의 목적어가 있고 빈칸 다음에 사진이라는 명사가 있으므로 미술과 사진을 동등하게 연결해 주는 and가 정답입니다.

- persue 추구하다
- career 경력
- art 예술; 미술 (과목명)
- photography 사진 촬영술, 사진학

[정답] 1. where 2. to 3. and

Sample

본문 50쪽

A: Julie, 오랜만이야.
B: 안녕, Mike. 어떻게 지냈니?
A: 잘 지내고 있어. 너는 어떠니? 방학 동안 어디라도 갔다 왔니?
B: 응, 시카고에 갔었어.
A: 누구와 함께 거기 갔는데?
B: 우리 언니와 함께.

B는 시카고에 갔었다고 하고, 빈칸 다음에 언니와 갔다고 했으므로 빈칸에는 '누구와 갔는지'를 묻는 표현이 적절합니다. 의문사 who로 시작해서 과거시제로 표현해야 하므로 Who did you do there with?라고 물어야 합니다.

- anywhere 어느 곳, 아무데
- vacation 방학, 휴가

[정답] Who did you go there with?

Practice

본문 52~53쪽

A: 안녕, Chuck.
B: 안녕, Olivia.
A: 오늘 밤 영화 보러 갈래?
B: 미안하지만, 오늘 밤 계획이 있어.
A: 무엇을 할 예정인데?
B: 삼촌을 방문할 거야.

다른 일이 있어 영화를 보러 갈 수 없다고 B가 말하고 있고, 마지막에 무엇을 할 것인지 말하고 있으므로, 빈칸에는 무슨 일을 할 것인지를 물어야 합니다. 의문사 what으로 시작하고 '~을 할 예정이다'는 be going to로 표현합니다. 그러므로 What are you going to do?가 문장의 올바른 순서입니다.

- Shall we ~? ~할래? (상대방에게 제안하는 표현)
- I'm sorry, but ~. 미안하지만 ~. (상대방의 제안을 거절)

[정답] What are you going to do?

A: 이봐, 이거 좋아보인다. 난 너무 배고파.
B: 맘껏 먹어. 난 네가 한국 음식을 좋아했으면 해.
A: 음… 와우, 이거 정말 맛있다! 이것을 뭐라고 부르니?
B: 불고기야. 가장 유명한 한국 음식 중에 하나이지.
A: 아, 그렇구나. 넌 얼마나 자주 그것을 요리하니?
B: 한 달에 한 번 요리해.

마지막 B의 응답에서 한 달에 한 번 요리한다고 했으므로 A는 얼마나 자주 그것을 요리하는지를 물었을 것입니다. '얼마나 자주'라는 의미의 표현은 how often을 이용합니다. 그러므로 정답은 How often do you cook it?이 됩니다.

- look ~처럼 보이다
- Help yourself. 맘껏 먹어 (상대방에게 음식을 권할 때)
- once 한 번

[정답] How often do you cook it?

A: 도와 드릴까요?
B: 네, 내가 입을 스웨터를 사고 싶어요.
A: 이것은 어때세요? 이 색상이 당신에게 어울릴 거 같아요.
B: 나는 분홍색을 좋아하지 않아요. 다른 색상이 있나요?
A: 물론 있습니다. 노란색, 검은색, 그리고 녹색이 있습니다.
B: 녹색 하나 볼 수 있을까요?

분홍색을 좋아하지 않는다고 B가 말했고, 다음 A의 응답이 다양한 색상들을 나열하고 있으므로 빈칸에는 어떤 색상들이 있는지 물어봐야 합니다. different는 형용사이므로 다음에 명사 color가 나올 수 있으므로 Do you have different colors?로 묻습니다.

• for oneself 스스로를 위하여
• how about ~? ~은 어떠한가?
• look good on ~ ~에게 어울리다

정답 Do you have different colors?

A: 안녕하세요.
B: 안녕하세요. 제 이름은 Richard Ericson이고, Carlson 씨를 만나러 여기 왔어요.
A: 언제 만나기로 되어 있나요?
B: 4시 약속입니다.
A: 앉으세요. 그는 지금 업무 회의 중입니다만, 곧 당신을 볼 수 있을 것입니다.
B: 좋아요. 고맙습니다.

빈칸 다음에 4시 약속이라고 말하고 있으므로 빈칸에는 약속이 언제인지 물어야 합니다. 의문사 when과 '~하기로 되어 있다'를 의미하는 be supposed to의 표현을 이용하면 When are you supposed to meet?이 정답입니다.

• have a appointment 약속이 있다
• shortly (시간상으로) 얼마 안 되어, 곧

정답 When are you supposed to meet?

A: Jackie, 무슨 일 있니? 아주 안 좋아 보여.
B: 심한 식중독에 걸린 거 같아. 배가 너무나 아파.
A: 그 말을 들으니 안됐다. 병원에는 갔었니?
B: 응, 다녀왔어. 의사가 식중독 약을 처방해 줘서 한 번 먹었어.
A: 그게 도움이 됐으면 좋겠다.
B: 나도 그렇게 생각해. 고마워.

빈칸 다음에 Yes, I did.라고 답한 후, 의사의 처방에 대해 말하고 있으므로 빈칸에는 병원에 갔는지에 대해 물을 수 있습니다. 과거시제와 go see a doctor라는 표현과 함께 일반동사의 의문문 형태가 되어야 하므로 Did you go see a doctor?가 정답입니다.

• terrible 심한, 끔찍한
• food poisoning 식중독
• stomachache 배가 아픔, 위통
• prescribe 처방하다
• medicine 약
• go see a doctor 의사에게 진단을 받다, 병원에 가다

정답 Did you go see a doctor?

A: 다음 주 언제 미시시피 강에서 재미있는 뭔가를 할까?
B: 좋아. 무엇을 하고 싶은데?
A: 나는 낚시를 가고 싶어.
B: 좋아. 언제 시간이 있니?
A: 주말에 한가해.
B: 좋아. 그러면 다음 주말에 낚시하러 가자.

A의 제안과 함께 빈칸 다음에 낚시를 가고 싶다고 했으므로 빈칸에는 무엇을 하고 싶은지 물을 수 있습니다. have in mind(~에 대해 생각하다)라는 표현과 함께 의문사 what을 이용해 What do you have in mind?로 표현할 수 있습니다.

• sometime 언젠가
• go -ing ~하러 가다
• free 자유로운, 한가한

정답 What do you have in mind?

Sample   본문 54쪽

유니폼을 입은 남자가 바닥에 무릎을 꿇고 앉아 있다.

사진을 보고 제시된 단어를 이용하여 사진의 상황을 바르게 묘사하는 문제입니다. 사진에 야구 유니폼을 입은 남자가 바닥에 무릎 꿇고 앉아 있습니다. 현재진행형으로 표현하는데, 동사에 -ing가 있는 kneeling이 주동사가 될 수 있습니다. '유니폼을 입은'은 전치사구를 이용해 주어를 수식하는 구조가 될 수 있으므로 주어, 전치사구, 현재진행형, 장소의 부사구 순이 되어야 합니다.

• uniform 유니폼, 제복
• kneel down 꿇어 앉다
• on the ground 바닥에

정답 The man in uniform is kneeling down on the ground.

Practice   본문 56~57쪽

남자가 하늘에 연을 날리고 있다.

주어(The man), 현재진행형(is flying), 목적어(a kite), 부사구(into the sky)의 순서가 되어야 합니다.

• kite 연
• into the sky 하늘로

정답 The man is flying a kite into the sky.

두 사람이 서로 마주보며 철길 위에 앉아 있다.

서로 마주보다(face each other)와 철길 위에(on the railroad)가 함께 표현되어야 합니다. 현재진행형 문장이 되어야 하므로 Two people is sitting이 주어, 동사가 됩니다. facing은 분사구문으로 '~하면서'라는 의미로 쓰입니다.

• railroad 철길
• face 마주보다, ~을 향하다
• each other 서로

정답 Two people are sitting on the railroad facing each other.

여자가 쓰레기통에 쓰레기를 버리고 있다.
'~을 버리다(throw away)'가 문장의 동사구가 되고, trash가 두 번 나오므로 목적어로 '쓰레기'와 '쓰레기통에'라는 부사구로 한 번씩 쓸 수 있습니다. 주어, 동사, 목적어, 부사구 순으로 단어를 배열합니다.

• throw away ~을 버리다
• bin 통
• trash 쓰레기

정답 The woman is throwing away some trash in the trash bin.

양복을 입은 두 명의 남자가 서로 악수를 하고 있다.

'악수를 하다'라는 표현이 문장의 동사구가 되어야 합니다. 정장을 입고 있으므로 이는 전치사구를 이용하여 주어 Two men을 수식할 수 있습니다.

• suit 정장
• shake hands 악수를 하다

정답 Two men in suits are shaking hands with each other.

실전모의고사 1

Section 1 Listening Part

Part I
본문 60~61쪽

1. ④   2. ③   3. ④   4. ④   5. ④

 Script

① The girl is making the bed.
② The girl is looking at the clock.
③ The girl is lifting up a piece of paper.
④ The girl is holding a pencil in her right hand.

① 소녀는 잠자리를 정돈하고 있다.
② 소녀는 시계를 보고 있다.
③ 소녀는 종이 한 장을 들어 올리고 있다.
④ 소녀는 오른손에 연필 한 자루를 들고 있다.

소녀는 침대에 엎드려서 오른손에 연필을 들고 무언가 쓰고 있습니다. 뒤쪽으로 탁상시계가 보입니다.

• make the bed 잠자리를 정돈하다
• lift up 집어 올리다

정답 ④

2 Script

① The man is carrying a bag on his shoulder.
② The woman is wearing a long-sleeved shirt.
③ The man and the woman are facing each other.
④ The man and the woman are shaking hands with each other.

① 남자는 그의 어깨 위에 가방을 올려 놓고 나르고 있습니다.
② 여자는 긴 소매 셔츠를 입고 있습니다.
③ 남자와 여자는 서로 마주보고 있습니다.
④ 남자와 여자는 서로 악수를 하고 있습니다.

두 사람이 기차에서 통로를 사이에 두고 서로 마주보고 앉아 있습니다. 남자의 가방은 바닥에 내려져 있고 두 사람 모두 짧은 소매의 셔츠를 입고 있습니다.

• long-sleeved 긴 소매의
• shake hands 악수하다

정답 ③

3 Script

① A man is working on the laptop computer.
② Both of the men are staring at the woman.
③ All of the people are sitting around the table.
④ The man in the middle is resting his hands on the table.

① 한 남자는 노트북 컴퓨터로 작업을 하고 있다.
② 두 남자 모두 여자를 쳐다보고 있다.
③ 사람들이 모두 테이블에 둘러 앉아 있다.
④ 중앙에 있는 남자는 테이블 위에 양 손을 얹어 놓고 있다.

세 사람 모두 테이블 앞에 서서 테이블 위에 뭔가 펴 놓은 것을 바라보고 있습니다. 가운데에 있는 남자를 포함한 두 남자 모두 테이블 위에 양 손을 얹어 놓고 있습니다.

• stare at ~ ~을 빤히 쳐다보다
• rest 두다, 얹다

정답 ④

4 Script

① The rug is covering the entire floor.
② All of the lamps are attached to the ceiling.
③ Some potted plants are hanging on the wall.
④ Two identical chairs are placed near the door.

① 깔개가 바닥 전체를 덮고 있다.
② 모든 전등이 천장에 붙어 있다.
③ 화분에 심은 화초들 몇 개가 벽에 걸려 있다.
④ 똑같은 두 개의 의자가 문 가까이 놓여 있다.

지름이 문의 폭 정도 되는 동그란 깔개가 문 앞에 놓여 있고, 전등들은 벽에 걸려 있습니다. 화분에 심은 화초들도 벽 앞에 놓여 있고 똑같은 모양의 의자 두 개가 문 가까이에 놓여 있습니다.

• rug 깔개, 양탄자
• entire 전체의
• be attached to ~ ~에 달려 [붙어] 있다
• potted 화분에 심은
• identical 똑같은
• place 두다, 배치하다

정답 ④

5 Script

① All of the students are marching in the same direction.
② The students are giving a musical performance outside.
③ All of the students are dressed in exactly the same clothes.
④ The students are playing different kinds of musical instruments.

① 학생들 모두가 같은 방향으로 행진하고 있다.
② 학생들은 바깥에서 음악 공연을 하고 있다.
③ 학생들 모두가 정확히 똑같은 옷을 입고 있다.
④ 학생들은 다른 종류의 악기를 연주하고 있다.

실내에 세 명의 학생이 서서, 한 명의 학생은 앉아서 각기 다른 악기를 연주하고 있습니다. 남학생 두 명은 서로 다른 옷을 입고 있네요.

• march 행진하다
• direction 방향
• musical performance 음악 공연
• exactly 정확히

정답 ④

Part II
본문 62쪽

6. ①   7. ①   8. ②   9. ①   10. ②

6 Script

W: I heard you have a dog.
M: Yes. It's a Golden Retriever. I like big dogs. Do you have a pet?
W: I wish I had one. I live with my sister and she's allergic to dog hair.
M: Sorry to hear that.
W: That's alright. How long have you had your dog?
M: Since I was ten.

19

여자: 너한테 개가 한 마리 있다고 들었어.
남자: 응. 골드리트리버 종이야. 나는 큰 개가 좋아. 너는 애완동물이 있니?
여자: 하나 있으면 좋겠어. 나는 언니랑 같이 사는데 언니가 개털에 대해 알러지가 있어.
남자: 그 말을 들으니 안됐네.
여자: 맞아. 너는 개를 갖고 있은 지 얼마나 되었어?
남자: 10살 때부터야.

① 10살 때부터야.
② 애완동물 가게에서.
③ 연한 갈색 털을 갖고 있어.
④ 격주 주말마다.

여자의 마지막 말에서 얼마동안 개를 갖고 있어왔는지 묻고 있으므로 구체적인 기간(for + 숫자)으로 말하거나 '~이래로'의 뜻을 가진 'since' 뒤에 특정 시점을 넣어 답할 수 있습니다.

• I wish + 과거동사. (지금) ~하고 있다면 좋겠어.
• allergic to ~   ~에 알러지 반응이 있는
• How long have you p.p.~?   너 얼마나 오랬동안 ~ 했니?
• since   ~ 이래로
• every other weekend   격주 주말마다

정답 ①

7 Script

M: Do you play any sports?
W: I play tennis to stay in shape. How about you?
M: I play basketball on the college team.
W: Oh, I'd love to watch one of your games sometime.
M: Actually, there's a game this Friday. Do you want to come?
W: I'll definitely be there.

남자: 너 운동 하는 거 있니?
여자: 나는 건강을 유지하기 위해 테니스를 쳐. 너는?
남자: 나는 대학 팀에 소속되어 농구를 하지.
여자: 오, 언젠가 너의 게임을 꼭 보고 싶다.
남자: 사실은 이번 금요일에 시합이 있어. 너 오고 싶니?
여자: 나 꼭 거기에 갈 거야.

① 나 꼭 거기에 갈 거야.
② 테니스 경기는 재미있어.
③ 우리는 금요일마다 농구를 해.
④ 너는 내 시합을 보러 와야 해.

남자의 시합을 보고 싶다는 여자에게 이번 주에 시합이 있으니 보러 오겠느냐고 물었을 때 자연스런 답변을 고릅니다.

• stay in shape   건강을 유지하다
• sometime   언젠가 (cf. sometimes   가끔)
• definitely   반드시, 꼭

정답 ①

8 Script

W: Chuck, is that you?
M: Rachel? Long time no see! You look great!
W: Thanks. So, what brought you back here?
M: I'm here just for the summer. I'm staying with my family.
W: That's great. Please visit my house for dinner before you leave.
M: Sure. We have a lot to catch up on.

여자: Chuck, 너니?
남자: Rachel? 오랜만이야! 너 좋아 보이는데!
여자: 고마워. 그래 여기 무슨 일로 다시 왔니?
남자: 나는 여름에만 여기에 와. 가족과 함께 머무르지.
여자: 멋지네. 떠나기 전에 저녁 식사하러 우리 집에 와라.
남자: 그렇게. 우리 할 얘기가 많잖아.

① 고마워. 저녁 식사 훌륭했어.
② 그렇게. 우리 할 얘기가 많잖아.
③ 미안해. 여름에 나는 해외로 나갈 거야.
④ 좋아. 내가 너를 우리 가족에게 소개할게.

남자와 여자는 오랜만에 만났는데 여자가 남자를 저녁 식사에 초대했으므로 남자는 초대를 승낙하거나 거절하는 답변을 할 수 있습니다. 따라서 ①이 가장 적합합니다. ①은 저녁 식사가 끝나고 할 수 있는 인사말이고 ④는 저녁에 초대 받아서 상대방을 자기 가족에게 소개한다는 것은 앞뒤가 맞지 않습니다.

• Long time no see!   오랜만이야!
• for the summer   여름 동안
• catch up on   뒤떨어진 일을 만회하다

정답 ②

9 Script

M: What do you do when you are free?
W: I go to the beach, walk around, and read.
M: What are you reading these days?
W: Clay Aiken's autobiography.
M: I didn't know he had a book out. Are you enjoying it?
W: I can't put it down.

남자: 시간 있을 때 너 뭐하니?
여자: 나는 바닷가에 가고, 걸어다니기도 하고, 책도 읽어.
남자: 요즘에 무엇을 읽고 있니?
여자: Clay Aiken의 자서전이야.
남자: 나 그가 책을 냈는지를 몰랐어. 재미있게 읽고 있니?
여자: 나는 그것을 내려 놓을 수가 없어.

① 나는 그것을 내려 놓을 수가 없어.
② 나는 저자를 만난 적이 있어.
③ 그것에 그의 싸인을 받았어.
④ 나는 그에게서 책을 한 권 빌렸어.

그 자서전 읽는 것이 재미있는지 묻고 있으므로 재미가 있다 혹은 그렇지 않다라는 의미가 포함된 답변이 적절하므로 그 책 읽는 것에 너무 빠져서 중단하지 못하겠다는 의미인 ①이 정답입니다.

• these days   요즘
• autobiography   전기

정답 ①

10 Script

W: Do you travel a lot?
M: Yes, I love traveling because I get to see different things and broaden my perspectives.
W: Have you ever traveled overseas?
M: A couple of times. And I'm going to visit New Zealand next month.
W: Great. Have you finished planning your trip yet?
M: Except for the hotel.

여자: 너 여행 많이 하니?
남자: 응, 나는 다른 것들을 많이 보게 되고 내 시야도 넓힐 수 있어서 여행을 아주 좋아해.
여자: 해외 여행을 해 본 적 있어?
남자: 두 번 정도 있어. 그리고 다음 달에는 뉴질랜드에 갈 거야.
여자: 멋지구나. 너의 여행 계획은 다 세웠니?
남자: 호텔만 빼고.

① 여행사에서.　　　　　　　② 호텔만 빼고.
③ 꼬박 한 달 동안.　　　　　④ 뉴질랜드에 돌아와서.

여행 계획 세우는 것을 끝마쳤는지 묻고 있습니다. 호텔은 아직 해결을 못했지만 다른 것은 다 계획 세우는 것을 마쳤다는 의미로 ③이 가장 적절합니다.

• get to ~   ~ 하게 되다

- broaden 넓히다
- perspective 관점, 시각, 시야
- overseas 해외의, 해외로
- a couple of times 두 세 번
- travel agency 여행사

정답 ②

Part III
본문 63~64쪽

11. ②	12. ④	13. ①	14. ②	15. ①
16. ②	17. ①	18. ③	19. ②	20. ②
21. ②	22. ③	23. ③	24. ②	

11 Script

W: Excuse me.
M: Yes. How can I help you?
W: My soup is not warm enough.
M: Oh, I'm sorry, ma'am. Would you like it reheated?
W: Well, actually, could you get me a new bowl of soup, please?
M: Of course. And I'll bring some bread for you to have with the soup.

여자: 이봐요.
남자: 예. 어떻게 도와 드릴까요?
여자: 내 수프가 별로 따뜻하지 않아요.
남자: 오. 죄송합니다, 손님. 다시 데워 드릴까요?
여자: 음, 새 수프를 하나 갖다 주실 수 있나요?
남자: 그럼요. 그리고 수프와 같이 드실 빵도 좀 갖다 드리죠.

Q. 대화가 일어나고 있는 장소로 가장 알맞은 것은?
① 제과점에서 ② 레스토랑에서
③ 세탁소에서 ④ 식료품점에서

손님이 수프가 뜨겁지 않다며 새로 갖다 달라고 하자 주인은 미안한 마음에 수프 외에 빵도 갖다 드리겠다고 하는 곳입니다.

- reheat 다시 데우다
- a bowl of soup 수프 한 그릇

정답 ②

12 Script

M: What do you think? I think I'll get the green one.
W: Hmm... What about the white one or the black one?
M: But I have many white and black shirts.
W: Oh, that's right.
M: Yes. I guess I'll just go for the one I liked in the first place.
W: Okay.

남자: 너 어떻게 생각하니? 나는 녹색 것으로 사겠어.
여자: 흠… 흰색이나 검정색 것은 어때?
남자: 하지만 흰 셔츠와 검정 셔츠는 많이 있잖아.
여자: 아. 그렇지.
남자: 그래. 내가 처음에 맘에 들어 했던 것을 택해야 할 것 같아.
여자: 좋아.

Q. 남자는 어떤 색깔의 옷을 살까?
① 파란색 ② 검은색 ③ 흰색 ④ 녹색

남자는 처음에 맘에 들어했던 것을 선택하기로 하고 여자도 동의하는데 남자의 첫 번째 말에서 처음에 사고 싶어했던 것을 알 수 있습니다.

- go for ~ ~을 택하다
- in the first place 맨 처음에, 제일 먼저

정답 ④

13 Script

W: Could you change the engine oil and replace my tires?
M: Yes, but you need to leave your car here.
W: How long will it take?
M: It's not going to be done until 3 pm. We have a lot of customers before you.
W: Could you work on my car first?
M: Sorry, ma'am. It's first-come, first-served.

여자: 엔진 오일 바꾸고 타이어도 교체해 줄 수 있나요?
남자: 예, 하지만 차를 여기에 두고 가셔야 합니다.
여자: 얼마나 걸리죠?
남자: 오후 3시 전에는 끝나지 않을 것 같네요. 손님보다 먼저 오신 고객분들이 많아서요.
여자: 제 차를 먼저 봐 주실 수 없나요?
남자: 죄송합니다 손님. 먼저 오는 순서대로 해 드리고 있어요.

Q. 여자가 대화를 하고 있는 사람으로 가장 알맞은 것은?
① 정비공 ② 자동차 판매업자
③ 보험 설계사 ④ 컴퓨터 기사

손님에게서 자동차 엔진 오일과 타이어를 교체해달라고 의뢰를 받는 사람입니다.

- replace 교체하다, 갈다
- not ~ until ... …때까지는 ~ 아닌
- customer 고객
- first-come, first-served 선착순의

정답 ①

14 Script

(Rings)
M: Hello, this is Café 8. How may I help you?
W: Hi, I'd like to make a reservation, please.
M: For tonight?
W: Yes. Five people, at 7 o'clock, please.
M: Oh, we don't have a table available for 7. Can you come a little earlier? I can get a table ready at 6.
W: OK. I guess I have no choice.

(전화벨이 울린다)
남자: 여보세요. Cafe 8입니다. 무엇을 도와 드릴까요?
여자: 여보세요, 예약을 좀 하고 싶습니다.
남자: 오늘 밤으로요?
여자: 예. 다섯 사람이고요, 7시로 부탁합니다.
남자: 오, 7시에는 남은 테이블이 없네요. 조금 일찍 오시면 안 되나요? 6시로는 하나 마련해 드릴 수 있어요.
여자: 알겠어요. 선택의 여지가 없는 것 같네요.

Q. 여자는 테이블을 몇 시로 예약했는가?
① 5시로 ② 6시로 ③ 7시로 ④ 8시로

여자는 7시로 예약하고 싶은데 7시에는 자리가 없어 레스토랑 직원이 6시에는 가능하다며 "I can get a table ready at 6."라고 말하자 여자는 "I have no choice.(선택의 여지가 없군.)"라고 말하며 받아들이기로 합니다.

- make a reservation 예약하다 (= reserve)
- available 이용할 수 있는, 구할 수 있는
- a little 약간, 조금
- earlier 더 일찍
- choice 선택(권) (cf. choose 선택하다)

정답 ②

15 ▷ Script

W: Hi, Justin. Do you have a minute?
M: Sure. What's up?
W: I want to know what you think about the topic I've chosen for my term paper.
M: OK. What topic did you choose?
W: I was considering comparing two different languages like Korean and Japanese.
M: That sounds like an interesting topic.

여자: 안녕, Justin. 시간 좀 있니?
남자: 응. 무슨 일인데?
여자: 내가 학기말 리포트를 위해 선정한 주제에 대해 어떻게 생각하는지 알고 싶어.
남자: 알았어. 어떤 주제를 선정했는데?
여자: 한국어와 일본어처럼 두 개의 다른 언어를 비교하는 것을 고려했어.
남자: 그거 재미있는 주제가 될 것 같네.

Q. 여자가 남자에게 해 달라고 부탁한 일은 무엇인가?
① 그녀에게 자기 의견을 말해 주기
② 그녀에게 방언을 가르쳐 주기
③ 그녀의 리포트 주제를 선정해 주기
④ 어떤 장소로 가는 길을 알려 주기

여자의 남자에게 자신이 선정한 리포트 주제에 대한 의견을 말해 달라고 했고 그 주제가 어떤 것인지 설명하고 있습니다.

• Do you have a minute? 시간 좀 내 줄래?
• What's up? 무슨 일이니?
• term paper 학기말 리포트
• consider ~ing ~ 할 것을 고려하다
• compare 비교하다
• language 언어
• dialect 방언, 사투리

 ①

16 ▷ Script

M: I recently saw a movie and I'm waiting for its sequel.
W: Which movie was it?
M: The title is *I am Number Four*.
W: Oh, I've heard it's based on the book with the same name.
M: Oh, really? I didn't know that. Anyways, I recommend that you watch it, too.
W: Was it that good? I might watch it this weekend.

남자: 나는 최근에 영화를 한 편 보았는데 속편이 기다려져.
여자: 그게 어떤 영화였는데.
남자: 제목이 'I am Number Four.'야.
여자: 오, 난 그게 같은 이름의 책에 근거한 거라고 들었어.
남자: 오, 정말? 나 그거 몰랐네. 아무튼, 너도 그것을 보라고 추천하고 싶어.
여자: 그게 그렇게 좋았어? 이번 주말에 볼 수도 있겠다.

Q. 남자와 여자는 주로 무엇에 대해 대화를 나누고 있는가?
① 소설   ② 영화   ③ TV 쇼   ④ 주말 계획

두 사람은 남자가 본 영화 'I am Number Four'에 대해 이야기하고 있고 이 책은 동명 소설을 영화화한 것입니다.

• recently 최근에
• sequel (책, 영화 등의) 속편
• based on ~ ~에 근거한
• recommend 추천하다
• might ~ 일지도 모른다

 ②

17 ▷ Script

W: I can't wait to attend your graduation ceremony.
M: Me, neither. How do I look in this gown?
W: You look perfect. I can't believe you're graduating at the top of your class. Your hard work has paid off.
M: Thanks, Mom. I'm so happy.
W: All of the family members will come to join the ceremony. It'll be a moment to remember!
M: Please wish me luck with my speech.

여자: 너의 졸업식에 참석하는 것이 정말 기다려지는구나.
남자: 저도 그래요. 이 가운을 입은 제가 어때 보여요?
여자: 너 아주 완벽해 보여. 네가 반에서 수석으로 졸업한다니 믿어지지 않아. 네가 열심히 공부한 것이 결실을 맺은 거야.
남자: 고마워요, 엄마. 저 정말 행복해요.
여자: 가족 모두가 졸업식에 참석할 거야. 기억할 만한 순간이 되겠네!
남자: 제 연설이 잘 되도록 행운을 빌어 주세요.

Q. 여자는 남자에 대해 어떤 기분을 느낄까?
① 자랑스러운   ② 미심쩍은   ③ 무관심한   ④ 낙담한

열심히 노력해서 반에서 1등으로 졸업하게 되는 아들을 보는 기분이 어머니의 두 번째 말에 잘 드러나 있습니다. 어머니는 열심히 노력한 것이 결실을 맺은 것이라고 아들을 칭찬하고 있습니다.
어머니의 첫 번째 말 "I can't wait to attend ~."는 "나는 ~에 참석하는 것을 기다릴 수 없다" 즉 '참석하고 싶어 못 견디겠다'는 뜻인데 아들도 "저도 그래요."라고 말하기 위해 "Me, neither."라고 썼습니다. 어머니의 표현이 부정문이었기 때문에 neither를 썼으며 긍정문이면 too를 씁니다.

• can't wait to ~ 어서 빨리 ~ 하고 싶어 하다
• attend (회의, 기념식 등에) 참석하다
• neither 역시 ~ 아닌
• Me, neither. 나도 그렇지 않아요. 〈부정문〉
• pay off (노력이) 결실을 맺다, 보상을 받다
• moment 순간

 ①

18 ▷ Script

M: You look great these days. Have you lost weight?
W: I've lost more than 5 kilograms so far.
M: Really? Congratulations! How did you make it? Did you keep on a diet?
W: No, you know I have such a good appetite.
M: Then, have swimming classes taken effect on you?
W: I've quit that already. I go to aerobics classes every day instead.

남자: 너 요즘 멋져 보인다. 살 뺐니?
여자: 지금까지 5kg 넘게 뺐어.
남자: 정말? 축하해! 어떻게 해냈니? 계속 다이어트를 했니?
여자: 아니, 내가 엄청난 식욕을 갖고 있다는 거 너도 알잖아.
남자: 그렇다면 수영 강습을 받은 것이 효과를 나타냈니?
여자: 그 수업 벌써 그만두었어. 대신 요즘에 매일 에어로빅 수업에 나가.

Q. 여자에 대해 알 수 있는 것은?
① 절대로 식사를 거르지 않는다.
② 약간 과체중이다.
③ 전에 수영 강좌를 들었다.
④ 매일 아침 에어로빅 수업에 다닌다.

남자의 마지막 말에서 전에 수영 강좌를 들은 것을 알 수 있습니다. ① 식욕이 아주 좋다는 것이 식사를 거르는 일이 없다는 것을 의미할 수는 없으며 ② 는 언급이 전혀 없고 ④ 매일 에어로빅 강좌에 나가지만 아침에 나가는지 여부는 알 수가 없습니다.

• lose weight 살을 빼다 (↔ gain weight)
  (lose-lost-lost)
• so far 지금까지

- make it   해내다, 성공하다
- keep on ~   ~을 계속하다
- appetite   식욕
- such a good ~   상당히 좋은 ~
- take effect   효력을 발생하다
- quit   그만두다, 떠나다 (quit-quit-quit)
- skip   (식사 등을) 거르다
- a bit   약간, 다소
- overweight   과체중의, 중량 초과의

 ③

19 > Script

W: Alright. Is there anything else you want to know about the assistant curator position?
M: What hours would I be working if I were employed?
W: Our usual schedule is from Monday to Friday. We begin work at 8 am and finish at 5 pm.
M: How many vacation days would I have per year?
W: You can have two weeks of vacation a year. Also, you can take five sick days per year.
M: I see.

여자: 알겠어요. 보조 큐레이터 자리에 대해 알고 싶은 다른 게 더 있나요?
남자: 만약 고용이 되면 어느 시간에 일을 하게 됩니까?
여자: 우리의 평상적인 스케줄은 월요일에서 금요일까지입니다. 오전 8시에 일을 시작해서 오후 5시에 끝납니다.
남자: 1년에 며칠의 휴가를 가게 되나요?
여자: 1년에 2주의 휴가를 얻게 됩니다. 또 1년에 5일간의 병가를 가실 수 있어요.
남자: 알겠습니다.

Q. 보조 큐레이터 자리에 대해 언급된 것은?
① 봉급   ② 근무 시간
③ 사무실의 위치   ④ 종업원의 수

근무 시간은 월~금 오전 8시~오후 5시이며 1년에 2주간의 휴가와 5일간의 병가가 주어진다고 여자가 설명하고 있습니다.

- anything else   다른 어떤 것
- assistant   보조의, 조수의
- curator   큐레이터 (박물관 등의 전시 책임자)
- employ   고용하다
- usual   일상적인, 평상적인
- per year   1년에 (= a year)
- sick day   병가
- salary   봉급
- location   위치
- employee   종업원 (cf. employer   고용주)

정답 ②

20 > Script

M: Professor Wilson, I was wondering if I could turn in my paper next Monday instead of tomorrow.
W: Is there anything wrong?
M: Well... I've been sick for the past few days, so I couldn't work on it.
W: I'm sorry, Phil. I don't give deadline extensions.
M: Oh, please. I can give you a note from my doctor to prove it.
W: I gave the assignment a month ago. You had plenty of time to finish it.

남자: Wilson 교수님, 리포트 제출을 내일까지 제출하는 대신 다음 주 월요일까지 제출해도 될까요?
여자: 무슨 문제라도 있니?
남자: 그게요… 며칠 동안 제가 아팠어요, 그래서 작업을 못했거든요.
여자: 유감이구나, Phil. 나는 마감시한 연장을 해 줄 수는 없단다.

남자: 오, 제발요. 이것을 입증하기 위해 의사 선생님에게서 받은 메모를 드릴 수 있어요.
여자: 나는 한 달 전에 과제를 내 주었단다. 너는 그것을 완성할 시간이 많았어.

Q. 과제 제출 기한은 언제인가?
① 오늘   ② 내일
③ 다음 주 월요일   ④ 한 달 뒤

남자의 첫 번째 말에 과제 제출 기한과 연기해서 내고 싶어 하는 날짜가 모두 나와 있습니다. 남자는 몸이 아팠다면서 연기를 요청하지만 교수는 한 달 동안이나 준비할 시간을 주었다며 거절합니다.

- turn in   제출하다
- instead of ~   ~ 대신에
- for the past few days   지난 며칠 동안
- work on ~   ~에 노력을 쏟다
- deadline   마감기한
- extension   연장
- note   메모, 기록
- prove   증명하다, 입증하다
- assignment   과제, 숙제
- plenty of ~   많은 ~

 ②

21 > Script

M: Hi. I'm having a problem at the dorm I'm staying in.
W: Can you be more specific?
M: My roommate plays loud music all the time, so I can't study in the room.
W: Have you talked to him about it?
M: Yes, but he doesn't listen to me. That's not all. His friends are always coming over. Plus, his side of the room is really messy.
W: All right. I'll see what I can do for you.

남자: 안녕하세요. 내가 지내는 기숙사에 문제가 하나 있어요.
여자: 좀 더 구체적으로 말해 볼래?
남자: 제 룸메이트가 항상 음악을 크게 연주해서 나는 방에서 공부를 할 수가 없어요.
여자: 그에게 그 문제에 대해 이야기했니?
남자: 네, 하지만 내 말을 듣지 않아요. 그게 다가 아니에요. 친구들이 항상 그를 찾아와요. 게다가 방에서 그가 사용하는 쪽은 정말 지저분해요.
여자: 알겠어. 내가 너를 위해 무엇을 해 줄 수 있는지 찾아 볼게.

Q. 그의 룸메이트에 대해 알 수 없는 것은?
① 방을 어지럽힌다.
② 밤에 늦게까지 자지 않는다.
③ 종종 친구들을 초대한다.
④ 항상 방에서 음악을 크게 연주한다.

남자의 두 번째, 세 번째 말은 룸메이트의 무책임한 행동에 대해 언급하고 있습니다. 항상 음악을 크게 연주하고 친구들이 찾아오고 방을 지저분하게 만드는 것입니다. ②에 대해서는 전혀 언급이 없습니다.

- dorm   기숙사 (= dormitory)
- specific   구체적인
- loud   시끄러운, 시끄럽게
- all the time   항상
- come over   (~의 집에) 들르다
- plus   게다가, 더욱이
- messy   지저분한, 엉망인
- stay up until late   늦게까지 자지 않고 있다

 ②

22 Script

M: Don't forget to take your ID card when you go to the library.
W: Oh, actually, I'm not going to the library today.
M: Didn't you say you would go there to get a library card?
W: I changed my mind. I'm going to meet my academic advisor.
M: What for?
W: I want to get his advice on my class schedule for the next semester.

남자: 도서관 갈 때 잊지 말고 신분증 가지고 가.
여자: 오, 사실은 저 오늘 도서관 안 가요.
남자: 너 도서관 카드 받으러 거기에 갈 거라고 말하지 않았니?
여자: 마음이 바뀌었어요. 지도 교수님을 뵈러 갈 거예요.
남자: 무엇 때문에?
여자: 다음 학기를 위해 수업 스케줄에 대한 조언을 들으려고요.

Q. 대화를 통해 알 수 있는 것은?
① 여자는 자신의 도서관 카드를 잃어 버렸다.
② 여자는 자신의 지도 교수를 만난 적이 없다.
③ 여자는 오늘 도서관에 가지 않기로 결정했다.
④ 여자는 남자와 함께 자신의 다음 학기 수업 스케줄을 짰다.

여자의 첫 번째 말에서 도서관에 가지 않기로 했다는 내용을 언급합니다. 두 번째, 세 번째 말에서는 각각 바뀐 스케줄 내용과 새로운 스케줄의 목적을 언급하고 있네요.

• Don't forget to ~. 잊지 말고 ~ 해라, ~ 하는 것을 잊지 마라.
• ID card 신분증
• change one's mind 마음이 바뀌다
• academic advisor (대학의) 지도 교수
• semester 학기

정답 ③

23 Script

W: It's hard for me to learn Japanese.
M: What's the problem? You seem to be trying really hard.
W: Yes. I go to Japanese classes and read Japanese newspapers. But I just make little progress. What else do you think would help?
M: Talking to people in Japanese really helps. Try to make a Japanese friend.
W: How can I make one?
M: I know some good friends. I can introduce them to you.

여자: 내가 일본어를 배운다는 것은 어려워.
남자: 무슨 문제가 있니? 너 정말 열심히 노력하는 것 같았는데.
여자: 응. 나는 일본어 수업에 가서 일본 신문을 읽어. 하지만 발전이 거의 없어. 다른 어떤 것이 도움이 될 수 있을까?
남자: 일본에 있는 사람들과 이야기를 하면 정말 도움이 되. 일본인 친구를 사귀도록 노력해 봐.
여자: 어떻게 친구를 사귀지?
남자: 좋은 친구들 몇 명을 내가 알고 있어. 그들을 너에게 소개해 줄 수 있지.

Q. 남자가 여자에게 제안한 것은 무엇인가?
① 일본어 수업에 가라   ② 그녀의 선생님께 도움을 청하라
③ 일본인 친구를 사귀어라   ④ 일본 신문을 읽어라

여자가 일본어 수업에 나가서 일본 신문을 읽는 등 노력을 해도 일본어 실력이 늘지 않는다고 하자 남자는 일본인 친구를 사귀도록 제안합니다.

• little 거의 없는
• progress 발전, 진전
• what else 다른 무엇
• make a friend 친구를 사귀다

정답 ③

24 Script

(Rings)
W: How may I help you?
M: Good morning. I'd like to rent a sedan for Sunday and Monday.
W: Sure.
M: According to your website, the daily rate is 50 dollars, including the insurance. Is that right?
W: We offer a 20% discount for Sunday and Monday. The total cost will be 80 dollars, including the insurance.
M: That's a good deal.

(전화벨이 울린다.)
여자: 어떻게 도와 드릴까요?
남자: 안녕하세요. 일요일과 월요일에 세단을 렌트하고 싶어요.
여자: 그러세요.
남자: 당신네 웹사이트에 따르면 하루 요금이 보험료 포함해서 50달러이던데. 맞습니까?
여자: 우리는 일요일과 월요일에는 20달러의 할인을 해 드립니다. 총 금액이 보험료 포함해서 80달러가 되겠네요.
남자: 그거 좋은 거래 조건이네요.

Q 남자는 할인을 받으면 얼마를 절약할 수 있는가?
① 10 달러   ② 20 달러   ③ 50 달러   ④ 80 달러

웹사이트에서 제시된 가격이 하루에 50달러인데 일요일과 월요일 2일간 20% 할인되므로 총계 80달러가 됩니다. 100달러에서 80달러로 내는 금액이 줄어들므로 절약되는 금액은 20달러입니다.

• rent (사용료를 내고) 빌리다
• sedan 세단형 자동차
• according to ~ ~에 따르면
• daily 하루의
• rate 요금
• including ~을 포함해서
• insurance 보험; 보험료; 보험금
• deal 거래

정답 ②

Part IV

본문 65쪽

25. ①   26. ④   27. ④   28. ③   29. ②
30. ③

25 Script

(Rings)

(W) Thank you for calling the Studios Inn Hotel. If you want to make a reservation, press 'one.' If you want to speak to the hotel management, press 'two.' If you want to speak to Guest Services, press 'three.' If you wish to speak to a guest and you know the room number that you require, press 'nine' followed by the room number. If you require further assistance, please hold for the operator. Thank you.

(전화벨이 울린다)
Studios Inn 호텔에 전화 주셔서 감사합니다. 예약을 원하시면 '1'을 눌러 주세요, 만약 호텔 관리자와 통화를 원하시면 '2'를 눌러 주세요. 고객서비스 담당 부서와 통화하기를 원하시면 '3'을 눌러 주세요. 고객과 통화하시기를 원하시고 그 객실 번호를 알고 있다면 '9'를 누른 뒤에 객실 번호를 눌러 주세요. 더 이상의 도움을 원하시면 교환이 나올 때까지 기다려 주세요. 감사합니다.

Q. 객실을 예약하려면 어떻게 해야 하는가?
① 1을 누른다   ② 2를 누른다
③ 3을 누른다   ④ 끊지 않고 기다린다

가장 처음에 나오는 안내 내용 '~ to make a reservation, press 'one.'에서 알 수 있습니다.

투숙 고객과 통화 방법으로 안내된 '~ press 'nine' followed by the room number'의 표현에서 follow(뒤를 잇다)의 과거분사(followed)가 by와 연결되어 있으므로 수동의 의미가 됩니다. '객실번호에 의해 뒤이어진 9를 누르세요' 즉 '9를 누른 뒤 객실번호를 누르세요'의 의미가 됩니다.

- make a reservation   예약하다
- speak to ~   ~와 통화하다
- management   경영(진), 관리자
- wish to ~   ~하기를 원하다
- follow   뒤를 잇다
- require   필요로 하다, 요구하다
- further   더 이상의, 추가적인
- assistance   도움
- operator   전화 교환원

정답 ①

26 Script

(M) Good morning. I'm Gene Brown with the weather forecast. Today will be mostly cloudy, and a little chilly. Since no rain is expected, you won't have to take your umbrella with you. Tomorrow, however, there'll be an 80% chance of showers. The day after tomorrow, it'll be sunny again. It'll be very hot and humid from next week on, so please avoid staying in the sun for too long.

안녕하세요. 날씨를 예보하는 Gene Brown입니다. 오늘 기온은 약간 쌀쌀하면서 대체로 흐린 날씨를 보이겠습니다. 비는 오지 않겠으니 우산을 갖고 나가실 필요는 없을 것 같습니다. 하지만 내일은 소나기가 내릴 확률이 80%에 이르겠습니다. 모레는 다시 해가 나겠습니다. 다음 주부터는 아주 덥고 습도가 높은 날씨가 되겠으니 너무 오랫동안 태양에 노출되는 것을 피하시기 바랍니다.

Q. 오늘 날씨는 어떨 것으로 예상되는가?
① 따뜻하고 화창하다   ② 춥고 비가 내린다
③ 덥고 습도가 높다   ④ 쌀쌀하고 구름이 낀다

오늘은 대체로 흐리며 (mostly cloudy), 약간 쌀쌀하고 (a little chilly), 비는 오지 않는다 (no rain)고 예보하고 있습니다.

- chilly   쌀쌀한
- chance   가능성
- shower   소나기
- the day after tomorrow   모레
  (cf. the day before yesterday   그저께)
- humid   습한, 습도가 높은
- from next week on   다음 주부터
- avoid ~ing   ~ 하는 것을 피하다

정답 ④

27 Script

(W) Hello, customers. We are sorry to announce that Bailey's Mall will be closing down for 2 weeks starting from next Monday, June 13th. For 2 weeks, we will be renovating the whole store and rearranging the locations of the shops. Many new shops will be added during this renovation. We are very sorry for the inconvenience this may cause you. We promise you we'll be back with a totally different, better look!

고객 여러분, 안녕하세요. 죄송하지만 Bailey's Mall은 다음주 월요일인 6월 13일부터 2주 동안 문을 닫을 예정임을 알려 드립니다. 2주 동안 쇼핑몰 전체를 개조하고 가게들의 위치를 재배치할 계획입니다. 이 보수 기간 동안 새로운 가게들이 많이 들어올 예정입니다. 여러분들에게 불편을 끼쳐 드리게 되어 정말 죄송합니다. 완전히 다른 모습으로, 그리고 더 좋아진 모습으로 돌아올 것을 약속드립니다!

Q. 이 공지의 목적은 무엇인가?
① 쇼핑몰이 다시 문을 여는 것을 고객들에게 공지하기 위해
② 쇼핑몰에 신규 오픈한 가게를 홍보하기 위해
③ 고객들을 쇼핑몰의 특별 행사로 끌어들이기 위해
④ 쇼핑몰의 일시적인 폐쇄를 알리기 위해

2주 동안 문을 닫는다고 한 뒤 그 이유가 쇼핑몰 개조(renovating)와 재배치(rearranging)임을 공지하고 있습니다.

- announce   알리다, 발표하다
- renovate   개조[보수]하다
- rearrange   재배치하다, 재배열하다
- shop   상점
- totally   완전히, 전적으로
- purpose   목적
- notify   공지하다
- promote   홍보하다, 판매를 촉진하다
- temporary   일시적인, 임시의
- attract   끌어들이다

정답 ④

28 Script

(M) This is your captain speaking. So far, it has been a very smooth flight. The weather is clear and there hasn't been any problem reported in the plane. However, soon we'll be passing through the skies of England and the weather report shows that there is a big storm passing through London. For safety reasons, we'll take another route which will cause us to arrive at our destination 30 minutes later than scheduled. We are very sorry for the delay.

저는 기장입니다. 지금까지는 아주 순조로운 비행이었습니다. 날씨는 맑고 비행기 내의 어떤 문제도 보고된 것은 없습니다. 하지만 곧 영국 상공을 통과할 예정인데 날씨 보도에 의하면 거대한 폭풍이 런던을 통과해 지나가고 있다고 합니다. 안전 때문에 우리는 다른 항로를 택할 예정입니다. 이 항로로 가게 되면 예정된 스케줄보다 30분 늦게 목적지에 도달하는 일이 초래될 것입니다. 연착되는 것에 대해 죄송하게 생각합니다.

Q. 비행기가 연착하게 된 요인은 무엇인가?
① 비행기의 기능 장애   ② 혼잡한 활주로
③ 비행 항로의 변경   ④ 공항에서의 문제들

"For safety reasons, we'll take another route ~"에서 이 비행기는 원래 예정된 항로 대신 안전한 다른 항로로 갈 것임을 안내하고 있음을 알 수 있습니다.

- so far   지금까지는
- smooth   순조로운
- pass through   지나가다, 거쳐 가다
- for safety reasons   안전상의 이유로
- take another route   다른 노선으로 가다
- cause   ~을 야기하다, 초래하다
- destination   목적지
- delay   지연, 지체; 지연시키다
- malfunction   기능 장애, 오작동
- runway   활주로
- flight path   항로, 비행 경로

정답 ③

29 Script

(W) People who wake up early can have time to plan the rest of their day. As they get up early, they can think about what they will do, or how they will finish their work. Also, they can be awakened from their sleep by moving around in the morning. So they can go to school or work with clear minds. Overall, people who wake up early can study or work more efficiently than others.

일찍 일어나는 사람은 하루의 남아있는 시간에 대해 계획을 짤 시간을 가질 수 있습니다. 그들은 일찍 일어나기 때문에 무엇을 할지, 혹은 어떻게 일을 끝낼지에 대해 생각해 볼 수 있습니다. 또한 그들은 아침에 여기저기 움직임으로써 잠으로부터 깨어있을 수 있습니다. 그래서 그들은 맑은 정신으로 등교도 할 수 있고 출근도 할 수 있는 것입니다. 전반적으로 보아 일찍 일어나는 사람들은 다른 사람들보다 더 능률적으로 공부도 할 수 있고 일도 할 수 있습니다.

Q. 강의의 주요 주제는 무엇인가?
① 일찍 일어나도록 도움을 주는 조언
② 일찍 일어나는 사람이 얻는 혜택
③ 잠을 못 자는 사람들에 대한 제안
④ 충분한 수면이 갖는 장점

일찍 일어나는 사람은 시간적 여유가 있기 때문에 하루에 대한 계획과 준비를 할 수 있고 또 일찍부터 깨어있기 때문에 맑은 정신으로 보다 능률적인 활동이 가능하다고 설명하고 있습니다.

• wake up (잠에서) 깨다, 깨우다
• have time to ~ ~할 시간이 있다
• rest 나머지
• awaken (잠에서) 깨다, 깨우다
• move around 움직이다, 돌아다니다
• overall 전반적으로, 대체로
• efficiently 능률적으로
• benefit 혜택, 이득
• sleepless 잠을 못 자는, 불면의
• advantage 장점, 유리한 점

 정답 ②

30 Script

(M) Have you heard about Jamie Sale? Jamie is a figure skater, a gold medalist of the 2002 Winter Olympics. Among other medalists, Jamie is especially spotlighted because of her disability. She suffered from an illness when she was young and lost her sight at the age of 16. Although she couldn't see, she overcame her physical obstacles and competed with the non-handicapped. She is a great example in our society that shows nothing is impossible if you try hard enough.

Jamie Sale에 대해 들어 보셨나요? Jamie는 2002년 동계올림픽에서 금메달을 딴 피겨 스케이팅 선수이다. Jamie는 장애인이었기 때문에 다른 메달리스트 사이에서 특히 주목을 받았다. 그녀는 어려서 병을 앓았고 16세에 시력을 잃었다. 비록 보이지 않았지만 그녀는 육체적 장애를 극복하고 비장애인들과 경쟁했다. 열심히 노력한다면 어떠한 것도 불가능하지 않다는 것을 보여주는 우리 사회의 훌륭한 본보기이다.

Q. Jamie Sale에 대한 내용으로 옳지 <u>않은</u> 것은?
① 시각장애인이다.
② 피겨스케이팅 선수이다.
③ 장애인으로 태어났다.
④ 올림픽 금메달리스트이다.

Jamie는 장애인으로 태어난 것이 아니고 어려서 병을 앓았고 16세에 시력을 잃은 것입니다. (~ an illness when she was young and lost her sight at the age of 16) 'the non-handicapped'는 'non-handicapped people'의 뜻입니다.

• hear about ~ ~에 관해 듣다
• among ~ 사이에서
• especially 특히, 특별히
• spotlight 이목을 집중시키다
• disability 장애
• suffer from ~ ~(병)을 앓다, ~로 고생하다
• illness 병
• sight 시력
• although 비록 ~ 이지만
• overcome 극복하다 (overcome-overcame-overcome)
• obstacle 장애

• compete with ~ ~와 경쟁하다
• non-handicapped 비장애의

 정답 ③

Section 2 Reading Part

Part V				본문 66~67쪽
1. ②	2. ④	3. ②	4. ④	5. ③
6. ②	7. ④	8. ②	9. ①	10. ①

1

나의 목표 중 하나는 평화봉사단에 가입하여 가난한 사람들을 돕는 것이다.

② are → is
of로 연결이 되어 있지만 주어는 'One'이므로 단수로 취급합니다.

• goal 목표
• join 가입하다
• Peace Corps 평화봉사단

 정답 ②

2

작은 포유동물들은 위험에 처하면 더 공격적이 되는 경향이 있다.

④ got → get
앞부분은 내용상 결과에 해당하는데 이 부분이 현재 시제입니다. 원인에 해당하는 when 이후의 내용을 과거(got)로 표현하는 것은 어색합니다.

• mammal 포유동물
• tend to ~ ~하는 경향이 있다
• aggressive 공격적인
• danger 위험

 정답 ④

3

그는 자기의 작품 속에서 현대 중국 문학의 사회적 배경을 논했다.

② socially → social
'background(배경)'는 명사이고 이 명사를 앞에서 수식해야 하므로 부사(socially)가 아닌 형용사(social)가 쓰여야 합니다.

• discuss (책 등에서) 논하다, 논의하다
• modern 현대의, 현대적인
• literature 문학
• writing 작품, 저작물

 정답 ②

4

지구의 기온은 오염의 증가로 조금씩 상승하고 있다.

④ increased → increase
increase는 동사로 '증가하다'와 명사 '증가'의 뜻이 있는데 '오염에 있어서의 증가'라는 표현이 적절하므로 increase로 바꾸어야 합니다.

• global 지구의, 세계적인
• temperature 온도, 기온
• rise 올라가다 (cf. raise 올리다)
• little by little 조금씩

- because of ~ ~ 때문에 〈뒤에 문장이 아닌 단어나 단어들의 덩어리가 옴〉
- pollution 오염

정답 ④

5

게임을 이기기 위해서는 선수들에 대한 훈련 방법이 개선되어야 한다.

④ improve → improved
주어는 '(Training) methods'입니다. methods 입장에서는 스스로 개선하는 것이 아니고 '개선되는' 것이므로 수동 (be동사+과거분사)의 형태로 써야 합니다. 또 be동사 다음에 일반동사의 원형이 그대로 오는 것도 어법에 맞지 않는 표현입니다.

- method 방법
- improve 개선하다
- in order to ~ ~ 하기 위해
- win (게임을) 이기다; 우승하다
  (cf. beat 경쟁 상대를 이기다)

정답 ③

6

그 구내식당은 시험 기간 동안 늦게 까지 문을 열 것이다.

① ~ 하는 동안   ② ~ 동안
③ ~임에도 불구하고   ④ ~ 외에도

특정 숫자로 표시하지 않는 기간(방학, 휴일, 시험 등)을 나타낼 때 전치사 during을 씁니다 (cf. 특정 숫자로 표시되는 기간에는 for) ①은 '~ 하는 동안'의 의미인 접속사이므로 뒤에 '주어+동사'가 다 있는 문장이 오거나 '주어+be동사'가 생략된 분사구문형태의 표현이 오는 것이 어법에 맞습니다.

- cafeteria 구내식당
- late 늦게, 늦게까지

정답 ②

7

고대 시대 이래 은은 병을 치료하는 데에 사용되어 오고 있다.

① 사용된다   ② 사용되었다
③ 사용해 왔다   ④ 사용되어 오고 있다

은(silver)이 치료에 '사용되는' 것이므로 수동태가 쓰여야 하고, 첫머리에 쓰인 since는 '~ 이래로'의 뜻으로 주로 현재완료(have+과거분사: 과거에 시작해 아직까지 계속됨)와 같이 쓰입니다.

- since ~ 이래
- ancient 고대의
- times 시대, 시기
- treat (병을) 치료하다
- disease 병

정답 ④

8

요즘에 부모들은 자녀들에 대해 너무 보호적이다.

① 보호하다 (동사)
② 보호적인, 보호하려 드는 (형용사)
③ 보호 (명사)
④ 보호적으로 (부사)

주어진 문장의 동사는 be동사인 'are'로, 뒤에는 보어로 명사나 형용사가 올 수 있지만 뒤에 부사 too가 형용사를 수식하게 되므로 빈칸에는 '보호하려 드는'의 뜻인 protective가 적절합니다. too가 없어도 명사가 쓰이기에는 어색한 문장입니다.

- towards ~에 대해서, ~에게

정답 ②

9

빛은 소리보다 훨씬 빨리 움직인다. 그래서 번개는 항상 천둥보다 앞서 온다.

① 훨씬   ② 덜하게   ③ 아주   ④ 많은

비교급 앞에서 비교급을 수식하는 말로는 '훨씬'의 뜻인 far, still, even, much 등이 있고 '약간'의 뜻으로는 (a little, a little bit, a bit) 등이 있습니다.

- lightning 번개
- precede 앞서다, 앞에 오다
- thunder 천둥

정답 ①

10

항공기를 탄 승객들 사이에서 가장 흔한 불만은 다리를 뻗을 수 있는 공간이 충분히 제공되고 있지 않다는 것이다.

주어는 complaint이고 동사는 is, 그 뒤 전체가 하나의 문장의 형식을 갖추고 있으면서 is의 보어가 되는 2형식 문장입니다. 보어가 절일 때는 그 앞에 접속사 that을 넣어 줍니다.

- common 흔한
- complaint 불평, 불만
- passenger 승객
- enough 충분한
- provide 제공하다

정답 ①

Part VI				본문 68~69쪽
11. ②	12. ③	13. ④	14. ④	15. ④
16. ③	17. ②	18. ①	19. ④	20. ②

11

사고는 대개 안전 점검이 간과될 때 발생한다.

① 극복했다   ② 간과했다, 못보고 지나갔다
③ (금액을) 너무 많이 청구했다   ④ 압도했다, 제압했다

사고 발생과 안전 점검은 어떤 인과관계가 있을까요? over-로 시작하는 단어들을 혼동하지 않고 잘 숙지하고 있어야 합니다. 'over'는 접두사로 '지나치게'의 의미로 쓰이기도 하지만 그렇지 않은 단어들도 많습니다. overlook은 '못보고 지나가다'의 뜻 외에 '잘못을 눈감아 주다'와 '건물이 경치를 내려다 보는 위치에 있다' 등의 뜻도 있습니다.

- accident 사고
- happen (일이) 일어나다, 발생하다

정답 ②

12

계산기 덕택에 우리는 계산을 아주 빨리 그리고 정확하게 한다.

① 전적으로   ② 점차적으로   ③ 정확하게   ④ 제각기

'thanks to'는 '~ 덕택에, 덕분에'의 뜻으로 긍정적인 느낌을 나타내는 말입니다. 계산기 덕택에 계산을 아주 빨리 할 뿐아니라 정확하게 한다고 하는 것이 자연스럽습니다.

- thanks to ~ ~ 덕택에

• calculator 계산기
• do[make] calculations 계산을 하다

정답 ③

 13

사려깊은 자세의 중요한 부분은 당신 주변의 사람들의 목소리를 경청하는 것이다.

① 확신하는, 자신감 있는　　　② 자포자기하는
③ 독립적인　　　　　　　　　④ 사려깊은

빈칸 앞뒤의 내용을 참조해 가장 적절한 말을 찾아봅니다. 사람들이 하는 이야기를 잘 경청할 줄 아는 자세는 타인을 배려하고 사려깊게 해동하는 자세일 것입니다.

• part 중요한 부분, 요소
• around ~주변의

정답 ④

 14

면접관은 지원자에게(서) 최소한 2개 국어에 숙달해 있을 것을 원했다.

① 정의, 명확한 뜻　　　　　② 결핍, 부족
③ 홍보; 판촉　　　　　　　④ 숙달, 능숙

면접관은 직장을 구하는 지원자가 언어(language) 능력이 뛰어날 것을, 즉 지원자로부터 언어에 대한 '숙달'을 원할 것입니다.

• interviewer 면접관, 인터뷰 진행자
　(cf. interviewee 인터뷰 받는 사람)
• at least 최소한, 적어도
• applicant 지원자

정답 ④

15

Erin은 해외 여행으로 부재 중인 편집장을 대신해서 일을 봐야 했다.

① (차로 사람을) 치다　　　　② 돌보다
③ 존경하다　　　　　　　　④ ~를 대신하여 일을 보다

여행으로 자리를 비운 사람이 있으면 그 사람을 대신해서 일을 할 것입니다. 'stand in line'은 '줄을 서다'의 뜻이고 'stand for'는 '~을 상징하다, 의미하다'의 뜻이니 혼동하지 않기 바랍니다.

• chief editor 편집장
• away 자리에 없는, 부재 중인
• overseas 해외의, 해외로

정답 ④

16

Joel은 시험에 대비해 매우 열심히 공부했다. 그가 그런 좋은 점수를 받는 것은 마땅했다.

① ~하기를 거절했다
② ~할 (경제적) 형편이 되었다
③ ~해 마땅했다; ~을 누릴 자격이 있었다
④ ~인 척 했다

공부를 열심히 한 사람은 좋은 점수를 받는 것이 마땅하거나 그럴 자격이 있는 것입니다. deserve는 뒤에 명사가 올 수도 있습니다. (ex. We deserve a rest after all that hard work.)

• such good ~ 그렇게[매우] 좋은 ~
• mark 점수, 성적

정답 ③

 17

저 길을 걸어갈 때는 조심해라. 표면이 약간 울퉁불퉁하다.

① 불공평한　　　　　　　　② 울퉁불퉁한
③ 펼쳐진　　　　　　　　　④ 알려져 있지 않은

길을 걸을 때 조심하라고 했으므로 길 표면이 걷기에 좋지 않게 되어 있을 것입니다.

접두사 un은 주로 반대의 의미를 나타내는 경우가 많습니다. (ex. like ↔ unlike, happy ↔ unhappy, tie (매다) ↔ untie (풀다), zip(지퍼를 닫다) ↔ unzip (지퍼를 열다))

• path 길
• surface 표면
• rather 약간, 다소

정답 ②

 18

과학자들은 현재의 불치병을 치료할 해결책을 찾고 있다.

① 해결책　　　　　　　　　② 주의, 주목
③ 목적지　　　　　　　　　④ 경쟁; 대회

과학자들이 불치병을 치료할 수 있는 어떤 것을 찾고 있다면 과학에 근거한 어떤 해결책일 것입니다.

• treat 치료하다
• currently 현재, 지금
• incurable 불치의, 치유할 수 없는
• disease 병

정답 ①

19

Joseph과 Yura는 서로 부딪혀 넘어졌다. 다행히도 둘 중 아무도 다치지 않았다.

① 특별히　　　　　　　　　② 명백히
③ 정반대로　　　　　　　　④ 다행히도

두 사람이 부딪혀 넘어졌는데 아무도 다치지 않았다면 다행스럽다고 말하는 것이 가장 자연스럽습니다. obviously(명백히)도 어법상 틀린 표현은 아니지만 fortunately가 보다 매끄럽게 연결됩니다.

• run into ~와 충돌하다; ~와 우연히 마주치다
• fall down 넘어지다
• neither of them 그들 둘 중 아무도 ~ 아닌

정답 ④

 20

Eric의 팀은 선수권 쟁탈전에서 우승했고 그는 자기 팀을 대표해서 트로피를 받았다.

① ~을 담당하여　　　　　　② ~을 대표[대신]해서
③ ~에 더하여　　　　　　　④ ~에 관하여

우승한 팀에서 한 선수가 나와 트로피를 받았다면 그는 그 팀을 대표해서 받는 것입니다.

• tournament 선수권 쟁탈전
• accept 받다, 받아 들이다

정답 ②

Part Ⅶ

본문 70~77쪽

21. ①	22. ①	23. ①	24. ③	25. ③
26. ③	27. ①	28. ③	29. ①	30. ③
31. ③	32. ①	33. ①	34. ③	35. ①

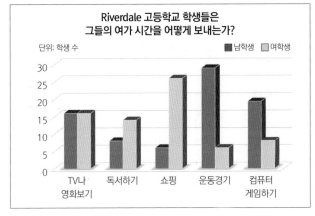

Q. 그래프의 내용과 일치하는 것은?
① 여가 시간에 독서를 하는 여학생들이 남학생들보다 더 많다.
② 가장 많은 수의 여학생들이 여가 시간에 TV를 시청하거나 영화를 본다.
③ 운동 경기에 여가 시간을 쓰는 학생은 남학생들보다 여학생들이 더 많다.
④ 같은 수의 남학생과 여학생이 여가 시간에 컴퓨터 게임을 한다.

② 가장 많은 수의 여학생들이 여가 시간에 쇼핑을 합니다. (watch TV or movies → do shopping)
③ 운동 경기에 여가 시간을 쓰는 학생은 여학생들보다 남학생들이 더 많습니다. (More female → More male, than male → than female)
④ 같은 수의 남학생과 여학생이 여가 시간에 영화나 TV를 봅니다. (play computer games → watch TV or movies)

 male   남성의
 female   여성의
 tend to ~   ~하는 경향이 있다

정답 ①

우리 이사 왔어요!

오셔서 우리의 새 집을 한 번 보시고
우리와 같이 축하해 주세요.

4월 16일 토요일 오후 2시
Justin Lee and Annie Park

20 Sweetbriar Drive
Glordale California 91705

오실 분은 555-2036으로
저희에게 전화 주세요

Q. Justin과 Annie는 왜 이 카드를 썼는가?
① 사람들을 집들이에 초대하기 위해
② 사람들에게 집수리를 도와달라고 부탁하려고
③ 사람들에게 새 연락 번호를 알려 주기 위해
④ 사람들에게 그들이 약혼했다고 알리기 위해

카드에는 '우리가 이사 왔다(We've moved)'라고 알리는 말이 있고 와서 우

리의 새 집을 보고 이사온 것을 같이 축하해 달라고 하고 있으므로 집들이 (housewarming party)에 초대하는 것임을 알 수 있습니다.

• have a look at   ~을 한번 보다 (= take a look at = look at)
• move   이사하다
• housewarming party   집들이

정답 ①

스케이팅

Northside의 학생 모두를 스케이트 타기에 초대합니다.

날짜: 2014년 12월 15일 목요일
시간: 오전 10시 ~ 오후 12시
참가비: 6달러

긴 바지와 장갑을 착용하세요.

12월 14일 수요일까지
참가비를 보내 주세요.

Q. 포스터에 들어 있지 않은 정보는 무엇인가?
① 학생들이 스케이트를 어디에서 타게 될지
② 학생들이 무엇을 착용해야 할지
③ 스케이트를 타러 가는 데 비용이 얼마나 드는지
④ 학생들이 얼마나 오랫동안 스케이트를 탈 수 있는지

long pants와 gloves를 착용하도록 공지하고 있고 시간은 오전 10시 ~ 오후 12시까지 2시간이며 참가비 6달러를 하루 전날인 수요일까지 보내라고 나와 있습니다.

• send in   ~을 보내다
• fee   요금

정답 ①

	웹 쿠폰
CLOUD CAFE	**무료** 라지 사이즈의 음료를 사면 하나가 공짜!
유효기간 2014년 6월 30일까지	*손님 당 쿠폰 한 개로 사용 제한 *쿠폰 한 개당 한 개의 품목 사용 *현금 교환 불가 *공짜로 제공되는 것은 개당 최대 7달러

Q. 쿠폰의 내용에 대해 옳은 것은?
① 연말까지 유효하다.
② 라지 사이즈만 아니면 어떤 사이즈의 음료에도 사용할 수 있다.
③ 7달러가 넘는 품목에는 사용할 수 없다.
④ 모든 종류의 음료에 대해 30%의 할인이 제공된다.

① 유효 기간은 2011년 6월 30일이므로 연말이 아닙니다.
② 라지 사이즈의 음료를 살 때 공짜 쿠폰을 받습니다.
④ 할인 여부에 대해서는 전혀 언급이 없습니다.

③의 No cash value는 '현금 가치 없음'의 의미이므로 이 쿠폰을 가진 사람에게 현금으로 일정한 금액을 돌려주지는 않는다는 의미입니다.

• complimentary   무료의
• expire   기간이 만료되다
• cash   현금
• value   가치
• maximum   최대의, 최고의

- valid   유효한
- beverage   음료

  정답 ③

2015년 비디오 경연 대회

1000달러 상금도 받으시고,
경험도 쌓으시고,
그리고 인정도 받으세요
짧은 비디오 하나로!

주제: 컴퓨터 안전에 대한 경각심
길이: 2분 이내
제출 마감: 2015년 8월 15일

추가 정보를 원하시면 1588-3042로 전화주시거나 ECNSTF.or.ca로 방문해 주세요.

Q. 포스터를 통해 알 수 없는 것은?
① 비디오의 길이　　　　　② 우승자에 대한 상
③ 비디오의 제출 방법　　　④ 제출 마감 일자

우승자는 1000달러의 상금을 받게 되는 비디오 경연 대회 안내입니다. 컴퓨터 안전 의식과 관련된 내용을 다루되 2분을 넘지 않는 길이로 하고 2015년 8월 15일까지 제출하도록 되어 있으며 제출 방법에 대해서는 언급이 없습니다.

- cash prize   상금
- recognition   (존재, 사실 등의) 인정
- subject   주제
- length   길이
- awareness   인식, 각성, 경각심

  정답 ③

야채나 과일 같은 음식 안에 있는 비타민이 없어지거나 파괴되는 세 가지의 주요한 방식이 있다. 첫 번째로 일부 음식은 물을 만나면 비타민이 없어진다. 어떤 야채들은 물 속에서 씻을 때 비타민이 없어진다. 또한, 어떤 비타민은 열에 약하다. 야채를 요리할 때 열이 야채속의 일부 비타민을 파괴하며 비타민들은 효능을 잃는다. 마지막으로 사람들은 때때로 가장 많은 비타민을 함유한 과일의 부분을 던져 버린다. 예를 들어, 사과의 껍데기에는 많은 비타민이 들어있지만 사람들은 종종 그 껍데기를 벗겨 내고 그것을 먹지 않는다.

Q. 비타민이 없어지거나 파괴되는 환경으로 언급되지 않은 것은?
① 식품이 물에 적셔질 때　　　② 식품이 가열될 때
③ 식품이 찬 곳에 저장될 때　　④ 식품의 어떤 부분이 제거될 때

비타민이 파괴되는 세 가지 방법으로 첫째 물로 씻을 때, 두 번째는 불로 요리할 때, 세 번째는 비타민이 많이 들어있는 부분을 버릴 때라고 언급하고 있습니다.

- vulnerable   취약한
- effect   효능, 효과
- throw away   버리다
- contain   함유하다
- peel off   껍질을 벗기다
- circumstance   환경, 상황
- get wet   젖다
- heat up   데우다; 뜨거워지다
- store   저장하다
- remove   제거하다, 없애다

  정답 ③

당신은 멀미를 경험한 적이 있나요? 왜 그것이 일어나는지 아나요? 당신이 움직이는 차 안에서 책을 읽고 있다고 가정해 봅시다. 당신의 내부 귀는 당신이 움직이고 있다는 것을 감지하고 당신의 뇌에 정보를 전달합니다. 그러는 동안에, 당신의 눈은 책을 보고 있다가 또한 당신이 움직이고 있음을 알아채고 정보를 보냅니다. 그 결과, 다른 감각 기관에서 오는 정보들이 당신의 뇌를 혼란시킵니다. 이것이 당신을 어지럽거나 메스껍다고 느끼게 만듭니다.

Q. 이 글에서 주로 다루고 있는 것은 무엇인가?
① 멀미의 원인
② 멀미의 증상
③ 멀미를 피하는 데에 도움이 되는 조언들
④ 멀미가 인간의 뇌에 미치는 영향

멀미(motion sickness)가 어떻게 오는지를 차 안에서 책을 읽을 때를 가정해 소개하고 있습니다. 귀와 눈이 각각 독자적으로 정보를 보내오면서 뇌가 혼란을 일으켜 어지럼 증상이나 메스꺼움을 느끼게 된다고 멀미가 생기는 원인을 설명하고 있는 글입니다.

- experience   경험하다; 경험
- motion sickness   멀미
- suppose   가정하다
- inner   내부의, 안쪽의
- detect   감지하다, 알아내다
- brain   뇌
- meanwhile   그러는 동안에
- consequently   그 결과, 따라서
- sense   감각 기관, 감각
- confuse   혼란시키다
- dizzy   어지러운
- sick   메스꺼운
- cause   원인; 원인이 되다
- symptom   증상

  정답 ①

우리가 어떻게 병 없이 오래 살 수 있을까? 파키스탄의 높은 산악지대에 사는 Hunza 사람들은 백년이 넘게 살며 그들은 건강하다. 어떻게 이것이 가능할까? 대답은 그들의 음식이다. 그들은 오직 그들이 직접 재배한 야채, 과일, 그리고 곡식만 먹는다. 또한, 그들은 고기를 먹지 않으며 술을 절대로 마시지 않는다. Hunza의 생활 방식에서 우리는 오래, 건강하게 사는 것은 우리의 매일 매일의 식습관과 밀접한 관계가 있다고 추측할 수 있다.

Q. 필자는 매일 매일의 식습관의 중요성을 어떻게 설명하고 있나요?
① 채식주의자 식생활의 건강상의 장점을 언급함으로써
② 피해야 할 특정 음식을 제시함으로써
③ 특정 지역 사람들의 생활 방식을 소개함으로써
④ 완전히 반대되는 식습관을 가진 두 집단을 비교함으로써

필자는 Hunza 지방 사람들의 식습관(자신들이 직접 재배한 야채, 과일, 곡식만 먹고, 술과 고기는 먹지 않음)을 소개함으로써 장수의 비결이 식습관에 있다고 주장하고 있습니다.

- without   ~ 없이
- over   ~ 넘게
- possible   가능한
- diet   음식, 식사; 식습관
- grain   곡식
- for oneself   혼자 힘으로
- avoid -ing   ~하는 것을 피하다
- closely   밀접하게

- be related to ~   ~와 관련되어 있다
- vegetarian   채식주의자

 정답 ③

 29

> 황사는 매년 더 심각한 문제가 되고 있다. 이것은 중국에서 더욱 많은 땅이 매년 사막으로 변하기 때문이다. 이 사막화는 여러 가지 방법으로 일어난다. 사막 주변의 땅이 사막으로 변하는 이유는 바람이 모래를 날려서 땅을 덮어버리기 때문이다. 오랫동안 비가 오지 않으면, 초목들이 죽고 땅은 황폐해진다. 또한 때때로 사람들이 사막화를 초래하기도 한다. 사람들이 나무를 베어 넘어뜨리면 나무는 땅 속에 물을 저장해 둘 수가 없어서 토양이 말라 버리는 것이다.

Q. 이 글을 통해 추론할 수 있는 것은?
① 나무들은 땅 속에 물을 저장하는 데 주요한 역할을 한다.
② 사막화는 10년 동안 중대한 문제가 되어 왔다.
③ 물 부족은 중국의 사막화의 주요한 이유이다.
④ 토양은 한번 황폐해지면 그 구조를 회복시키는 것이 불가능하다.

황사는 사막화가 그 원인인데 바람이 모래를 옮기고 그 모래가 기존의 땅을 덮어 생기기도 하지만 사람들의 벌목으로 땅 속에 물이 저장되지 않아 생기기도 한다고 소개하고 있습니다. ②, ③, ④에 대해서는 언급되지 않고 있습니다.

- yellow dust   황사
- This is because ~.   이것은 ~ 때문이다.
- turn into ~   ~로 변하다
- desertification   사막화
- reason   이유
- for a long time   오랫동안
- plant   초목, 식물
- die out   멸종되다, 자취를 감추다
- soil   토양, 흙
- dry out   메마르게 되다
- decade   10년(의 기간)
- shortage   부족
- once   일단 ~ 하면
- restore   회복시키다, 복구하다

 정답 ①

30~31

> 안녕하세요, Gillian 선생님
>
> 저는 도움이 필요합니다. 당신도 알다시피, 저는 캐나다에 있는 한 대학교로부터 입학 허가를 받았습니다. 그리고 학교는 금년 9월에 시작합니다. 저는 정말로 거기에서 공부하고 싶습니다. 그런데 저의 부모님이 제가 한국에 머물러 있기를 원하십니다. 저는 외동이구요, 그래서 부모님은 제 걱정을 많이 하십니다. 저는 정말로 부모님을 사랑합니다. 그리고 그분들이 제게 쏟아 준 관심에 대해 정말 감사드립니다. 하지만 저는 제 꿈을 반드시 이루고 싶습니다. 저는 잠도 잘 수 없고 공부도 할 수 없습니다. 제가 이 문제에 대해 말씀을 드릴 수 있도록 언제 선생님을 만날 수 있을지 알려 주시기 바랍니다!
>
> 감사합니다,
> 민정

30. 이 편지의 목적은 무엇인가?
① 불평을 하기 위해   ② 조언을 구하기 위해
③ (만날) 약속을 하기 위해   ④ 자기 소개를 하기 위해

31. 민정이에 대한 내용으로 옳지 <u>않은</u> 것은?
① 남녀 형제가 없다.
② 현재 잠자는 것에 어려움이 있다.
③ 캐나다에 억지로 가도록 강요받았다.
④ 해외에 있는 대학교에서 공부하기를 원한다.

30. 편지의 가장 마지막 문장에 민정이가 이 편지를 쓴 목적이 나와 있습니다. 유학을 가고 싶은데 부모님이 반대하고 있어서 Gillian 선생님과 상담을 할 수 있도록 만나고 싶다고 하였고 마지막 문장에서 만날 수 있는 시간을 묻고 있습니다.

31. ①은 "I'm an only child."에서 맞는 내용임을 알 수 있고 ②는 "I can't sleep or study."에서 역시 내용과 일치합니다. "I really want to study there."에서 ③은 틀리고 ④는 맞는 내용임을 알 수 있습니다.

- accept   (대학에서) 입학을 허가하다
- only child   외동
- worry about ~   ~에 대해 걱정하다
- appreciate   감사하다
- concern   관심, 배려, 염려
- follow   (꿈 등을) 얻으려고 노력하다, 추구하다
- make a complaint   불평하다
- make an appointment   (만날) 약속을 하다
- self-introduction   자기소개
- have difficulty (in) –ing   ~하는 것에 어려움이 있다
- be forced to ~   ~ 하도록 강요받다

정답 30. ③ 31. ③

32~33

> 만약 당신이 시와 사랑에 빠져 있다면 당신은 아마 가장 유명한 시인 중의 한 사람인 Emily Dickinson의 시들을 읽어 보았을지도 모르겠습니다. 그녀는 좀처럼 집을 떠나지 않았습니다. 그녀는 시를 쓰면서 집에 혼자 앉아 있곤 했습니다. 이것이 그녀가 상상의 나래를 펴고 많은 독특한 시를 쓰는 데에 도움이 되었을 것입니다. 그녀의 작품은 오직 하나의 장르에만 들어맞지는 않습니다. 한 비평가는 그녀의 작품을 '비범한 이해력과 통찰력의 작품이다'라고 말했습니다. 그녀의 시는 탁월한 상상력 때문에 오늘날까지도 많은 사람들에게 사랑받고 있습니다.

32. Emily Dickinson의 개성을 가장 잘 묘사한 것은?
① 창의적인   ② 사교적인
③ 평범한   ④ 활동적인

33. Emily Dickinson에 대해 알 수 있는 것은?
① 대부분의 시간을 집에서 보냈다.
② 비평가들로부터 엇갈리는 평가를 받았다.
③ 천 편이 넘는 시를 썼다.
④ 살아있을 때 최초의 시집을 출판했다.

32. Emily는 독특하고(unique), 하나의 장르에 들어 맞지 않는(does not fit into only one genre), 그리고 '비범한 이해력과 통찰력(extraordinary grasp and insight)'의 시를 썼으므로 창의적인 시인이었습니다.

33. ①은 She rarely left her home. She would sit alone at home, writing poems. (그녀는 좀처럼 집을 떠나지 않았다. 시를 쓰면서 집에 혼자 앉아 있곤 했다)에서 알 수 있습니다.
②와는 달리 긍정적으로 평가한 한 비평가만 언급되어 있고 ③, ④에 대해서는 언급이 없습니다.

- in love with ~   ~와 사랑에 빠져 있는
- poem   시
- female   여성의 (cf. male   남성의)
- poet   시인
- rarely   좀처럼 ~ 하지 않는
- would   ~ 하곤 했다
- alone   혼자
- spread   펴다, 펼치다 (spread-spread-spread)
- imagination   상상력
- unique   독특한, 특이한
- work   작품
- fit into ~   ~에 꼭 들어맞다, 적합하다
- genre   (예술 작품의) 장르
- critic   비평가
- extraordinary   비범한, 보기 드문 (↔ ordinary)
- grasp   이해(력), 파악

- insight 통찰력
- fantastic 탁월한, 환상적인
- mixed 엇갈린, 뒤섞인
- review 논평, 평가
- alive 살아있는

정답 32. ① 33. ①

34~35

> 고대 중동지방의 사람들은 가장 초기 형태의 피자를 독창적으로 만들었다. 그들은 장작을 땔 때 오븐 속의 돌 위에 빵을 올려 놓고 구웠다. 그러고 나서, 그들은 그 빵에 간단한 양념과 야채를 얹었다. 하지만 피자는 오늘날 알려진대로 이탈리아의 나폴리에서 유래했다. 1889년에 Raffaele Esposito라는 제빵사는 방문하는 이탈리아의 왕과 왕비에게 경의를 표하기 위해 특별 요리를 독창적으로 만들었다. Esposito는 나폴리식의 납작한 빵에 녹색 바질, 흰 모짜렐라 치즈, 그리고 빨간 토마토 소스를 얹었다. 이 색깔들은 이탈리아 국기를 상징했다. 많은 제빵사들이 이 음식을 따라했다.

34. 이 글의 제목으로 가장 적절한 것은?
① 피자의 재료
② 피자를 만드는 최고의 요리법
③ 피자의 기원과 역사
④ 이탈리아에서 가장 유명한 피자 제조자

35. Raffaele Esposito에 대한 내용으로 옳은 것은?
① 이탈리아의 왕족에게 경의를 표하기 위해 피자를 만들었다.
② 우연히 피자에 토마토 소스를 추가했다.
③ 피자를 만들기 위해 다른 제빵사들의 요리법을 모방했다.
④ 18세기의 이탈리아 제빵사였다.

34. 피자는 이탈리아의 나폴리에서 왕에게 바치기 위해 당시의 제빵사가 독창적으로 만들었다는 것이 이 글의 핵심적 내용입니다. 그가 만든 피자의 재료, 색상의 의미 등도 소개하고 있습니다.

35. ②는 피자의 토핑은 이탈리아의 국기를 나타내기 위한 의도가 들어 있으므로 우연히 넣었다고 볼 수 없고 ③은 다른 제빵사들이 나중에 따라한 것이므로 틀린 내용입니다. ④ 1889년에 피자를 만들었으므로 Esposito는 19세기의 제빵사였습니다.

- ancient 고대의
- Middle East 중동
- top ~위에 얹다 (top-topped-topped)
- spice 양념, 향신료
- originate 비롯되다, 유래하다
- dish 요리, 음식
- flat 납작한, 평평한
- basil 바질 (허브의 일종)
- represent 나타내다, 상징하다
- flag 기, 깃발
- copy 모방하다, 따라하다 (copy-copied-copied)
- origin 기원, 근원
- ingredient 재료, 성분
- recipe 요리법
- in honor of ~ ~에게 경의를 표하여
- royalty 왕족
- by accident 우연히
- century 세기 (100년의 기간)

정답 34. ③ 35. ①

Section 3 Writing Part

Part VIII
본문 78~79쪽

1. about   2. is   3. and
4. Where should I get off?
5 The woman is reading a book on the stairs.

1~3

> 잠을 자다가 침대에서 떨어질 것 같아 두려운가요? 만약 그렇다면 그것에 1. 대해 걱정하지 마세요. 당신의 뇌는 당신이 잘 때 당신을 안전하게 유지합니다. 당신의 뇌는 주변 환경을 익히 잘 인식하고 있어서 2. 당신에게 일어날 일에 대해 조심을 합니다. 예를 들어, 뇌는 당신의 침대가 얼마나 큰지 3. 그리고 얼마나 높은 지를 기억하고 있습니다.

1. it은 '침대에서 떨어지는 것'을 나타내므로 it에 대해 걱정하지 말라는 의미가 되도록 전치사 about을 넣습니다.

2. 주어가 Your brain으로 단수이고 aware of 와 연결되려면 be동사가 필요한데 시제는 전체적으로 현재형이므로 is가 됩니다.

3. 뇌가 당신을 안전하게 보호하기 위해서 기억하고 있는 것은 침대의 크기와 높이일 테니까 and로 연결하면 됩니다.

- be afraid of ~ ~을 두려워하다
- fall out of ~ ~에서 떨어지다
- worry about ~ ~에 대해 걱정하다
- keep ~ safe ~을 안전하게 유지하다
- be aware of ~ ~을 알다, 알아차리다
- surroundings 환경

정답 1. about 2. is 3. and

4

A: 안녕, Angie.
B: 안녕, Tim. 어디에 가는 중이니?
A: 시립 도서관에 가는 중이야. 내가 어느 버스를 타야 하는지 아니?
B: 여기서 4421번 버스를 타.
A: 아, 알겠어. 내가 어디에서 내려야 하지?
B: Central Park 역에서 내려.

B의 마지막 말에서 Central Park 역에서 내리라고 하고 있으므로 A는 어디에서 내려야 하는지 물었을 것입니다. 의문사 Where로 시작해서 '해야 한다'의 조동사 should를 쓴 뒤, 주어 you 다음에 동사원형으로 '내리다'의 뜻인 get off를 씁니다.
'get off'는 버스나 지하철에서 내릴 때 쓰는 표현이고 택시나 자동차에서 내릴 때는 'get out'을 사용합니다.

- station (기차) 역
- get off (버스, 지하철 등에서) 내리다

정답 Where should I get off?

5

여자가 계단에서 책을 읽고 있다.

주어는 The woman이고 동사는 현재진행형으로 is reading을 씁니다. 목적어 a book을 동사 뒤에 넣고 마지막에 '계단에서'라는 뜻의 'on the stairs'를 넣습니다.

- stair 계단

정답 The woman is reading a book on the stairs.

실전모의고사 2

② 소년은 그의 공책에 메모를 하고 있다.
③ 사람들 모두가 자신의 컴퓨터를 사용하고 있다.
④ 사람들 모두가 하나의 노트북 컴퓨터를 보고 있다.

하나의 노트북 컴퓨터가 있는데 세 사람 모두 이 노트북 화면을 보고 있습니다.

• notebook 공책
• laptop computer 노트북 컴퓨터

정답 ④

Section 1 Listening Part

Part I
본문 82~83쪽

1. ③ 2. ③ 3. ④ 4. ② 5. ②

4 Script

① There is a lamp on the wall.
② There is a window behind the couch.
③ There is a round table in the middle of the room.
④ All of the couches are the same size and shape.

① 벽에 전등이 하나 걸려 있다.
② 소파 뒤에 창문이 하나 있다.
③ 방 중앙에 둥근 테이블이 하나 있다.
④ 모든 소파들의 모양과 크기가 같다.

① 전등은 모두 두 개로 소파 옆에 세워져 있습니다. ③ 방 중앙에 있는 테이블은 네모난 모양이고 ④ 오른쪽에 보이는 소파는 크기가 작습니다.

• round 둥근
• shape 모양

정답 ②

1 Script

① The girl is brushing her hair.
② The girl is picking up a comb.
③ The girl is holding a hair dryer.
④ The girl is singing into a microphone.

① 소녀는 자기의 머리를 빗고 있다.
② 소녀는 빗을 집어 들고 있다.
③ 소녀는 헤어드라이어를 들고 있다.
④ 소녀는 마이크에 대고 노래를 부르고 있다.

소녀가 오른손으로 헤어드라이어를 들고 자신의 머리를 말리고 있는 모습입니다.

• brush 머리를 빗다
• pick up 집다, 집어 들다
• sing into a microphone 마이크에 대고 노래부르다

정답 ③

5 Script

① The woman is setting up the tent.
② The family is camping together.
③ The man is drinking a cup of water.
④ The children are sleeping in the tent.

① 여자는 텐트를 치고 있다.
② 가족은 함께 캠핑을 하고 있다.
③ 남자는 물 한 컵을 마시고 있다.
④ 아이들은 텐트 안에서 자고 있다.

일가족이 야외의 텐트 안과 그 앞에 앉아서 이야기하며 즐거운 시간을 보내고 있는 모습입니다. 컵을 들고 있는 사람은 엄마와 아들입니다.

• set up (장비를) 세우다, 설치하다
• camp 야영하다

정답 ②

2 Script

① The man and woman are drying clothes.
② The man and woman are carrying a box.
③ The man and woman are packing a suitcase.
④ The man and woman are exercising their legs.

① 남자와 여자는 옷을 말리고 있다.
② 남자와 여자는 상자를 나르고 있다.
③ 남자와 여자는 여행 가방에 짐을 싸고 있다.
④ 남자와 여자는 그들의 다리를 움직이고 있다.

남자와 여자가 여행 가방에 짐을 다소 무리하게 넣고 지퍼를 채우고 있는 모습입니다.

• dry 말리다; 마른
• clothes 옷
• pack 짐을 싸다
• suitcase 여행 가방
• exercise (손, 발을) 움직이다

정답 ③

Part II
본문 84쪽

6. ③ 7. ② 8. ② 9. ② 10. ③

6 Script

M: Hi. I'm new at this office.
W: Is this your first day?
M: Yes. I am not familiar with the copy machine here. I pressed the start button and nothing happened.
W: Did you enter the number of copies you wanted?
M: No, I didn't.
W: You need to enter the amount of copies first.

남자: 안녕하세요. 나는 이 사무실에 새로 왔어요.
여자: 이번이 당신의 첫 날인가요?
남자: 예. 저는 여기 복사기에 익숙하지 않습니다. 시작 버튼을 눌렀는데 아무런 일도 일어나지 않았어요.

3 Script

① Two girls are holding their notebooks.
② The boy is writing a memo in his notebook.
③ All of the people are using their own computers.
④ All of the people are looking at a laptop computer.

① 두 소녀는 그들의 공책을 들고 있다.

여자: 당신이 원하는 복사 매수 버튼을 입력하셨나요?
남자: 아니요, 그러지 않았어요.
여자: 당신은 먼저 복사할 분량을 입력해야 해요.

① 복사기를 고쳐 줄 수리공에게 전화할게요.
② 복사기가 고장난 것이 틀림없어요.
③ 당신은 먼저 복사할 분량을 입력해야 해요.
④ 복사기는 많은 매수를 복사할 수 있어요.

여자가 원하는 복사 매수를 입력했는지 묻자 남자는 그러지 않았다고 대답했으므로 복사기를 제대로 사용하지 않은 것임을 알 수 있습니다.
enter는 '(필요한 사항을) 입력하다'의 뜻입니다.

• new 새로 온, ~가 처음인
• office 사무실
• be familiar with ~ ~에 익숙해[친숙해] 있는
• copy machine 복사기
• enter (필요한 사항을) 입력하다
• the number of ~ ~의 수

 ③

 7 Script

W: I received a dinner invitation from Eric.
M: Me, too. Do you know what we are invited for?
W: It is for his science class award ceremony.
M: That is wonderful. Eric is smart.
W: I know. It is going to be a very important dinner for him. How should we dress?
M: We should wear formal clothes.

여자: 나 Eric에게서 저녁 초대 받았어.
남자: 나도 그랬어. 우리가 무엇 때문에 초대를 받았는지 아니?
여자: 이것은 그의 과학반 시상식을 위한 거야.
남자: 멋있네. Eric은 똑똑하니까.
여자: 나도 알지. 그에게는 아주 중요한 저녁 식사가 될 거야. 우리가 뭘 입어야 하지?
남자: 우리는 격식을 갖춘 옷을 입어야 해.

① 우리는 거기에 일찍 가야 해.
② 우리는 격식을 갖춘 옷을 입어야 해.
③ 멋진 저녁 식사가 될 거야.
④ 그의 부모님 두 분 다 거기에 오실 거야.

여자가 어떤 옷을 입을지를 고민하고 있으므로 formal clothes(격식을 갖춘 옷)을 입어야 한다는 대답이 적절합니다.

• receive 받다, 받아들이다
• award ceremony 시상식
• smart 똑똑한, 영리한
• dress (특정한 유형의) 옷차림을 하다; 옷을 입다
• formal 격식을 갖춘, 공식적인
• clothes 옷 (cf. cloth 천)

 ②

8 Script

M: Hello, Annie. How was your trip to Spain?
W: It was such a wonderful experience.
M: I'm so glad to hear that. I am thinking of going there next year.
W: You should do it. You will learn a lot and will meet many new people.
M: How could you talk with people there?
W: A few friends helped translate for me.

남자: 안녕, Annie. 스페인 여행 어땠어?
여자: 정말 멋진 경험이었어.
남자: 그 말을 들으니 반갑네. 나는 내년에 거기에 갈까 생각 중이야.
여자: 너 가야 해. 너는 많은 것을 배우고 새로운 사람들도 많이 만날 거야.

남자: 거기서 사람들과 어떻게 대화가 가능했니?
여자: 친구 몇 명이 나를 위해 통역을 도와 줬어.

① 나는 그들과 아주 멋진 시간을 보내고 있었어.
② 친구 몇 명이 나를 위해 통역을 도와 줬어.
③ 너는 내가 그랬던 것처럼 새로운 친구들을 많이 만날 거야.
④ 나는 거기에서 그 해 동안 아주 많은 것을 배웠어.

translate는 '통역하다, 번역하다'의 뜻입니다. 의사소통과 관련해 자주 사용되는 단어입니다.

• such a wonderful experience   아주 멋진 경험
• think of ~ing   ~을 할까 생각하다
• next year   내년에
• a few   몇몇의
• translate   통역하다, 번역하다

 ②

 9 Script

W: When did you get a new puppy?
M: I got him as a gift for my birthday.
W: He is such an adorable gift.
M: Thank you. Do you know anybody who can take care of my puppy next week?
W: Oh, for your vacation! I will try to find someone for you.
M: Thank you. I will look for someone, too.

여자: 너 언제 새 강아지가 생겼니?
남자: 나는 그 강아지를 내 생일 선물로 받았어.
여자: 그 강아지는 정말 사랑스러운 선물이구나.
남자: 고마워. 다음 주에 내 강아지를 돌봐 줄 수 있는 사람 없을까?
여자: 오, 너의 휴가 때문에! 너를 위해 누군가를 찾아 볼게.
남자: 고마워. 나도 누군가를 찾아 볼게.

① 네 친구의 집 크기가 얼마나 되니?
② 고마워. 나도 누군가를 찾아 볼게.
③ 너는 휴가 때 어디로 갈 예정이니?
④ 알았어. 나중에 그 강아지를 돌봐 달라고 너에게 부탁할게.

대화 중에 등장하는 him은 사람이 아니고 숫강아지를 가리키는 것에 유의하기 바랍니다. 수놈은 he로, 암놈은 she로 표현할 수 있습니다.

• as ~로서
• adorable (동물 등이) 사랑스러운, 귀여운

 ②

 10 Script

W: Look at your bookshelf. You should clean up.
M: I know. I didn't have time to clean up.
W: I will help you organize your books.
M: Thank you. But I don't know where to start.
W: Let's start by putting the books in alphabetical order by title.
M: That's a good idea.

여자: 너의 책꽂이를 좀 봐. 청소 좀 해야지.
남자: 알아요. 청소할 시간이 없었어요.
여자: 책 정리하는 것을 내가 도와줄게.
남자: 고마워요. 하지만 어디에서 시작해야 할지를 모르겠어요.
여자: 책을 제목별로 알파벳 순으로 두는 것으로 시작하자.
남자: 그거 좋은 생각이네요.

① 내 대신 그것을 청소해 주세요.
② 나는 정돈을 잘하는 사람이 아니에요.
③ 그거 좋은 생각이네요.
④ 나는 제목을 거의 기억할 수 없어요.

책 정리를 도와 주려는 사람이 알파벳 순으로 배열하자고 했습니다. 다른 의견을 내거나 아니면 좋은 생각이라며 받아들였을 것입니다.

- bookshelf 책꽂이
- have time to ~ ~할 시간이 있다
- organize 정리하다, 체계화하다
- in alphabetical order 알파벳순으로
- by title 제목에 의해, 제목을 기준으로

(정답) ③

Part Ⅲ			본문 85~86쪽	
11. ④	12. ③	13. ②	14. ③	15. ②
16. ①	17. ③	18. ①	19. ④	20. ④
21. ③	22. ②	23. ②	24. ④	

11 Script

W: You don't look too well.
M: I think it is just a cold. I will be fine, Ms. Wilson.
W: You need to get some rest.
M: I don't want to miss your class.
W: You should go to the nurse's office. I'll give you the lecture materials later.
M: Thank you. I will rest there.

여자: 너 안색이 별로 좋아보이지 않네.
남자: 그저 감기 증상인 것 같아요. 괜찮아질 거예요, Wilson 선생님.
여자: 너 좀 쉬어야겠는데.
남자: 선생님의 수업을 빠지고 싶지 않아요.
여자: 보건실에 가는 게 좋겠다. 강의 자료는 나중에 너에게 줄게.
남자: 감사합니다. 거기서 쉴게요.

Q. 남자와 대화를 나누고 있는 사람으로 가장 알맞은 것은?
① 간호사　　　② 의사　　　③ 어머니　　　④ 선생님

여자의 마지막 말에 힌트가 있습니다. '보건실(nurse's office)'과 '강의 자료(lecture material)'라는 표현으로 보아 학교에서 선생님과 나눈 대화입니다.

- miss (수업에) 결석하다
- nurse's office 보건실, 양호실
- lecture material 강의 자료
- rest 쉬다; 휴식

(정답) ④

12 Script

M: There's something in the basement!
W: Is there something wrong?
M: I just saw a really big mouse. Look there! It's right under the washing machine.
W: Oh, I see it. That's not a mouse. That is a possum. They just look like a mouse.
M: How can you tell?
W: I volunteered at the zoo. I worked with zookeepers. I learned a lot about animals from them.

남자: 지하실에 뭔가가 있어!
여자: 뭔가 이상한 것이 있니?
남자: 방금 정말 큰 쥐를 보았어. 저기를 봐! 세탁기 바로 밑에 있어.
여자: 오, 보인다. 저건 쥐가 아니야. 저것은 주머니쥐야. 꼭 쥐같이 보이지.
남자: 너는 어떻게 구별할 수 있니?
여자: 나는 동물원에서 자원봉사로 일을 했어. 동물원 사육사들과 같이 일했지. 그들로부터 동물에 대해 많이 배웠어.

Q. 여자에게 동물에 대해 가르쳐 준 사람은 누구인가?
① 남자　　　　　　　② 그녀의 아버지
③ 동물원 사육사들　　　④ 학교 선생님들

여자는 마지막 말에서 자원봉사로 동물원 사육사들(zookeepers)과 같이 일할 때 그들에게서 배웠다고 말하고 있습니다.

- basement 지하실
- washing machine 세탁기
- possum 주머니쥐
- look like ~ ~ 처럼 보이다
- tell 구별하다, 분간하다
- volunteer 자원봉사로 일하다; 자원봉사자
- zookeeper 동물원 사육사

(정답) ③

13 Script

W: I cannot start packing for the camp yet. I still have to buy something.
M: What do you need? I might have them.
W: I need a flashlight and a water bottle.
M: I have a flashlight and also I have a lot of water bottles you can use.
W: Thank you. I can get ready now.
M: Be sure to pack enough clothes for a week!

여자: 나는 아직 캠프 짐 싸는 것을 시작하지 못하겠어. 아직도 뭔가를 사야 해.
남자: 필요한 게 뭔데? 나한테 있을지도 몰라.
여자: 손전등과 물병이 필요해.
남자: 나한테 손전등이 하나 있고 네가 사용할 수 있는 물병도 많아.
여자: 고마워. 이제 준비를 할 수 있겠네.
남자: 일 주일 동안 입을 충분한 옷을 꼭 싸도록 해.

Q. 여자는 대화 후 바로 무엇을 할까?
① 자기 옷을 세탁한다　　　② 캠프 짐을 싼다
③ 캠핑 물품을 산다　　　　④ 캠핑 여행을 간다

여자는 사야 할 것이 있어서 짐을 못 쌌는데 남자에게 있는 것을 쓰기로 해서 이제 짐을 쌀 수 있게 되었다고 말합니다. (Thank you. I can get ready now.)

- pack 짐을 싸다
- yet 아직
- might ~일지도 모른다
- flashlight 손전등
- bottle 병
- get ready 준비하다
- Be sure to ~ 반드시 [꼭] ~ 해라

(정답) ②

14 Script

M: I need to return my airplane ticket to New York.
W: I'm sorry. We cannot refund all your money back. What is the reason for your return?
M: I will not be able to go on my vacation anymore.
W: Okay. Your ticket was $300 but only $200 will be refunded back to you.
M: That's fine. Then will I get $200 back?
W: No, there will be a cancellation fee of $50, also.

남자: 이 뉴욕행 항공권을 반납해야겠습니다.
여자: 죄송합니다. 우리는 금액 모두를 환불해 드릴 수는 없습니다. 반납하시려는 이유가 뭔가요?
남자: 나는 더 이상 휴가를 갈 수 없을 것 같아요.
여자: 알겠습니다. 항공권이 300달러였지만 200달러만 당신에게 환불될 겁니다.
남자: 좋습니다. 그럼 내가 200달러를 돌려 받는 거죠?
여자: 아니요, 50달러 취소 수수료도 있을 거예요.

Q. 남자는 얼마의 돈을 잃게 될까?
① 50달러　　　② 100달러　　　③ 150달러　　　④ 300달러

300달러짜리 항공권에서 200달러를 환불받는 줄 알았는데 취소 수수료가 50달러 추가됩니다.

- airplane ticket   항공권
- refund back   환불해 주다
- reason   이유
- not ~ anymore   더 이상 ~ 아닌
- be able to ~   ~ 할 수 있다
- go on vacation   휴가를 가다
- get back   돌려 받다, 되찾다
- cancellation   취소
- fee   수수료

정답 ③

15 Script

W: I wasn't able to respond to my email this morning.
M: Me, neither. I had trouble connecting to the Internet.
W: Our school network is probably not working.
M: That would explain our connection problems.
W: Yes. I hope it works soon. I really need to respond to my email by tonight.
M: We should check to see if the Internet is back again.

여자: 나는 오늘 아침 이메일에 답장을 할 수가 없었어.
남자: 나도 그랬어. 인터넷에 접속하는 데 문제가 있었어.
여자: 우리 학교 네크워크가 아마도 작동이 안되나봐.
남자: 그게 우리가 접속이 잘 안되는 이유가 되겠구나.
여자: 응. 곧 작동이 되었으면 좋겠어. 나는 정말 오늘 밤까지는 이메일에 답장을 해야 하거든.
남자: 인터넷이 다시 살아났는지 확인해 봐야겠어.

Q. 남자와 여자는 주로 무엇에 대해 이야기하고 있는가?
① 끝내야 할 일   ② 인터넷 문제
③ 그들이 받은 이메일   ④ 이메일을 보내는 것의 어려움

남자의 첫 번째 말(Me, neither.)은 부정문에 대해 "나 역시 그렇지 않아."라고 말할 때 쓰는 표현입니다. 반면 "Me, too."는 긍정문에 대해 "나 역시 그래."라고 말하는 표현입니다.

- respond   답장을 보내다
- Me, neither.   나도 역시 그렇지 않아.
- have trouble ~ing   ~ 하는 데에 어려움이 있다
- connect to the Internet   인터넷에 접속하다
- probably   아마도
- work   (기계가) 작동하다
- by tonight   오늘 밤까지는

정답 ②

16 Script

M: Sorry, I wasn't able to play basketball with you last weekend.
W: That's alright. What did you do last weekend?
M: I had to babysit my younger brother.
W: Were your parents busy last weekend?
M: My parents went out of town for a few days for a business trip.
W: That was very responsible of you.

남자: 미안해, 나는 지난 주말에 너랑 같이 농구를 할 수 없었어.
여자: 괜찮아. 지난 주말에 뭘 했니?
남자: 내 어린 남동생 아기를 봐야 했지.
여자: 너의 부모님들은 지난 주말에 바쁘셨니?
남자: 우리 부모님들은 며칠 동안 출장으로 우리 마을에 계시지 않았어.
여자: 너는 아주 책임감이 강한 모습을 보여 주었구나.

Q. 남자가 지난 주말에 한 일은 무엇인가?
① 남동생 돌보기   ② 출장가기
③ 여자와 함께 농구하기   ④ 남동생과 함께 농구하기

사과에 대한 답례의 표현은 여자의 말처럼 That's alright [all right, OK] 외에도 No problem. 이나 These things happen. 등의 표현도 쓸 수 있습니다.

- last weekend   지난 주말에
- babysit   아기를 돌보다
- go out of town   (출장 등으로) 도시를 떠나다
- business trip   출장
- responsible   책임감이 있는; 책임이 있는

정답 ①

17 Script

W: Will you be coming to watch my music performance today?
M: Of course. What time is your performance?
W: I start right after Emma. She starts at 6 o'clock.
M: How long is each performance?
W: Each person will play for 15 minutes.
M: Sounds good. I will be there when it is your turn!

여자: 오늘 내 음악 연주 때 보러 올래?
남자: 물론이지. 너의 공연이 몇 시야?
여자: Emma 바로 다음에 시작해. 그녀는 6시에 시작하지.
남자: 각 공연들이 얼마나 소요되니?
여자: 각각 15분 동안 연주할 예정이야.
남자: 좋았어. 너 차례가 되면 갈게!

Q 남자는 몇 시에 여자의 공연에 갈까?
① 5시 45분에   ② 6시에
③ 6시 15분에   ④ 6시 30분에

각자 15분 동안 연주를 하는데 6시에 시작하는 Emma 바로 다음에 하므로 여자는 6시 15분에 연주하게 됩니다.

- music performance   음악 연주, 음악 공연
- what time   몇 시에
- right after ~   ~ 바로 다음에
- turn   차례, 순번

정답 ③

18 Script

M: I need to make a call to the Republic of Korea.
W: Do you know how to do it?
M: I don't know.
W: First of all, you would need to dial 011 before entering the country code.
M: Okay. What is the country code?
W: The country code is 82 for the Republic of Korea.

남자: 나는 대한민국으로 전화를 해야 해.
여자: 너 어떻게 거는지 아니?
남자: 모르겠어.
여자: 우선, 국가번호를 넣기 전에 011을 눌러야 할 거야.
남자: 알겠어. 국가번호가 어떻게 되는데?
여자: 대한민국의 국가번호는 82야.

Q. 남자가 하려고 하는 일은 무엇인가?
① 한국으로 국제전화 걸기
② 한국으로 예전에 건 전화에 대해 문의하기
③ 교환원에게 국가번호를 눌러 달라고 부탁하기
④ 한국에서 다른 나라로 전화하기

남자의 첫 번째 말에서 나왔듯 남자는 한국으로 국제 전화를 걸어야 하는데 그 방법을 몰라서 여자가 가르쳐 주고 있습니다. 나라마다 국가번호(country code)가 있다는 것도 알려 주고 있습니다.

- make a call to ~   ~로 전화하다
- how to do ~   ~ 하는 방법
- first of all   무엇보다 먼저
- dial   (누르거나 돌려) 전화를 걸다

- country code 국가번호
- international 국제적인
- previous 예전의, 이전의

정답 ①

19 Script

W: Can I talk to your brother?
M: He is taking a nap. He stayed up late to finish reading his new book.
W: When do you think he will wake up?
M: He should wake up soon. Do you need something from him?
W: We're supposed to go to the bookstore together but I don't want him to wake up.
M: Good. I will give him the message.

여자: 너의 형과 이야기 좀 할 수 있을까?
남자: 그는 낮잠을 자고 있어. 새 책 읽는 것을 끝내느라고 밤 늦게까지 자지 않고 있었지.
여자: 그가 언제 잠에서 깰 거 같니?
남자: 곧 일어날 거야. 그에게서 뭔가 필요한 게 있니?
여자: 우리가 책방에 같이 가기로 했는데 그를 깨우고 싶지 않아서.
남자: 알았어. 그에게 메시지를 전해 줄게.

Q. 남자는 다음에 어떤 일을 할까?
① 낮잠을 잔다
② 새 책을 읽는다
③ 서점에 간다
④ 그의 형에게 여자가 찾아온 것을 말한다

여자의 두 번째 말(When do you think he will wake up?)은 "When will he wake up?"에 "do you think"가 삽입이 되어 "너는 그가 언제 일어날 거라고 생각하니?"의 의미를 나타냅니다.

- take a nap 낮잠 자다 (= nap)
- stay up late 늦게까지 자지 않고 있다
- wake up 잠에서 깨다; 깨우다
- be supposed to + 동사원형 ~하기로 되어 있다

정답 ④

20 Script

M: Hi! Welcome to Joe's restaurant.
W: Hello. I called yesterday to make a reservation.
M: Oh, yes. You must be Jane. Your table for 9 is ready for you. Is everyone here?
W: No. I am the first one here.
M: Okay. Here's your table. Would you like to order now?
W: I will wait for everyone to come.

남자: 안녕하세요! Joe's restaurant에 오신 것을 환영합니다.
여자: 안녕하세요. 어제 예약 전화를 했는데요.
남자: 아, 네. Jane씨군요. 당신이 예약하신 아홉 명이 쓰실 테이블이 준비되어 있어요. 모두 다 오셨나요?
여자: 아니요. 내가 여기에 온 첫 번째 사람이에요.
남자: 알겠습니다. 여기에 테이블이 있습니다. 지금 주문하시겠습니까?
여자: 모두 다 올 때까지 기다릴게요.

Q. 여자는 대화 후에 어떤 일을 하게 될까?
① 친구에게 전화한다   ② 상을 차린다
③ 예약을 한다   ④ 일행이 도착하기를 기다린다

남자의 두 번째 말에 쓰인 "You must be Jane."은 "당신이 Jane씨군요."의 뜻으로 상대가 누구인지 확인할 때 관용적으로 쓰는 표현입니다.

- make a reservation 예약하다
- order 주문하다
- company 일행; 일단
- arrive 도착하다

정답 ④

21 Script

W: I heard your sister is looking for a job. How is she doing?
M: She is very busy. She goes to job interviews a few times a week now.
W: I hope she will find the job soon. Do you know if she can come to my birthday party on Thursday night?
M: Yes. I will go with her. We might be late because she has a job interview.
W: That is fine. I am glad she can make it.
M: Okay. See you on Thursday.

여자: 너의 여동생이 직장을 구하고 있다고 들었어. 여동생이 어떻게 지내니?
남자: 아주 바빠. 요즘 일 주일에 몇 번 면접을 보러 가고 있어.
여자: 여동생이 곧 직장을 얻길 바라. 너 목요일 밤에 여동생이 내 생일파티에 올 수 있을지 아니?
남자: 응. 나는 동생과 같이 갈 거야. 동생이 면접이 있어서 우리가 늦을지도 몰라.
여자: 괜찮아. 너의 여동생이 올 수 있다니 기쁘다.
남자: 알겠어. 목요일에 보자.

Q. 대화의 내용과 일치하는 것은?
① 여자의 파티는 화요일에 있다.
② 남자는 파티에 혼자 갈 예정이다.
③ 남자의 여동생은 현재 직업이 없다.
④ 남자의 여동생은 파티에 갈 수 없다.

① 여자의 파티는 목요일에 있습니다. ②, ④ 남자는 여동생과 같이 파티에 갈 예정입니다. ③ 구직 면접이 많아 바쁠 뿐 아직 직장을 구한 것은 아니므로 맞는 내용입니다.

- How is she doing? 그녀가 어떻게 지내니?
- job interview 구직 면접
- make it 시간에 맞춰 오다
- alone 혼자
- currently 현재
- hired 고용된

정답 ③

22 Script

M: Would you like to get ice cream?
W: Sure, it sounds perfect for the summer night. Can I bring my little brother too?
M: Of course. My sister will be there, too. Let's go.
W: Okay. I will tell him to meet us there. Where is the store?
M: There is an ice cream shop down the street.
W: Okay. That should be easy for him to find.

남자: 아이스크림 좀 먹겠니?
여자: 응, 여름밤에 아이스크림이면 최고지. 내 남동생도 데리고 가도 될까?
남자: 물론이지. 내 여동생도 거기에 올 거야. 가자.
여자: 좋아. 내 남동생에게 거기서 우리와 만나자고 해야겠다. 가게가 어디지?
남자: 길 아래쪽에 아이스크림 가게가 하나 있어.
여자: 알겠어. 내 동생이 찾기 쉽겠네.

Q 아이스크림을 먹으러 갈 사람은 몇 명인가?
① 3명   ② 4명   ③ 5명   ④ 6명

남자가 아이스크림을 먹자고 제안하자 여자가 환영하면서 남동생도 데리고 가겠다고 합니다. 남자 역시 자기 여동생도 올 거라고 하고 있으니 모두 네 명이 갈 예정입니다.

- get 먹다, 사다
- should ~일 것이다

정답 ②

Script

W: Hello. I am looking for a weekend job during the summer.
M: Sorry but we are looking for someone who can work on weekdays.
W: When would you hire someone to work on weekends?
M: Next month in July, the weekend hours will be available.
W: Okay. Can you contact me when the job is available?
M: Sure. Please leave your name and number so we can call you.

여자: 안녕하세요. 저는 여름 동안에 주말에 할 일을 찾고 있어요.
남자: 죄송한데 우리는 평일에 일할 수 있는 사람을 찾는데요.
여자: 주말에 일할 사람은 어제 채용하시나요?
남자: 다음달 7월에 주말 시간이 가능할 거예요.
여자: 알겠습니다. 가능해지면 저한테 연락 주시겠어요?
남자: 물론이죠. 전화드릴 수 있게 이름과 주소 남겨 놓으세요.

Q. 남자는 일자리를 위해 여자에게 언제 연락을 하게 될까?
① 내년　　　　② 다음 달　　　③ 다음 여름　　　④ 다음 주말

남자가 "Next month in July, ~."라고 말한 것에서 답을 바로 찾을 수 있습니다.

• someone   누군가, 어떤 사람
• on weekdays   평일에
• hire   고용하다, 채용하다
• on weekends   주말에
• available   구할 수 있는, 이용할 수 있는
• contact   ~에게 연락하다

정답 ②

24 Script

M: Do you want to come to the store with me?
W: Sure. What do you need to buy?
M: I need two notebooks for my two different classes.
W: The small notebooks are 3 dollars each.
M: Oh no. I only have 5 dollars.
W: They sell one big notebook for 5 dollars. It comes with a divider so you can use it for both classes.

남자: 너 나와 함께 가게에 갈래?
여자: 응. 뭘 사야 하는데?
남자: 두 개의 다른 수업에 쓸 공책 두 권이 필요해.
여자: 작은 공책은 한 권에 3달러야.
남자: 아 저런. 나는 5달러밖에 없는데.
여자: 큰 공책은 한 권에 5달러에 팔아. 그것은 두 개의 수업에 다 쓸 수 있도록 분할기가 달려 있어.

Q. 여자는 공책에 대해 남자에게 어떻게 하도록 제안하고 있는가?
① 큰 공책 두 권을 사라
② 작은 공책 두 권을 사라
③ 작은 공책을 한 권만 사라
④ 분할기가 달린 큰 공책을 한 권만 사라

3달러짜리 두 권을 살 필요없이 분할기가 달린 5달러짜리 공책 한 권을 사도록 제안하고 있습니다.

• divider   분할기, 칸막이
• both   둘 다

정답 ④

Part IV				본문 87쪽
25. ③	26. ③	27. ④	28. ③	29. ④
30. ③				

25 Script

(M) This weekend, Suzie is participating in a baking contest. The winner will receive a $300 gift card. You must choose to bake either cookies or cakes for the contest. The contest will be held at Central Park at 10 in the morning. The judges will taste everyone's baked goods. The winner will be announced at noon. Good luck to you all!

이번 주말 Suzie는 굽기 경연대회에 참가할 예정입니다. 우승자는 300달러짜리 기프트 카드를 받게 될 것입니다. 여러분은 콘테스트에서 쿠키나 케이크 중 하나를 구워야 합니다. 대회는 Central Park에서 아침 10시에 열릴 예정입니다. 심사위원들은 참가자 전원이 구운 음식을 다 맛 볼 예정입니다. 우승자는 정오에 발표됩니다. 여러분 모두에게 행운을 빌겠습니다!

Q. 이 담화의 목적은 무엇인가?
① 기프트 카드 세일에 대해 알려 주려고
② 일자리를 공지하려고
③ 굽기 대회를 공지하려고
④ 쿠키와 케이크 굽는 방법을 가르쳐 주려고

쿠키나 케이크 중 하나를 구워야 하고 우승자는 300달러짜리 선물 카드를 받게 되는 굽기 경연 대회를 안내하고 있습니다.

• participate in ~   ~에 참가하다
• receive   ~을 받다
• gift card   기프트 카드 (상품권과 신용카드의 편리함을 합친 선불 카드)
• choose   고르다, 선택하다
• either A or B   A와 B 둘 중 하나
• be held   열리다, 개최되다
• judge   심사위원; 판사
• taste   맛보다; ~ 맛이 나다
• baked   구워진
• goods   제품, 상품
• Good luck to ~.   ~에게 행운이 있기를 빕니다.

정답 ③

26 Script

(W) The travel agency has two tour packages available for students to choose from during their summer vacation. The first option is a trip to the Grand Canyon. The trip to the Grand Canyon will be enjoyable. Students will see nearly two billion years of the Earth's geological history. The second option is a trip to Niagara Falls. This will also be an enjoyable trip. Niagara Falls has the most powerful waterfall in North America.

여행사에는 학생들이 여름 방학 동안 고를 수 있는 두 개의 여행 패키지 프로그램이 있습니다. 첫 번째 선택은 그랜드캐니언으로 가는 여행입니다. 그랜드캐니언으로 가는 여행은 즐거울 것입니다. 학생들은 거의 20억년에 해당하는 지구의 지질학 역사를 목격하게 될 것입니다. 두 번째 선택은 나이아가라 폭포로 가는 여행입니다. 이것 역시 즐거운 여행이 될 것입니다. 나이아가라 폭포는 북미 대륙에서 가장 강력한 폭포입니다.

Q. 말한 내용과 일치하지 않는 것은?
① 패키지 여행은 여름 휴가용이다.
② 학생들은 두 개의 여행 패키지 중 하나의 여행을 갈 수 있다.
③ 나이아가라 폭포는 세계에서 가장 강력한 폭포이다.
④ 그랜드캐니언은 지구의 역사에 대해 배울 수 있는 멋진 장소이다.

마지막 문장에서 나이아가라 폭포는 'the most powerful waterfall in North America'라고 소개되고 있으므로 ③이 틀린 내용입니다.

• travel agency   여행사
• tour package   패키지 여행
• option   선택, 선택권
• enjoyable   즐거운
• nearly   거의
• billion   10억
• geological   지질학의 (cf. geology 지질학)

- fall 폭포 (= waterfall)
- powerful 강력한

 정답 ③

 27 Script

(M) We will learn about spiders today. Most spiders are small. They are usually harmless to humans. The benefit of spiders is that they kill insects and keep the insect population low. Many people are scared of spiders. However, only one kind of spider in Sydney is harmful to humans. I will show you many pictures so that you can distinguish harmful spiders from harmless spiders.

우리는 오늘 거미에 대해 배워 보겠습니다. 대부분의 거미들은 작습니다. 그들은 대개 인간에게 해롭지 않습니다. 거미가 주는 이득은 그들이 곤충을 죽여서 곤충 개체수를 낮게 유지시켜준다는 것입니다. 많은 사람들은 거미를 무서워합니다. 하지만 시드니에 있는 오직 한 종류의 거미만 인간에게 해롭습니다. 나는 여러분이 해로운 거미와 해롭지 않은 거미를 구별할 수 있도록 많은 거미를 보여 주겠습니다.

Q. 말하는 사람은 이 다음에 주로 무엇에 대해 말을 할까?
① 작은 종의 거미들
② 두 종류의 해로운 거미들
③ 거미와 곤충의 개체수
④ 유해한 거미와 무해한 거미

마지막 문장에서 해로운 거미와 해롭지 않은 거미를 구별할 수 있게 많은 거미를 보여 주겠다고 했으므로 두 종류를 다 소개할 것입니다.

- spider 거미
- harmless 해를 끼치지 않는 (↔ harmful)
- human 인간; 인간의
- benefit 혜택, 이득
- insect 곤충
- keep ~ low ~을 낮게 유지하다
- population 개체수; 인구
- be scared of ~ ~을 무서워하다
- so that A can ~ A가 ~ 할 수 있도록
- distinguish A from B A와 B를 구별하다

정답 ④

 28 Script

(W) Hello students! I have important announcements to make. Please listen carefully. All female students must go to the student center after the class. We need your help to clean up the student center today. All male students must remain in the classroom. You will clean up your classroom after class. If you need to go home early for any reason, please talk to Mrs. Jones. Thank you!

여러분 안녕하세요! 알려 줄 중요한 내용이 있습니다. 잘 들어 주세요. 모든 여학생들은 수업 후 학생 센터에 가야 합니다. 우리는 오늘 학생 센터를 청소하기 위해 여러분의 도움이 필요합니다. 남학생들은 모두 교실에 남아 있어야 합니다. 남학생 여러분들은 수업이 끝나면 여러분의 교실을 청소하게 됩니다. 만약 어떤 이유로든 집에 일찍 가야 한다면 Jones 선생님께 이야기하세요. 감사합니다!

Q. 소녀들은 수업 후에 무엇을 해야 하는가?
① Jones 선생님한테 이야기한다
② 바닥을 청소한다
③ 학생 센터로 간다
④ 교실에 남아 있다

"All female students must go to the student center ~."에서 여학생들은 학생 센터로 가야 함을 알 수 있습니다.

- make an announcement 발표하다, 알리다
- female 여성의 (cf. male 남성의)
- class 수업; 학급
- clean up 청소하다, 치우다
- remain 남아 있다
- for any reason 어떤 이유로든

정답 ③

 정답 ③

 29 Script

(M) I have news on the weather for this weekend. There will be rain in the early morning to midday today and it will be warm and sunny from the afternoon through the remainder of the day. So you can still enjoy your sunny weekend outside. But be careful not to stay outside for more than two hours during the daytime to protect your skin from the sun.

이번 주말 날씨를 말씀드리겠습니다. 오늘 이른 아침부터 정오까지는 비가 오다가 오후부터는 내내 계속 따뜻하고 해가 나겠습니다. 그래서 여러분들은 여전히 야외에서 화창한 주말을 즐기실 수 있겠습니다. 하지만 태양으로부터 여러분의 피부를 보호하기 위해 낮 동안에 두 시간 이상은 바깥에 머물러 있지 않도록 주의하세요.

Q. 날씨 예보에 의하면 비가 언제 그칠 예정인가?
① 오전 4시
② 오전 8시
③ 오후 9시
④ 오후 12시

"There will be rain in the early morning to midday today ~"에서 비는 정오까지만 올 것으로 예상됩니다.

- midday 정오, 한낮
- through (~을 포함하여) ~때까지
- remainder 나머지, 잔여
- Be careful not to ~. ~ 하지 않도록 주의해라.
- daytime 낮시간
- protect 보호하다

정답 ④

30 Script

(W) Hong Kong International Airport is one of the best airports. Arriving passengers can conveniently access taxis, trains, buses, and transportation to major hotels from the airport. Hong Kong International Airport is operated by 60,000 workers who serve 44 million passengers annually. The airport is the world's 14th busiest and currently handles 3.5 million tons of cargo. It also regularly serves the Airbus 380, the world's biggest aircraft.

홍콩 국제공항은 최고의 공항 중 하나이다. 도착하는 승객들은 공항으로부터 주요 호텔까지 편안하게 택시, 기차, 버스 그리고 수송기관을 이용할 수 있다. 홍콩 국제공항은 6만 명의 근로자들에 의해 가동되고 있는데 이들은 4400만 명의 승객에게 서비스를 제공하고 있다. 이 공항은 세계에서 14번째로 붐비는 공항이며 현재 350만 톤의 화물을 처리하고 있다. 또한 이 공항에는 세계에서 가장 큰 항공기인 Airbus 380도 정기적으로 취항하고 있다.

Q. 홍콩 국제공항에 대한 내용으로 사실이 아닌 것은?
① Airbus 380 항공편을 취급한다.
② 6만 명의 근로자들에 의해 가동된다.
③ 연간 350만 명의 승객에게 서비스를 제공한다.
④ 최고의 그리고 가장 붐비는 공항 중의 하나이다.

"~ serve 44 million passengers annually"에서 연간 4400만 명의 승객에게 서비스를 제공한다는 것을 알 수 있습니다.

- passenger 승객
- conveniently 편안하게
- access 이용하다, 접근하다
- transportation 운송 기관
- major 주요한
- operate 가동시키다, 운용하다
- serve 서비스를 제공하다
- annually 매년, 해마다; 1년에 한 번
- handle 처리하다, 다루다
- cargo 화물

정답 ③

Section 2 Reading Part

Part V				본문 88~89쪽
1. ③	2. ③	3. ③	4. ①	5. ②
6. ④	7. ②	8. ②	9. ①	10. ①

학교에 있는 컴퓨터실들이 학생들에 의해 사용되고 있었다.

③ use → used
컴퓨터실은 학생들에 의해 사용되는 것이므로 수동태로 써야 합니다. 'be동사 + being + 과거분사'는 수동의 동작이 진행 중인 상황을 표현합니다(진행 수동). 과거에 진행중이던 수동 표현은 'was[were]+ being+과거분사'로 표현합니다(과거진행수동).

• lab 랩실 (= laboratory)

정답 ③

나는 내 아들이 첫 번째 연주에서 노래하는 것을 보며 초조했다.

③ sang → sing 또는 singing
지각동사 watch의 목적격보어로는 동사원형이나 현재분사가 올 수 있습니다. 현재분사를 쓰면 동작의 의미를 강조하게 됩니다.

• uneasy 불안한
• performance 공연

정답 ③

사람들이 업무를 유지하게 하는 것이 일을 시작하는 것보다 더 힘들 것 같다.

③ most → more
비교를 나타내는 접속사 than이 있으므로 비교급을 써야 합니다.

• survey 설문조사
• challenging 만만치 않은

정답 ③

만약 질문이 John에게 주어졌다면 그는 어제 해답을 찾았을 것이다.

① be → have
과거의 사실과 반대되는 가정을 하는 가정법 과거완료 구문입니다. "If 주어 had + 과거분사 ~, 주어 would have + 과거분사 … (만약 (과거에) ~했다면, (과거에) … 했을 것이다)".

• find 찾다 (find-found-found)
• solution 해답, 해결책

정답 ①

쿠키는 매우 부서지기 쉬우니 조심스럽게 다루어져야 한다.

② delicately → delicate
주어 Cookies에 대한 보어로 형용사가 와야 합니다. delicately는 부사이므로 be동사 뒤에서 보어 역할을 하지 못합니다. 반면 ④의 부사carefully는 동사 handled를 수식해야 하므로 정확하게 쓰인 표현입니다.

• delicate 연약한, 깨지기 쉬운

정답 ②

그 레스토랑은 맛있는 후식 페이지를 포함하여 새로운 메뉴판을 디자인했다. including은 '~을 포함하여'라는 의미로 쓰입니다.

• design 디자인하다; 고안하다
• menu 메뉴판, 메뉴
• delicious 맛있는
• dessert 후식 (cf. desert 사막)

정답 ④

Dan은 지난 주 감기에 걸린 이후 피아노 연주를 연습할 기회를 갖지 못했다. since는 '~ 이래로'의 뜻이고 그때부터 지금까지 계속되고 있는 상황이나 동작을 나타낼 때 현재완료 표현(have[has]+과거완료)을 씁니다.

• chance 기회; 가능성
• practice ~ing ~하는 것을 연습하다
• catch a cold 감기에 걸리다 (= have a cold) (catch-caught-caught)

정답 ②

Emma는 오후에 비가 올지 모른다는 날씨 예보가 있었기 때문에 우산을 갖고 왔다.

① 아마도　　　② 가능한
③ 가능성, 가능　　　④ 현실적 개혁주의자

rain은 'there may be ~ (~가 있을지도 모른다) 구문'의 주어로 명사이므로 이 앞에는 명사를 수식하는 형용사가 와야 합니다. possibly는 부사이므로 어법상 적절하지 않습니다.

• weatherman 날씨 예보자

정답 ②

태양 에너지는 초목이 자라도록 도와준다.

'help+ 목적어 + (to) 동사원형' 은 '목적어가 ~ 하도록 돕다'의 뜻입니다.

• plant 초목, 식물, 나무
• grow 자라다; 재배하다

정답 ①

위대한 여성 조종사 Amelia Earhart의 실종은 영원히 미스터리로 남을 것이다.

① 미스터리, 수수께끼　　　② 미스터리, 수수께끼
③ 불가사의한　　　④ 불가사의하게

빈칸 앞에 관사 a가 있으므로 명사의 단수형이 적절합니다. ②는 복수형이고 ③, ④ 는 각각 형용사, 부사입니다.

• disappearance 사라짐, 실종
• forever 영원히
• remain 남다

정답 ①

Part VI

본문 90~91쪽

11. ②	12. ③	13. ④	14. ④	15. ③
16. ①	17. ②	18. ④	19. ②	20. ④

그는 뒤뜰에서 목재 더미를 집어 들었다.

① 그물　　　　② 더미　　　　③ 지역　　　　④ 얇은 한 장

'pile'은 '(위로 차곡차곡 또는 수북하게 쌓아 놓은)더미'의 뜻으로 목재를 쌓아놓은 상황에 잘 어울리는 표현입니다.

• backyard　뒤뜰
• pick up　집다, 집어 들다

 ②

차갑고 젖은 눈 때문에 무거운 트럭은 질퍽한 길에 갇혔다.

① 마른, 건조한　　　　　　② 비단같은, 부드러운
③ 질퍽한, 진흙 투성이인　　④ 매끄러운

차갑고 젖은 눈 때문에 도로의 상황이 나빠졌을 것이고 무거운 트럭은 그 나빠진 길에 빠져 꼼짝을 못하고 있다면 어떻게 나빠져 있는 길인지 가장 적절한 표현을 고릅니다.

• wet　젖은
• stuck　~에 빠져 꼼짝 못하는
• road　길

 ③

도로표지는 운전자들이 더 쉽게 볼 수 있도록 두드러지게 밝다.

① 시끄럽게　　　　　② 천천히
③ 빨리　　　　　　　④ 두드러지게, 현저히

도로표지는 눈에 잘 띄게 하는 것이 가장 중요합니다. noticeably는 notice(공고문, 주목)와 관련이 있는 단어입니다.

• road sign　도로표지
• in order for A to ~　A가 ~ 할 수 있도록

 ④

한 묶음의 편지가 우편배달부에 의해 배달되었다.

① 머리; 책임자　　　② 깊이
③ 판자; 게시판　　　④ 묶음, 꾸러미

'a bundle of ~'는 '~의 한 묶음'의 뜻입니다.

• deliver　배달하다 (cf. delivery　배달)
• postman　우편배달부, 집배원

 ④

사장은 모든 종업원들이 회사 모임에 참여하도록 권장했다.

① (나쁜 짓을) 저질렀다; 약속했다　② 지명[임명]했다
③ 권장했다, 장려했다　　　　　　　④ 인정했다

'encourage A to ~'는 'A에게 ~하도록 장려[권장]하다'의 의미입니다. commit은 목적어로 재귀대명사를 쓰면 '~하기로 약속하다'의 뜻이 됩니다. (commit oneself to ~: ~하기로 약속하다). 이 문장은 목적어가 주어와 다르므로 적절하지 않습니다.

• boss　사장, 상사
• employee　종업원
• attend　(모임, 기념식 등에) 참석하다
• company　회사

 ③

긴장해 있을 시간이 없어. 너는 마음을 가라앉히고 그리고 무대 위로 공연을 하러 가야 해.

① 너의 마음을 가라앉히다　　② 너 자신을 비하하다
③ 너의 목소리를 낮추다　　　④ 너의 약속을 지키다

빈칸 앞 문장의 'nervous'가 힌트입니다. 긴장해 있을 시간이 없고 무대에 올라가야 하니 마음을 가라앉히는 것이 필요합니다.

• nervous　긴장하는, 초조해하는
• performance　공연
• stage　무대

 ①

모든 고객들은 제품들 중에서 그들에게 최고의 효과가 있는 한 개의 품목을 선택할 수 있다.

① 기다리다　　　　　② 선택하다, 고르다
③ 의존하다　　　　　④ 증가시키다

여러 제품 중 효과가 좋은 하나를 고객은 '선택할' 것입니다. 이 문장에서 that은 주격 관계대명사이고 선행사는 the products가 아니고 item임에 유의하기 바랍니다. 동사의 형태 works에서 선행사가 단수형임을 알 수 있습니다.

• work　(원하는) 효과가 있다
• product　제품

 ②

Jessica는 공부를 친구들과 같이 하기보다는 혼자서 한다.

① 하다　　　　　　　② 곧
③ 전혀 ~ 아닌　　　　④ ~ 보다는 (오히려)

rather는 than과 함께 쓰여 '~ 라기보다는'의 의미를 나타냅니다.

• by oneself　혼자서

 ④

19

Countryside College는 Inland Empire에서 가장 역동적이고 인종적으로 다양한 대학이다.

① 비어 있는　　② 다양한　　③ 다수의　　　④ 잘생긴

'역동적'이라는 말에서 다양하거나 다른 성격을 가진 것들이 부딪히고 또 조화를 이루면서 계속 변화하고 발전해가는 모습이 자연스럽게 떠오릅니다. 인종[민족]적으로 '다양할' 때 역동적인 모습이 나타나기 쉽습니다.

• countryside　시골 지역
• college　대학
• dynamic　역동적인, 활동적인
• ethnically　인종적으로, 민족적으로

정답 ②

두 형제가 일란성 쌍생아이긴 하지만 그들은 <u>극단적으로</u> 다른 성격을 갖고 있다.

① 부드럽게　　② 느리게　　③ 예상대로　　④ 극단적으로

although(비록 ~이긴 하지만)에서 힌트를 찾으세요. although는 뭔가 기대되는 내용과 다른 내용을 말하기 위해서 씁니다. 일란성 쌍생아라서 성격이 비슷하거나 달라도 조금만 다를 것으로 기대될 수도 있겠지만 그렇지 않다고 말하는 것입니다.

• identical twin　일란성 쌍생아
• personality　성격, 인격

정답 ④

Part Ⅶ				본문 92~99쪽
21. ④	22. ④	23. ③	24. ③	25. ①
26. ①	27. ④	28. ①	29. ④	30. ④
31. ②	32. ④	33. ①	34. ②	35. ③

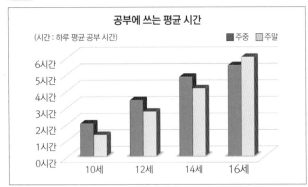

Q. 그래프의 내용과 일치하는 것은?
① 12세 학생들은 일주일에 평균 10시간 이상 공부한다.
② 공부에 쏟는 평균 시간은 학생들이 나이가 많아짐에 따라 감소한다.
③ 10세 학생들은 주말보다 주중에 공부를 덜 한다.
④ 16세 학생들은 주중보다 주말에 공부를 더 한다.

평균 공부 시간은 나이가 많아지면서 같이 증가하는데, 16세 학생들의 경우만 주중보다 주말에 공부를 더 많이 하고 나머지 10세, 12세, 14세 학생들은 주중에 공부하는 시간이 주말보다 많습니다.

• average　평균의, 평균적인
• weekday　평일, 주중 (월~금)
• weekend　주말
• decrease　줄다, 감소하다; 줄이다

정답 ④

10 달러
유효기간
2015년 12월 31일
당신이 드실 수 있는 모든 샐러드가 있습니다

Go Salad　　　LA Go Salad
　　　　　　 100 N. Los Angeles St.

집에서 식사 – 사 갖고 가세요
사가는 개수 제한: 1인당 2접시
783-3068

Q. 광고를 통해 알 수 있는 것은?
① 샐러드는 수프와 같이 나온다.
② 이 가게는 10종류가 넘는 샐러드를 팔고 있다.
③ 고객들은 한 번에 세 접시의 음식을 사 갈 수 있다.
④ 특별 혜택은 연말에 만료된다.

샐러드를 사 가지고 가서 (carry out) 집에서 먹는(dine in) 고객을 위한 광고입니다. ① 수프에 대한 언급은 없습니다 ② 샐러드가 많다는 광고는 하고 있지만 몇 종류인지는 알려 주고 있지 않습니다. ③ 2 plates per person에서 한 사람당 두 접시까지만 살 수 있음을 알 수 있습니다. ④ good until ~에서 연말까지만 유효한 것을 알 수 있으므로 정답은 ④번입니다.

• good　유효한
• dine in　집에서 식사하다
• carry out　음식을 사서 들고 가다
• restriction　제한, 제약
• expire　기간이 만료되다

정답 ④

수영장 규칙
수영장 이용 시간: 오전 9시 ~ 오후 6시
9세 미만은 성인 한 명 동반 필수 수영장에 유리컵 반입 금지 애완동물 금지 뛰어 다니거나 난폭한 놀이 금지

Q. 표지판의 내용과 일치하지 않는 것은?
① 수영장은 정해진 시간에만 개장한다.
② 수영장 주변을 뛰어 다녀서는 안 된다.
③ 성인이면 수영장으로 애완동물을 데리고 들어올 수 있다.
④ 나이가 9세보다 많으면 혼자 수영할 수 있다.

③ No pets allowed에서 애완동물은 무조건 데리고 들어올 수 없도록 규정하고 있음을 알 수 있습니다. ④ 9세 미만은 성인 한 명을 동반해야 하니까 9세가 넘은 사람은 혼자 와도 입장이 됩니다.

• under　나이가 ~ 미만인
• be accompanied by ~　~를 동반하다
• adult　어른, 성인
• allow　허락하다
• rough　거친, 난폭한
• alone　혼자, 홀로

정답 ③

발신: 국립 과학 아카데미 수신: Cindy Lee 주제: 결승전 출전 우승자
축하드립니다! 당신은 우리 과학 경연대회에 참가할 수 있도록 선정되셨습니다. 당신은 한 가지 과학 실험을 고안해 내셔야 합니다. 1등상 수상자는 장학금을 받게 됩니다. 참가를 확인해 주시기 위해 이 이메일에 답장해 주시기 바랍니다. 국립 과학 아카데미 드림

Q. 이 이메일에 대한 응답으로 가장 알맞은 것은?
① 저를 우승자로 확인해 주셔서 감사합니다.
② 장학금을 주셔서 감사합니다.
③ 예. 대회 참가에 관심이 있습니다.
④ 예. 결승전 출전자가 되기 위해서는 뭘 해야 하는지 알고 싶습니다.

결승전 출전자로 결정되어 결승전에 참가하겠는지를 알려 달라는 메일입니다. ③처럼 대회 참가 여부를 알려 주는 답장이 적절합니다.

• finalist 결승전 출전자
• compete in ~ ~(시합 등)에 참가하다
• scholarship 장학금
• respond 답장을 보내다
• confirm 확인하다
• participation 참가, 참여

정답 ③

25

가족 허드렛일		
	월~금	토~일
아버지	진공청소기로 집 청소	창문 청소
어머니	설거지	더러운 옷 빨래
Rachel	아침에 침대 정리	엄마 저녁 준비 돕기
David	쓰레기 버리기	잔디에 물 주기

Q. 다음 중 옳지 않은 것은?
① Rachel은 침대를 매일 아침 정돈한다.
② 아버지는 주말마다 창문을 청소한다.
③ David은 평일에 쓰레기를 내 놓는다.
④ 엄마와 Rachel은 주말마다 같이 저녁을 준비한다.

① Rachel은 평일에만 아침에 침대를 정리하고 주말에는 어머니의 저녁 준비를 돕습니다.

• chore (집과 주변의) 허드렛일, 잡일
• vacuum 진공청소기(로 청소하다)
• take out (쓰레기를) 내 놓다
• garbage 쓰레기
• laundry 세탁물 〈세탁한 것과 세탁할 것 모두를 가리킴〉
• throw away (필요없는 것을) 버리다

정답 ①

26

Maximilien Robespierre는 프랑스의 변호사였고 프랑스 대혁명의 지도적 인사 중의 한 명이 된 정치인이었다. 그는 '공포 정치'라고 알려진 것을 초래했다. Robespierre는 프랑스에서 왕국을 공격하고 정치적 개혁을 밀어 붙인 것으로 인기를 얻었다. 그의 영향력은 왕국을 종식시켰고 프랑스의 왕과 여왕을 쫓아냈다. 왕국이 무너지자 권력은 그에게로 갔다. Robespierre는 재빨리 독재자가 되었고 그는 1794년에 곧 전복되었다.

Q. Maximilien Robespierre가 오늘날 기억되는 이유는 무엇인가?
① 그는 프랑스의 왕정을 무너뜨렸다.
② 그는 프랑스의 첫 번째 대통령이었다.
③ 그는 프랑스를 영국과의 전쟁으로 이끌었다.
④ 그는 평화적 정권 교체를 불러 왔다.

Robespierre는 정치적 개혁을 추진해서 프랑스의 왕정을 무너뜨린 것은 역사적인 의미가 있는 일로 기억될 만한 일이라고 볼 수 있습니다. ② Robespierre가 권력을 잡았지만 대통령이었는지는 분명하지 않고 ③은 전혀 언급이 없으며 ④는 마지막 문장에서 독재자가 된 뒤 정부가 무너졌기 때문에 사실이 아닙니다.

• politician 정치인
• figure 인물
• French Revolution 프랑스 대혁명
• bring about 야기하다, 초래하다
• reign of terror (프랑스 혁명시 독재 정치가 지배했던) 공포 정치, 공포 시대
• push (정책 등을) 밀어 붙이다, 강력히 추진하다
• political 정치적인
• reform 개혁
• influence 영향력
• put an end to ~을 끝내다, 종식시키다
• dictator 독재자
• overthrow 전복시키다
• monarchy 왕정, 군주제
• peaceful 평화적인

정답 ①

27

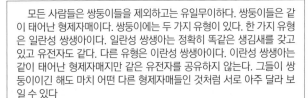
모든 사람들은 쌍둥이들을 제외하고는 유일무이하다. 쌍둥이들은 같이 태어난 형제자매이다. 쌍둥이에는 두 가지 유형이 있다. 한 가지 유형은 일란성 쌍생아이다. 일란성 쌍생아는 정확히 똑같은 생김새를 갖고 있고 유전자도 같다. 다른 유형은 이란성 쌍생아이다. 이란성 쌍생아는 같이 태어난 형제자매지만 같은 유전자를 공유하지 않는다. 그들이 쌍둥이긴 해도 마치 어떤 다른 형제자매들인 것처럼 서로 아주 달라 보일 수 있다

Q. 이 글의 제목으로 가장 알맞은 것은?
① 같이 태어난 형제자매들
② 쌍둥이로 태어난 유일무이한 개인들
③ 쌍둥이들에게서 발견된 비슷한 특징들
④ 두 가지 유형의 쌍둥이들 간의 차이점

쌍둥이의 두 가지 유형 identical twins(일란성 쌍생아)와 fraternal twins (이란성 쌍생아)를 소개하면서 일란성 쌍생아는 생김새와 유전자가 같고 이란성 쌍생아는 유전자가 같지 않아 생김새가 많이 달라 보일 수 있다고 특징을 비교하고 있습니다.

• unique 유일무이한, 독특한
• birth 출산, 출생
• sibling 형제자매
• identical twin 일란성 쌍생아
• share 공유하다, 공통적으로 갖다
• gene 유전자
• fraternal twin 이란성 쌍생아
• characteristic 특징, 특성

정답 ④

28

오늘 나는 좋은 순간과 나쁜 순간이 있었다. 나의 하루는 좋게 시작되었다. 영어 시간에는 깜짝 테스트를 했다. 다행히도 나는 지난 밤에 테스트를 대비해 공부를 했다. 나는 정말 잘했기 때문에 우리가 깜짝 테스트를 한 것이 즐거웠다. 그런데 나는 스피치 동아리에서 사용할 스피치 원고 쓰는 것을 완전히 잊어 버렸다. 나는 준비가 되어 있지 않았고 그래서 무엇에 대해 말해야 할지를 모른 채 많은 학생들 앞에 서 있었다. 이제부터는 내 자신을 위해 해야 할 일을 적은 목록을 만들어야 한다.

Q. 이 글을 통해 알 수 없는 것은?
① 필자는 영어 문법에 대한 테스트를 했다.
② 필자는 영어 깜짝 테스트에서 정말 좋은 성적을 냈다.
③ 필자는 지난 밤에 이미 시험 준비를 했다.
④ 필자는 많은 학생들 앞에서 스피치 준비가 되어 있지 않았다.

글의 전반부에 영어 깜짝 테스트를 잘 준비해서 좋은 성적을 거두었다는 내용만 있습니다. 구체적으로 영어의 어느 분야에 대한 테스트였는지는 알 수 없습니다.

- fortunately   다행스럽게도
- completely   완전히
- from now on   이제부터
- to-do list   해야 할 일을 적은 목록

정답 ①

캘리포니아의 골드 러시는 1848년에 시작되었다. Samuel Rogers 라는 이름의 일꾼이 새크라멘토 근처의 아메리칸 강에서 반짝이는 금속을 발견했다. 금을 발견했다는 뉴스는 지역 사회로 빨리 퍼져 나갔다. 곧 그 뉴스는 전 세계로 퍼졌고 수천 명의 사람들이 금을 찾아 캘리포니아로 왔다.
이들 금을 찾는 사람들은 골드 러시가 한창 때이던 1849년을 본따 '49년의 사람들'로 불리었다. '49년의 사람들'은 금을 찾아 강 근처에 캠프를 설치했던 가족들과 아이들로 구성되었다.

Q. 이 글을 통해 알 수 있는 것은 무엇인가?
① Samuel Rogers는 전 세계적으로 유명해졌다.
② 사람들은 아메리칸 강 옆에 살기 위해 캘리포니아로 이주했다.
③ 금광 광부들은 강 바닥에서 돌을 채굴하여 금을 찾았다.
④ "49년의 사람들"이라는 이름은 골드러시의 연도에서 유래했다.

① 금이 발견되었다는 사실이 전 세계적으로 알려졌다고 했을 뿐 발견자도 유명해졌는지는 알 수 없습니다. ② 아메리칸 강은 처음 금을 발견한 곳입니다. ③ 강 근처에 캠프를 설치한 것에 대한 언급은 있지만 금을 어떻게 찾으려 했는지는 나와 있지 않습니다. ④ "~ named after the year 1849 ~"에서 알 수 있습니다.

- shiny   반짝이는
- metal   금속
- discovery   발견
- spread   퍼지다, 확산되다 (spread-spread-spread)
- bloom   번영하다; 꽃이 피다
- be made up of ~   ~로 구성되다
- set up   (장비를) 세우다, 설치하다
- in search of ~   ~을 찾아
- derive from ~   ~에서 파생하다, 유래하다

정답 ④

Indio Palm 시는 인기있는 취미 목록을 만들었다. 설문조사에서 사람들의 25%는 독서를 그들의 취미로 목록에 올렸다. TV 시청은 15%의 사람들에 의해 목록에 올랐다. 가족과 그리고 아이들과 같이 시간을 보내는 것은 10%, 낚시, 정원 가꾸기, 영화 보러 가기가 그 뒤를 이었다. 설문조사 후에 시는 기존의 도서관을 확장하고 거기에 가족 활동 센터를 짓기로 결정했다. 새 가족 활동 센터에는 실내 농구 코트, 수영장, 래킷볼 코트, 그리고 실외의 피크닉 대피소가 세워질 것이다. 시는 이것이 가족 구성원들을 결속시켜 주기를 희망하고 있다.

30. Indio Palms 시에 대해 언급된 내용이 아닌 것은?
① 취미로 영화관에 가는 시민들보다 TV를 시청하는 사람들이 더 많다.
② 가족 활동 센터에서 취미생활과 활동들을 즐길 수 있다.
③ 새 가족 활동 센터는 기존의 도서관에 위치할 것이다.
④ 시민들은 실외에서 수영이나 피크닉으로 많은 시간을 사용한다.

31. 이 글을 통해 추론할 수 있는 것은?
① 시민들 대부분은 소가족이다.
② Indio Palms의 시민들 중 일부는 가정적이다.
③ Indio Palms 시는 부유한 사람들로 구성되어 있다.
④ 많은 가족들은 주말을 비디오 게임을 하면서 보낸다.

30. ① TV 시청은 15%의 시민들, 영화관 가는 것은 10%의 시민들에 의해 목록에 올랐으므로 맞는 내용입니다. ②, ③은 설문 조사 후 시에서 결정한 사항입니다. ④는 시에서 희망하는 일이며 시민들이 얼마나 활용하고 있는지

는 언급이 없습니다.

31. ②는 가족과 어린이와 같이 시간을 보내는 것을 목록에 올린 시민이 10%이므로 '일부 시민'으로 볼 수 있으며 ①, ③, ④는 언급이 없습니다.

- survey   설문조사
- list   목록에 올리다
- follow   뒤를 잇다
- expand   확장하다, 넓히다
- existing   기존의, 현재 사용되는
- indoor   실내의 (↔ outdoor)
- shelter   대피소, 피난처
- bring together   결속시키다
- majority   대부분, 대다수
- family-oriented   가정적인, 가족지향적인
- wealthy   부유한 (cf. wealth   부)

정답 30. ④   31. ②

32~33

1700년대에 독일에서 태어난 Ludwig van Beethoven은 고전 음악에서 가장 영향력 있는 작곡가 중의 한 사람이다. Beethoven은 생애의 대부분을 오직 아홉 개의 교향곡을 쓰는 데 썼다. 그는 20대에 청력을 잃기 시작했지만 그럼에도 그는 음악을 쓰는 일을 계속했다. 나중에 그는 완전히 귀가 먹었고 많은 사람들은 어떻게 그가 자기가 쓴 음악을 들을 수 있었는지 의문을 나타냈다. 그가 청력을 잃은 것과 관계없이 Beethoven의 음악은 비범했고 세상에 엄청난 영향을 끼쳤다. 많은 사람들이 수백 년 이상 동안 아직도 그의 음악을 듣는 것을 너무나 좋아하고 있다.

32. 많은 사람들이 Beethoven의 음악과 관련해 그의 무엇에 대해 의문을 가졌는가?
① 몇 살 때 음악에 대해서 배웠는지
② 어떻게 교향곡에 대한 영감을 얻었는지
③ 어떻게 가장 유명한 작곡가가 되었는지
④ 어떻게 청력을 잃고도 음악을 창작할 수 있었는지

33. Beethoven에 대해 알 수 없는 것은?
① Beethoven의 죽음은 청력을 잃은 것 때문이었다.
② Beethoven은 독일에서 태어났다.
③ Beethoven은 가장 영향력 있는 작곡가 중의 한 사람이다.
④ Beethoven은 귀가 먹었을 때 여전히 음악을 작곡할 수 있었다.

32. ~ many questioned how he was able to hear his own music.에서 사람들은 그가 귀가 먹었어도 작곡을 할 수 있었던 것에 의문을 가졌던 것을 알 수 있습니다.

33. 청력을 잃은 것에 대해서는 소개되고 있지만 그의 죽음의 이유에 대해서는 전혀 언급이 없습니다.

- influential   영향력 있는, 영향력이 큰
- composer   작곡가
- classical music   고전 음악
- symphony   교향곡
- hearing   청각, 청력
- deaf   귀가 먹은, 청각 장애가 있는
- regardless of   ~에 관계없이
- extraordinary   비범한
- profound   심대한, 엄청난
- impact   영향
- in regards to   ~에 관해서
- inspiration   영감
- be due to ~   ~에 기인하다, ~때문이다

정답 32. ④   33. ①

34~35

해파리는 아주 독특한 종의 물고기이다. 이들은 일부는 민물에 살기도 하지만 깊은 대양에서 자유롭게 헤엄을 치고 산다. 해파리가 5억 년 동안 바다를 이리저리 배회해 왔던 것으로 밝혀졌다. 해파리는 가장 유독성이 강한 물고기 중의 하나이다. 해파리는 자신의 촉수로 찌를 수 있는 능력이 있다. 해파리의 침은 인간에게 치명적일 수 있고 극도의 고통을 안겨 줄 수 있다. 일부 해파리는 색깔이 없고 쏠 능력도 없지만 많은 해파리들은 화려한 생물이며 인간에게 위험할 수 있다.

34. 해파리 침에 대한 내용으로 옳은 것은?
① 모든 해파리들은 쏠 능력이 있다.
② 해파리는 촉수로 다른 것을 공격할 수 있다.
③ 대부분의 어른들은 해파리가 일으킨 고통을 견딜 수 있다.
④ 해파리 침은 대양의 모든 것들을 죽일 수 있다.

35. 이 글을 통해 추론할 수 있는 것은?
① 사람들은 해파리에 손을 대도 괜찮다.
② 모든 해파리는 깊은 대양에서 발견된다.
③ 사람들은 화려한 색상의 해파리를 조심해야 한다.
④ 해파리는 짧은 기간 동안 대양에서 배회할 수 있다.

34. ① 마지막 문장에 일부 해파리는 쏠 능력이 없다고 나와 있습니다. ④ 해파리의 침은 인간에게는 위험이 될 수 있다고 했지만 다른 해양 생물체에 대해서는 언급이 없습니다.

35. 마지막 문장에서 많은 해파리들은 colorful하고 사람에게 위험이 된다고 소개하고 있습니다.

• unique   독특한, 특이한
• ocean   대양
• fresh water   담수, 민물
• roam   이리저리 배회하다
• discover   발견하다
• toxic   유독성의
• ability   능력 (cf. able ~ 할 수 있는)
• sting   쏘다, 찌르다; 침
• tentacle   촉수
• deadly   치명적인
• extreme   극도의, 극단적인
• creature   생물, 생명이 있는 존재
• dangerous   위험한
• endure   견디다, 참다

정답 34. ② 35. ③

Section 3 Writing Part

Part VIII
본문 100~101쪽

1. be   2. that   3. of
4. What time does the bookstore close?
5. The woman is holding a picture with both hands.

1~3

당근은 영양소와 비타민이 풍부하다. 이들은 보통 주황색이고 땅 속에서 재배된다. 당근은 요리하지 않고 날 것으로 먹을 수 1. 있는 채소이다. 이들은 특히 눈에 좋은 영양을 제공한다. 당근에는 더 좋은 시력을 2.제공해주는 비타민이 들어있다. 하지만 당근을 너무 많이 먹으면 당근 속에 들어있는 색소 3. 때문에 피부가 주황색으로 변할 수 있다.

1. 선행사 vegetables를 관계대명사 that이 뒤의 can ~과 연결하고 있습니다. 수동의 관계이고 조동사 can 다음이므로 be동사의 원형 be를 넣습니다.

2. 선행사 vitamin과 provides를 연결하는 주격 관계대명사가 필요합니다. (더 좋은 시력을 제공해 주는 비타민)

3. because는 뒤에는 절이 오고, because of 뒤에는 한 단어나 구(두 단어 이상이 결합된 형태)가 옵니다.

• carrot   당근
• nutrient   영양소, 영양분
• raw   익지 않은, 날 것의
• provide   제공하다
• nutrition   영양
• turn   ~로 변하다, 바뀌다
• pigment   색소

정답 1. be 2. that 3. of

4

A: 내 지갑을 찾을 수가 없네. 그것을 학교에 두었다고 생각했는데 거기에 없었어.
B: 집에 오기 전에 어딘가에 들렀니?
A: 응. 참고서를 사러 서점에 갔지.
B: 거기에 두고 온 것이 틀림없어.
A: 맞아. 서점이 몇 시에 문을 닫지?
B: 서점은 9시에 문을 닫아.

마지막 문장에서 B가 서점이 9시에 문을 닫는다고 말하고 있으므로 몇 시에 문을 닫는지를 물어보았을 것입니다. What time(몇 시에)을 쓴 후 close(닫다)는 일반동사이고 시제는 현재이므로 주어(the bookstore) 앞에 does를 넣습니다.

• leave   두고 오다 (leave-left-left)
• stop by   들르다 (= drop by)
• reference book   참고서
• must have 과거분사 ~ 했음에 틀림없다

정답 What time does the bookstore close?

5

여자가 두 손으로 그림을 들고 있다.

주어는 The woman 이고, 지금 하고 있는 동작이므로 is holding(들고 있다)을 주어 뒤에 씁니다. 목적어로는 그림 한 점(a picture), 그리고 두 손으로 들고 있으니까 '두 손으로(with both hands)'의 표현을 뒤에 붙입니다.

• both   둘 다

정답 The woman is holding a picture with both hands.

실전모의고사 3

Section 1 **Listening Part**

Part I
본문 104~105쪽

1. ②   2. ②   3. ④   4. ③   5. ③

1 Script

① The girl is lifting the basket.
② The girl is folding the clothes.
③ The girl is taking her shoes off.
④ The girl is fixing the washing machine.

① 소녀는 바구니를 들어 올리고 있다.
② 소녀는 옷을 개고 있다.
③ 소녀는 신발을 벗고 있다.
④ 소녀는 세탁기를 고치고 있다.

여자가 세탁기 앞에서 세탁물을 개고 있는 모습입니다.

• lift 들어 올리다
• take off (옷, 신발) 등을 벗다 (↔ put on)
• fix 고치다, 수리하다 (= repair)

정답 ②

2 Script

① The girl is wearing glasses.
② The woman is carrying a paper bag.
③ Two people are taking a walk in the forest.
④ The woman is putting a hat on the girl's head.

① 소녀는 안경을 쓰고 있다.
② 여자는 종이 봉지를 나르고 있다.
③ 두 사람이 숲 속을 산책하고 있다.
④ 여자는 소녀의 머리 위에 모자를 씌우고 있다.

여자와 소녀가 모두 두 손으로 각자의 종이 가방을 받쳐 들고 걸어 가고 있습니다. 안경을 쓴 사람은 없습니다.

• paper bag 종이 봉지
• take a walk 산책하다
• forest 숲

정답 ②

3 Script

① All of the men are cleaning the floor.
② Two of the men are sitting on a chair.
③ One of the men is buying the drum set.
④ Each of the men is playing a musical instrument.

① 남자들 모두가 바닥을 청소하고 있다.
② 남자들 중 두 명이 의자에 앉아 있다.
③ 남자들 중 한 명이 드럼 세트를 사고 있다.
④ 남자들이 각자 악기를 연주하고 있다.

남자 세 사람 모두가 악기를 연주하고 있습니다. 한 사람은 앉아서 드럼을 치고 있고 두 사람은 기타를 치고 있습니다.

• floor 바닥
• musical instrument 악기

정답 ④

4 Script

① A clock is sitting on the bed.
② There are two lights on the wall.
③ The bed is covered with a blanket.
④ A framed picture is attached to the window.

① 시계가 침대 위에 놓여 있다.
② 벽에 전등이 두 개 있다.
③ 침대가 담요로 덮여 있다.
④ 액자에 넣은 그림이 창문에 붙어 있다.

시계와 액자에 넣은 그림은 벽에 걸려 있고 전등 두 개는 천장에 달려 있습니다.

• be covered with ~ ~으로 덮여 있다
• blanket 담요
• framed 액자에 넣은
• be attached to ~ ~에 붙어 있다

정답 ③

5 Script

① The man is watering the flowers.
② The girl is setting the dinner table.
③ The woman is serving food for her family.
④ The man and the woman are facing each other.

① 남자는 꽃에 물을 주고 있다.
② 소녀는 저녁상을 차리고 있다.
③ 여자는 가족을 위해 음식을 내오고 있다.
④ 남자와 여자는 서로 마주보고 있다.

여자는 접시에 음식을 내오고 있고 남자와 아이들 둘 모두 여자를 쳐다보고 있습니다. 여자의 시선은 자신이 갖고 온 음식을 향하고 있습니다.

• set the table 상을 차리다
• serve (음식을) 내오다

정답 ③

Part II
본문 106쪽

6. ①   7. ③   8. ①   9. ③   10. ③

6 Script

M: Do you have any plans for tonight?
W: I'm invited to a pot-luck party. Do you want to go along?
M: That sounds fun. I'm in!
W: Good. Let's meet at 6 at my place.
M: OK. Who's hosting the party?
W: One of my new neighbors.

남자: 오늘 밤에 어떤 계획이 있니?
여자: 나는 pot-luck 파티에 초대를 받았어. 너 같이 가고 싶니?
남자: 그거 좋지. 나도 넣어 줘!
여자: 좋아. 우리 집에서 6시에 만나자.
남자: 알았어. 누가 파티를 여는 거지?

여자: 우리의 새 이웃 중 한 사람이야.

① 우리의 새 이웃 중 한 사람이야.
② 파티는 오래 하지 않을 거야.
③ 너는 음식을 좀 가져 와야 해.
④ 우리 집으로 사람들을 초대할 거야.

누가 파티를 여는지 물어보고 있으므로 특정한 사람을 넣어 대답합니다. ②는 누구와 같이 가겠는지 묻는 질문에 적절합니다.

• pot-luck party   각자 음식을 갖고 와서 나눠 먹는 파티
• go along   같이 가다
• I'm in!   나도 넣어 줘. 나도 낄게.
• place   집, 사는 곳
• host   파티를 주최하다

 정답 ①

7 Script

W: Hi, I'd like to renew my membership card.
M: Sure, may I have your identification card?
W: Here you are.
M: Thank you. Can you wait for a moment over there?
W: Will it take long?
M: No, just a couple of minutes.

여자: 안녕하세요. 멤버십 카드를 갱신하고 싶어요.
남자: 그러세요, 신분증 좀 주시겠어요?
여자: 여기 있습니다.
남자: 감사합니다. 저기에서 잠시만 기다려 주시겠어요?
여자: 오래 걸릴까요?
남자: 아니요, 2~3분이면 되요.

① 예, 무료입니다.
② 예, 내 카드를 드릴게요.
③ 아니요, 2~3분이면 되요.
④ 아니요, 이 카드는 더 이상 사용할 수 없습니다.

'a couple of ~'는 '둘 혹은 둘이나 셋 정도'의 숫자를 나타낼 때 쓰입니다.

• renew   갱신하다, 연장하다
• identification card   신분증 (= ID card)
• free of charge   무료의
• a couple of minutes   2~3분
• no longer   더 이상 ~ 아닌
• usable   사용할 수 있는

정답 ③

8 Script

M: Dinner is ready.
W: I need more time to finish my homework.
M: But I made your favorite dish, chicken curry soup.
W: Oh, but I really want to finish this up before having dinner.
M: Then do you mind if I start eating first? I'm starving.
W: Of course not.

남자: 저녁 먹어라.
여자: 숙제를 끝내려면 시간이 더 필요해요.
남자: 하지만 네가 가장 좋아하는 요리인 치킨 카레 수프를 만들었거든.
여자: 아, 하지만 전 정말 이것을 저녁 먹기 전에 끝내고 싶어요.
남자: 그럼 내가 먼저 먹기 시작해도 되겠니? 나는 아주 배가 고프단다.
여자: 물론 되죠.

① 물론 되죠.
② (전화를) 끊지 마세요.
③ 당신에게 정말 감사드립니다.
④ 그것 좀 도와 주세요.

"Do you mind if I ~?"는 상대방에게 허락을 구하는 표현이지만 'mind(꺼

리다)'가 사용되어 "내가 ~ 해도 싫지 않니?"의 의미가 되므로 상대방은 허락을 하려면 'No'로 답해야 하며 'Yes.'로 긍정적인 대답을 하면 거절하는 의미가 됩니다.

• dish   요리; 접시
• finish up   (일을) 끝내다
• mind   꺼리다, 언짢아하다
• starving   몹시 배가 고픈

정답 ①

9 Script

(Rings)
W: Are you still studying?
M: Yeah... I've got a test tomorrow morning.
W: Oh, how's it going?
M: Not so well. Geography is way too complicated for me.
W: Too bad. When do you think you can head home?
M: In three hours.

(전화벨이 울린다)
여자: 너 아직도 공부하고 있니?
남자: 예… 내일 아침에 시험이 있어요.
여자: 오, 어떻게 되어 가니?
남자: 별로 안 좋아요. 지리가 너무 복잡해요.
여자: 저런. 언제 집으로 올 수 있겠니?
남자: 세 시간 뒤에요.

① 버스로요.
② 제 가정교사와 함께요.
③ 세 시간 뒤에요.
④ 여기서 10마일이에요.

여자의 마지막 말은 질문은 "When can you head home?"에 'Do you think'가 삽입된 표현으로 'can you'가 'you can'으로 어순이 바뀜에 주의합니다. 직역하면 "너 언제쯤 집으로 올 수 있다고 생각하니?"입니다.

• geography   지리
• way too   너무 ~한
• complicated   복잡한
• head   ~로 향하다
• tutor   가정교사

정답 ③

10 Script

M: I like your T-shirt. It seems unique.
W: Thanks. I made it myself.
M: Really? How did you make it?
W: I dyed a white T-shirt yellow and painted flowers on it.
M: That sounds hard. Where did you learn it?
W: From my art class.

남자: 너의 티셔츠 맘에 든다. 독특해 보이는데.
여자: 고마워. 내가 직접 만들었어.
남자: 정말? 너 그걸 어떻게 만들었어?
여자: 흰색 티셔츠를 노랗게 물들여서 그 위에 꽃을 그려 넣었지.
남자: 어려웠을 것 같이 들린다. 어디서 배웠니?
여자: 내 미술 수업에서.

① 몇 시간이 걸렸어.
② 내 어린 여동생을 위해서.
③ 내 미술 수업에서.
④ 그건 단지 평범한 티셔츠에 불과해.

남자가 어디에서 배웠는지 물었으므로 배우게 된 기회나 계기 등으로 답합니다.

• seem   ~ 하게 보이다

- unique 독특한, 유일무이한
- myself 내가 직접
- dye 물들이다, 염색하다
- paint (물감으로) 그림을 그리다

정답 ③

Part III
본문 107~108쪽

11. ④	12. ③	13. ②	14. ①	15. ③
16. ①	17. ③	18. ④	19. ④	20. ①
21. ①	22. ④	23. ②	24. ④	

11 Script

W: Excuse me. I've lost my movie tickets. Can you reissue them?
M: Did you purchase them online?
W: No, I bought them here in the theater.
M: Do you have the receipt?
W: Yes, here it is.
M: OK. Wait a moment, please.

여자: 실례합니다. 영화표들을 잃어버렸어요. 다시 발매해 주실 수 있나요?
남자: 그것들을 온라인으로 구매하셨나요?
여자: 아니요, 여기 극장에서 샀어요.
남자: 영수증 있으세요?
여자: 예, 여기 있어요.
남자: 알겠습니다. 잠깐 기다리세요.

Q. 여자는 누구와 이야기하고 있는가?
① 고객   ② 영화배우   ③ 영화감독   ④ 매표소 직원

영화표를 잃어버린 사람으로부터 다시 발매해달라는 요청을 받고 영수증을 보여 달라고 하는 사람은 매표소 직원일 것입니다.

- reissue 다시 발매[발행]하다
- purchase 구매하다, 구입하다; 구매
- receipt 영수증

정답 ④

12 Script

W: My skin gets dry this time of year.
M: It's because autumn tends to be windy and dry.
W: What should I do to keep my skin moist?
M: Get a moisturizing cream. That's the first solution. And, taking warm showers can be helpful.
W: I see. What else?
M: Obviously, you need to drink a lot of water.

여자: 내 피부는 연중 이맘때가 되면 건조해져.
남자: 가을이 바람이 불고 건조해지는 경향이 있어서 그래.
여자: 내 피부를 촉촉하게 유지하려면 어떻게 해야 하지?
남자: 보습 크림을 발라. 그게 첫 번째 해결책이야. 그리고 따뜻한 물에 샤워를 하면 도움이 될 거야.
여자: 알겠어. 다른 것도 있어?
남자: 틀림없이 물을 많이 마시는 것이 필요해.

Q. 조언으로 언급되지 않은 것은?
① 로션을 사용하도록 해라.   ② 물을 충분히 마셔라.
③ 마사지를 정기적으로 받아라.   ④ 따뜻한 물로 샤워해라.

보습 크림을 바를 것(Get a moisturizing cream.), 따뜻한 물에 샤워할 것(taking warm shower), 그리고 물을 많이 마시도록(drink a lot of water) 조언하고 있습니다.

- get dry 건조해지다

- It's because ~. 그것은 ~ 때문이다.
- tend to ~ ~ 하는 경향이 있다
- moist 촉촉한
- moisturizing cream 보습 크림
- take a shower 샤워하다
- helpful 도움이 되는
- obviously 분명히, 명백히

정답 ③

13 Script

M: I'm hosting a big dinner party for Thanksgiving. You should come.
W: Oh, I'm afraid I can't. This Thanksgiving, I'm visiting my sister in Texas.
M: I see. That's okay. I'm sure you must be thrilled to see her.
W: Yeah. I'm especially excited to see her new born baby.
M: I bet you are. Please say "Hi" to her.
W: I will.

남자: 나는 추수감사절을 위해 거한 저녁 파티를 열 계획이야. 너도 왔으면 좋겠다.
여자: 오, 나는 그럴 수 없어서 유감이네. 이번 추수감사절에는 텍사스에 있는 언니를 방문하려고 해.
남자: 알겠어. 괜찮아. 언니를 만나게 되어 너무 신나겠다.
여자: 응. 나는 언니의 갓난 아기를 보게 되어 특히 흥분돼.
남자: 틀림없이 그렇겠지. "안녕"이라고 전해 줘.
여자: 그럴게.

Q. 추수감사절에 대한 여자의 계획은 무엇인가?
① 그녀의 아기 돌보기
② 그녀의 언니와 함께 시간 보내기
③ 남자의 저녁식사 파티에 참가하기
④ 남자와 같이 모임 주최하기

여자의 말 "I'm visiting my sister in Texas."에서 언니에게로 가서 같이 시간을 보낼 계획임을 알 수 있습니다.

- host 파티를 주최하다
- Thanksgiving 추수감사 (11월 넷째 목요일)
- I'm afraid I can't. 유감이지만 그럴 수가 없어.
- thrilled 굉장히 신이 난
- especially 특히
- excited 신나는, 흥분되는
- new born 갓 태어난

정답 ②

14 Script

W: Why don't we take a ferry to Martha's Island this time?
M: Well, it takes more than ten hours, right?
W: Yes. But imagine us crossing the ocean! Isn't it amazing?
M: It may seem attractive now, but we'll get tired before landing on the island.
W: Hmm, then are you suggesting we take the plane as usual?
M: I insist on it.

여자: 우리 이번에는 Martha's 섬에 여객선을 타고 가면 어떨까?
남자: 글쎄, 열 시간이 넘게 걸리지, 맞지?
여자: 그래. 하지만 대양을 횡단한다고 상상해 봐! 멋지지 않니?
남자: 지금은 매력있게 보일지도 모르지, 하지만 섬에 상륙하기도 전에 지쳐 버릴 걸.
여자: 흠, 그럼 늘 그랬듯 비행기를 타자는 거야?
남자: 그렇게 했으면 해.

Q 남자와 여자는 무엇에 대해 언쟁을 벌이고 있는가?
① 섬에 어떻게 가야 할지   ② 섬에 언제 가야 할지
③ 섬에서 어디에 가야 할지   ④ 섬에 누구와 같이 가야 할지

여자는 배를 타자고 하고 남자는 지칠 테니까 비행기를 타자고 주장하고 있는 대화입니다.

- Why don't we ~? 우리 ~ 하면 어떨까?
- ferry 여객선
- this time 이번에는
- imagine 상상하다
- cross 건너다, 횡단하다
- ocean 대양
- attractive 매력있는
- land 상륙하다
- suggest ~할 것을 주장[제안]하다
- as usual 평소처럼

 정답 ①

15 Script

M: Excuse me. Can you recommend a gift for my father?
W: Sure. What's your budget?
M: One hundred dollars.
W: OK. How about this leather wallet? It's one hundred dollars, and I can give you a ten percent discount.
M: Great. I will take it.
W: You won't regret it.

남자: 실례합니다. 아버지께 드릴 선물을 추천해 줄 수 있으세요?
여자: 물론이죠. 얼마의 금액을 생각하고 계시죠?
남자: 100달러예요.
여자: 알겠습니다. 이 가죽 지갑 어떠신가요? 100달러짜리인데요 10% 할인해 드릴 수 있어요.
남자: 좋아요. 이걸 살게요.
여자: 후회하지 않으실 겁니다.

Q. 남자가 얼마를 지불하게 될까?
① 70달러 ② 80달러 ③ 90달러 ④ 100달러

100달러에서 10% 할인되므로 90달러가 됩니다.
"What's your budget?"은 "얼마의 금액을[얼마짜리를] 생각하고 계시죠?"의 뜻으로 팔 사람이 미리 손님이 원하는 가격대를 알아보기 위해 물어보는 표현입니다.

- recommend 추천하다
- budget (지출 예상) 비용; 예산
- leather 가죽
- give A discount A에게 할인을 해 주다
- regret 후회하다

정답 ③

16 Script

W: Let's go grab a bite.
M: I don't think I can join you today.
W: Why not? Do you have a stomachache?
M: No. I have an assignment to finish by this afternoon. I haven't done even half of it.
W: I see. Would you like me to bring you something to eat, then?
M: Some bread will be good. Thanks.

여자: 가서 간단히 뭘 좀 먹자.
남자: 오늘은 너랑 함께 할 수 없을 것 같아.
여자: 왜 안 되는데? 배가 아픈 거니?
남자: 아니. 오늘 오후까지 끝내야 하는 과제가 있어. 반도 못했어.
여자: 알겠어. 그럼, 내가 먹을 것 좀 갖다 줄까?
남자: 약간의 빵이면 돼. 고마워.

Q 남자는 왜 여자와 함께 식사를 할 수 없는가?
① 할 일이 있다. ② 배가 아프다.
③ 이미 빵을 좀 먹었다. ④ 자기가 먹을 것을 갖고 왔다.

남자는 오늘 오후까지 끝내야 하는 과제 때문에 갈 수 없다고 말합니다. (I have an assignment to finish by this afternoon.)
여자의 말 "Why not?"은 이 경우처럼 안 되는 이유를 묻는 경우에도 쓰지만 상대의 제안에 쾌히 승낙하는 "왜 안 되겠어?"의 의미로도 자주 쓰입니다.

- grab a bite 간단히 먹다
- stomachache 복통
- assignment 과제, 숙제
- even ~ 조차도
- bring A B A에게 B를 가져다 주다
- something to eat 먹을 것

정답 ①

17 Script

M: I can't believe Jenny didn't win in the election.
W: Tell me about it. I thought she'd be the perfect school president.
M: Me, too. She lost by less than 50 votes.
W: Really? She must be very disappointed.
M: Yeah. How did Chris get more votes than Jenny?
W: Apparently, he promised students that he would hold a free concert once a month.

남자: Jenny가 선거에서 이기지 못했다니 믿을 수가 없네.
여자: 나에게 얘기해 줘. 나는 그녀가 완벽한 학생회장이 될 거라고 생각했는데.
남자: 나도 그래. 그녀는 50표도 안 되는 표차로 졌어.
여자: 정말? 크게 실망했겠구나.
남자: 응. 어떻게 Chris가 Jenny보다 더 표를 더 많이 얻었지?
여자: 분명히, 그는 학생들에게 한 달에 한 번씩 자유 콘서트를 개최하겠다고 약속했어.

Q. 남자와 여자는 무엇에 대해 이야기하고 있는가?
① Jenny의 성격 ② 역사 속의 대통령들
③ 학교 선거 결과 ④ 그들이 개최하려는 콘서트

선거 결과가 예상 밖이라 놀라면서 그런 결과가 나온 이유는 선거 공약이 한 원인이라고 이야기를 하고 있습니다.

- election 선거
- by ~ 차이로
- less than ~ ~보다 적은
- vote 표, 투표
- disappointed 실망한, 낙담한
- apparently 분명히
- promise 약속하다

정답 ③

18 Script

M: You seem to be in a good mood. What's new?
W: I finally climbed to the top of Mt. Seorak for the first time.
M: It must have been very tough.
W: Yes. So I worked out hard to prepare myself. I went jogging and did weight lifting for a month.
M: Are you planning to climb other mountains soon?
W: Yeah. I'll try Mt. Jiri next month.

남자: 너 기분이 좋은 것 같구나. 무슨 일인데?
여자: 나 드디어 처음으로 설악산 정상에 올랐어.
남자: 아주 힘들었겠구나.
여자: 응. 그래서 준비하느라 운동을 열심히 했지. 한 달 동안 조깅하러 다녔고 역기도 들었어.
남자: 다른 산들도 곧 오를 계획이니?
여자: 응. 다음 달에는 지리산에 도전할 거야.

Q. 여자에 대해 알 수 있는 것은?
① 예전에 지리산에 오르는 것에 실패했다.

② 산에 혼자 오르는 것을 좋아한다.
③ 정기적으로 조깅을 하러 간다.
④ 전에는 설악산 정상에 오른 적이 없다.

여자의 첫 번째 말의 'for the first time'은 '처음으로'의 의미이므로 설악산 정상에 전에 오른 적이 없음을 의미합니다.

- in a good mood 기분이 좋은
- What's new? 특별한 일 있니?, 잘 지내?
- for the first time 처음으로
- must have 과거분사 ~이었음에 [했음에] 틀림없다
- tough 힘든, 어려운
- do weight lifting 역도를 하다
- fail to ~ ~ 하는 것에 실패하다
- on a regular basis 정기적으로
- peak 꼭대기, 정상

정답 ④

19 Script

W: Can we postpone our appointment a little bit?
M: No problem. Has something urgent come up?
W: My brother's flight is scheduled to land at 6:30, and I have to pick him up.
M: Then shall we meet at 7:30?
W: I might be late, so let's meet 30 minutes later than that.
M: I got it. Call me in case you can meet me earlier.

여자: 우리 약속을 조금 연기할 수 있을까?
남자: 문제 없지. 긴급한 어떤 일이 있니?
여자: 우리 오빠가 타고 오는 비행기가 6시 30분에 착륙하기로 되어 있어서 그를 태워 와야 해.
남자: 그럼 7시 30분에 만날까?
여자: 난 늦을 것 같아, 그러니까 그보다 30분 늦게 만나자.
남자: 알겠어. 혹시 더 일찍 만날 수 있으면 전화 줘.

Q. 남자와 여자는 언제 만나기로 했는가?
① 6시 30분에   ② 7시에
③ 7시 30분에   ④ 8시에

7시 30분보다 늦을 것 같아 30분을 더 늦추기로 하였습니다.

- postpone 연기하다
- appointment (만날) 약속
- a little bit 약간
- urgent 긴급한
- land 착륙하다 (↔ take off)
- pick up ~을 차로 태워 오다
- later than ~ ~보다 더 늦게

정답 ④

20 Script

M: Next in line, please!
W: Hello, can you take a look at my watch?
M: Let me see. Have you ever dropped it in water?
W: No, but it got wet in the heavy rain the other day. Do you think that might be the reason it stopped?
M: It is possible. Anyway, I will have to take it apart to examine closely. Come back in two days.
W: OK. I hope it can be repaired.

남자: 줄 서신 분 중에서 다음 분 들어오세요!
여자: 안녕하세요, 내 시계 좀 봐 주시겠어요?
남자: 어디 볼까요. 물 속에 떨어뜨린 적 있나요?
여자: 아니요, 하지만 일전에 폭우 속에서 젖은 적이 있어요. 멈춘 이유가 그 것 때문일 수 있을 까요?
남자: 그럴 수 있죠. 아무튼, 자세히 점검하기 위해 분해를 해야 할 것 같아요. 이틀 뒤에 다시 오세요.

여자: 알겠어요. 수리가 될 수 있으면 좋겠네요.

Q. 여자의 문제는 무엇인가?
① 시계가 작동되지 않는다.   ② 빗속에서 온통 젖었다.
③ 검사가 너무 오래 걸린다.   ④ 자기 시계를 분해할 줄 모른다.

여자의 마지막 말 (I hope it can be repaired.)에서 시계가 고장 났음을 알 수 있습니다.

- drop 떨어뜨리다 (drop-dropped-dropped)
- get wet 젖다
- reason 이유
- possible 가능한 (↔ impossible)
- take apart 분해하다

정답 ①

21 Script

M: Shall we go see a movie tonight?
W: If you want to watch a movie, why don't we rent a DVD and watch it at my place?
M: But I've heard 'Manly Man 2' just came out recently, and I want to see it.
W: I'm burned out from practicing for the school festival. Can we go some other time?
M: Alright. I can wait.
W: Good. Now I should go home and relax.

남자: 우리 오늘 밤 영화 보러 갈까?
여자: 영화가 보고 싶으면 DVD를 빌려서 우리 집에서 보면 어떨까?
남자: 하지만 'Manly Man 2'가 최근에 나왔다고 하던데, 난 그것을 보고 싶어.
여자: 나는 학교 축제 연습하느라 녹초가 되었어. 다음 번에 가면 안 될까?
남자: 알겠어. 기다릴게.
여자: 그래. 지금은 집에 가서 쉬어야 겠어.

Q. 왜 여자는 남자와 영화 보러 가는 것을 주저했는가?
① 그녀는 휴식이 필요했다.
② 그녀는 영화 보는 것을 좋아하지 않았다.
③ 그녀는 이미 그 영화를 DVD로 보았다.
④ 그녀는 학교 축제에 참여해야 했다.

축제 연습하느라 녹초가 되었다 (I'm burned out ~)는 말에서 휴식이 필요함을 알 수 있습니다.

- rent (사용료를 내고) 빌리다
- burned out 녹초가 된
- recently 최근에
- relax 휴식을 취하다, 긴장을 풀다
- reluctant 주저하는, 꺼리는

정답 ①

22 Script

W: I signed up for a morning swimming class.
M: Good for you. When does it start?
W: From next Monday. I go to the class every Monday, Wednesday, and Friday.
M: Haven't you thought about taking it every day? You can learn faster.
W: I considered that, but I promised to go jogging with Kate the rest of the week.
M: Wow, you'll have a busy morning every day.

여자: 나는 아침 수영 강습반에 등록했어.
남자: 잘한 일이야. 언제 시작하지?
여자: 다음 월요일부터야. 매주 월, 수, 금요일에 가지.
남자: 매일 교습을 듣는 것은 생각해 보지 않았니? 더 빨리 배울 수 있잖아.
여자: 고려해봤는데, 일주일 중 나머지 날에는 Kate와 같이 조깅을 하러 가 기로 약속했어.

남자: 와. 매일 바쁜 아침을 맞이 하겠구나.

Q. 여자는 얼마나 자주 수영 강습을 받게 될까?
① 매일　　　　　　　　　　② 일 주일에 한 번
③ 일 주일에 두 번　　　　④ 일 주일에 세 번

월요일, 수요일, 금요일에 수영을 배운다고 하자 남자가 매일 나갈 것을 제안합니다. 이에 여자는 나머지 날을 Kate와 조깅을 해야 한다고 말합니다.

• sign up for ~　~을 신청하다
• Good for you.　잘했어.
• consider　고려하다
• promise to ~　~ 하기로 약속하다

정답 ④

23 Script

M: Have you heard about the newly opened Indian restaurant?
W: Yes. Actually I'm planning to have a family dinner there this weekend.
M: That will be amazing.
W: Would you like to come? You're welcome to join.
M: I don't want to disturb your family gathering.
W: It's okay. You're my best friend, and I want to introduce you to my family.

남자: 새로 문을 연 인도식 레스토랑에 대해 들어 봤니?
여자: 응. 사실은 이번 주말에 거기에서 가족 저녁식사를 할 계획이야.
남자: 멋진 일이 되겠네.
여자: 너 거기에 올래? 같이 합석하는 것 환영이야.
남자: 너의 가족 모임을 방해하고 싶지 않은데.
여자: 괜찮아. 너는 나의 가장 친한 친구잖아. 너를 우리 가족에게 소개하고 싶어.

Q. 여자는 남자에게 무엇을 하도록 제안하는가?
① 그녀를 그의 가족에게 소개시키라고
② 그녀의 가족과 함께 저녁식사를 하자고
③ 그의 가족과 함께 더 많은 시간을 보내라고
④ 레스토랑에 대해 좋은 평을 해 달라고

여자의 두 번째 말(Would you like to come? You're welcome to join.)에서 여자는 남자가 자기 가족과 식사하는 데에 오기를 바라고 있음을 알 수 있습니다.

• hear about ~　~에 대해서 듣다
• newly　최근에, 새로
• disturb　방해하다
• family gathering　가족 모임

정답 ②

24 Script

M: Angela, can you help me with this physics question? I've been dealing with it for a few hours.
W: Sure. (pause) Well, it's kind of tough.
M: I know. I have no clue at all. Do you have any friends who can solve this question?
W: Maybe my older brother can. He studies physics in college.
M: Really? Then can you call him right away?
W: OK.

남자: Angela, 이 물리학 문제 좀 도와 줄래? 몇 시간 동안 이것과 씨름하고 있어.
여자: 그래. (잠시 후) 음, 좀 어려운데.
남자: 나도 알지. 전혀 실마리를 찾지 못하겠어. 이 문제를 풀 수 있는 친구 없니?
여자: 아마 우리 오빠가 할 수 있을 거 같아. 오빠는 대학에서 물리학을 공부하지.
남자: 정말? 그럼 오빠에게 당장 전화해 줄 수 있을까?

여자: 알았어.

Q. 이 대화를 통해 알 수 있는 것은?
① 남자는 주변에 친구가 없다.
② 물리학 시험이 곧 있을 예정이다.
③ 남자는 종종 여자로부터 도움을 얻는다.
④ 여자의 오빠는 물리학을 전공하고 있다.

여자의 말 중 He studies physics in college. (그는 대학에서 물리학을 공부해.)에서 답을 찾을 수 있습니다.

• physics　물리학
• deal with ~　~을 다루다, 상대하다
• kind of　약간
• not ~ at all　전혀 ~ 아닌
• clue　단서, 실마리, 힌트
• right away　당장

정답 ④

Part IV　　　　　　　　　　본문 109쪽

| 25. ④ | 26. ③ | 27. ④ | 28. ③ | 29. ④ |
| 30. ② | | | | |

25 Script

(W) Good morning, viewers. Currently, the rain is getting more intense as massive rain clouds are quickly pushing their way into the central regions of the country. It looks like the central regions will have about 250 millimeters more rain throughout the day. However, in the southern regions, the rain has stopped, but an unstable air mass will keep skies pretty dark and cloudy.

안녕하세요, 시청자 여러분. 현재 거대한 비구름이 빠르게 우리나라의 중부 지방으로 이동하면서 비가 점점 강해지고 있습니다. 중부 지방은 하루 내내 약 250밀리미터의 비가 더 내릴 것으로 보입니다. 하지만, 남부 지방은 비가 그쳤습니다. 그러나 불안정한 기층으로 인해 하늘은 상당히 어둡고 흐리겠습니다.

Q. 남쪽 지방의 오늘 날씨는 어떤가?
① 비가 온다　② 눈이 내린다　③ 해가 난다　④ 구름이 낀다

예보자는 마지막으로 남부 지방 날씨를 안내하고 있습니다. "~ the rain has stopped, ~ and cloudy."에서 비가 그친 상태에서 구름이 끼는 흐린 날씨가 될 것으로 예보하고 있습니다.

• viewer　시청자
• intense　강렬한, 극심한
• massive　거대한, 아주 큰
• region　지역
• throughout the day　하루 내내
• unstable　불안정한 (↔ stable)

정답 ④

26 Script

(M) It is an honor to represent the winner of the 2011 Ausebel Novel Prize. The winner is Margaret Jenkins. She teaches French literature in secondary school, and has written several short children's story books which have a strong influence on children's emotional development. More proudly, she went to the same college with me. Ladies and gentlemen, please give her a big hand as she comes to the stage.

2011 Ausebel 노벨상 수상자를 말씀드리게 되어 영광입니다. 수상자는 Margaret Jenkins입니다. 그녀는 중등학교에서 프랑스 문학을 가르치고 있고 어린이들의 정서적 발달에 커다란 영향력을 갖고 있는 짧은 어린이 이야기 책을 여러 편 쓰셨습니다. 더 자랑스러운 것은 그녀는 저와 함께 같은 대학을

다녔다는 것입니다. 신사 숙녀 여러분, 그녀가 무대로 나올 때 큰 박수 부탁드리겠습니다.

Q. 수상자에 대해 언급되지 <u>않은</u> 것은?
① 이름
② 직업
③ 가족 구성원
④ 남자와의 관계

수상자의 이름은 Margaret Jenkins, 직업은 선생님이고 남자와 대학 동문입니다. 가족 관계에 대해서는 언급이 없습니다.

• honor 영광, 명예
• represent 나타내다, 보여주다
• winner 수상자
• literature 문학
• secondary school 중등학교
• influence 영향, 영향력
• emotional 감정적인, 정서적인
• give A a hand A에게 박수를 보내다
• stage 무대
• occupation 직업
• relationship 관계

  정답 ③

27 Script

(W) To thank you for supporting us for the last ten years, we are holding a big sale on every item we sell. Shoes and clothes are ten percent off, and bags and accessories are twenty percent off. We are also giving out free gifts to the customers whose purchases total more than 50 dollars. The sale will last until March.

지난 10년 동안 저희에게 성원을 보내 주신 것에 감사드리고자, 저희는 팔고 있는 모든 품목에 대해 대규모 할인 행사를 실시합니다. 신발과 옷은 10% 할인이구요, 가방과 악세사리는 20% 할인입니다. 저희는 총 구매 금액이 50달러를 넘는 고객들에게 무료 선물을 드립니다. 할인 행사는 3월까지입니다.

Q. 고객들은 무료 선물을 받으려면 최소한 얼마의 금액을 써야 하는가?
① 20 달러
② 30 달러
③ 40 달러
④ 50 달러

"~ whose purchases total more than 50 dollars"에서 총 구매 금액이 50달러 이상이어야 선물을 받을 수 있음을 알 수 있습니다.

• support 지지하다
• for the last ten years 지난 10년 동안
• off ~가 할인되는
• purchase 구매, 구입; 구매하다
• last 지속되다

 정답 ④

28 Script

(M) Thank you for calling New World Telecom. If you want to know about calling plans, please press 1. If you'd like to report that your phone is missing or stolen, please press 2. If you want information on our membership policies, please press 3. If you'd like to be connected directly to one of our representatives, please press 0.

New World Telecom에 전화 주셔서 감사합니다. (전화)요금제에 대해 알고 싶으시면 1번을 눌러 주세요. 전화기 분실이나 도난 신고를 하시려면 2번을 눌러 주세요. 만약 회원 정책에 관한 정보가 필요하시면 3번을 눌러 주세요. 우리의 대표자 중 한 사람과 직접 연결을 원하시면 0번을 눌러 주세요.

Q. 전화기를 분실했으면 어떻게 해야 하는가?
① 0번을 누른다
② 1번을 누른다
③ 2번을 누른다
④ 3번을 누른다

두 번째 공지 내용(~ your phone is missing or stolen, please press 2.)은 분실이나 도난 당했을 경우 2번을 누르도록 안내하고 있습니다.

• report 신고하다
• missing 없어진; 실종된
• stolen 도난당한
• be connected to ~ ~에 연결되다
• directly 직접적으로
• representative 대표자

 정답 ③

29 Script

(Rings)
(W) Hi, Chuck. I'm calling you to remind of the interview test for Advanced English Conversation 205. Professor McKnight told me to get all of us to come to his office by ten o'clock this Tuesday. There will be three questions for each student, including your goal for the future. And we have to answer in five minutes for each question. See you on Tuesday. Bye.

(전화벨이 울린다)
안녕, Chuck. 고급 영어 회화 205반의 면접 테스트를 상기시켜 주려고 전화하는 거야. McKnight 교수님이 나에게 이번 주 화요일 10시까지 교수님의 사무실로 우리 모두를 오도록 하라고 말씀하셨어. 거기에서 학생들 각자에게 장래 목표를 포함해서 3개의 질문이 주어질 거야. 그리고 우리는 각각의 질문에 대해 5분 안에 대답을 해야 해. 화요일에 봐, 안녕.

Q. 학생들 각자는 인터뷰에서 몇 분을 갖게 될까?
① 3분
② 5분
③ 10분
④ 15분

각자 3개의 질문이 주어지는데 각 질문에 대해 5분 동안 대답해야 하니까 각각 15분씩 발표 시간을 갖게 됩니다.

• remind A of B A에게 B를 상기시키다
• advanced (학습 과정이) 고급인
• conversation 대화, 회화
• get A to ~ A에게 ~하게 하다
• by ~ ~때까지
• including ~을 포함하여
• goal 목표, 희망
• future 미래, 장래

정답 ④

30 Script

(M) Attention, everyone. I have a very important announcement to make. The baseball game we were supposed to go to this afternoon has been cancelled because of bad weather. So, instead, I have decided to show you some comedies. Donuts and beverages will be provided for each class, so please send a couple of students to the teachers' room to pick them up.

여러분께 알려드립니다. 알려드릴 아주 중요한 사항이 있습니다. 오늘 오후에 우리가 가기로 했던 야구 경기가 날씨가 좋지 않아 취소되었습니다. 그래서 나는 대신 여러분에게 몇 편의 코미디를 보여주기로 결정했습니다. 도넛과 음료가 각 학급에 제공될 것입니다. 그러니 이것을 받아 갈 학생 두어 명을 교무실로 보내 주시기 바랍니다.

Q. 이 발표의 내용과 일치하는 것은?
① 오늘 오후에는 해가 날 것으로 예상된다.
② 학생들은 오늘 오후에 코미디를 시청할 것이다.
③ 학생들은 농구 경기를 보기로 되어 있었다.
④ 각 담임선생님들은 음식을 자기 반에 전달할 것이다.

"So, instead, I have decided to show you some comedies."에서 야구장에 갈 수 없는 대신 코미디를 보도록 조치했음을 알 수 있습니다.

• be supposed to ~ ~하기로 되어 있다
• cancel 취소하다
• instead 대신에
• decide to ~ ~하기로 결정하다

- beverage 음료
- provide 제공하다
- send A to B B에게 A를 보내다
- a couple of ~ 두 개[두어 개]의 ~
- pick up 받아 가다
- homeroom teacher 담임선생님
- dellver 배달하다, 전하다

정답 ②

Section 2 Reading Part

Part V
본문 110~111쪽

1. ③	2. ②	3. ②	4. ②	5. ③
6. ③	7. ②	8. ①	9. ④	10. ③

난 왜 그렇게 많은 사람들이 이것에 대해 속상해 하는지 정말 이해할 수가 없다.

③ is → are
people은 '사람들'의 뜻으로 복수이므로 is가 아닌 are가 쓰입니다.
- upset 속상한, 마음이 상한

정답 ③

새 건물 공사가 자금의 부족으로 인해 지연되고 있다.

② delaying → delayed
'연기되는' 것이므로 수동의 의미입니다. 'be동사+과거분사'가 되어야 합니다. 'has been + 과거분사'는 현재완료의 의미에 수동의 의미가 더해진 표현입니다.

- construction 건설, 공사
- delay 지연시키다
- due to ~ ~ 때문에
- lack 부족
- fund 자금, 기금

정답 ②

주요한 사건을 제외하고는 나는 TV 뉴스를 5년 동안 시청하지 않았고 오히려 라디오에 의존했다.

② watch → watched
have [haven't] 뒤에는 일반동사가 원형이 올 수는 없고 과거분사만 올 수 있습니다. (현재완료) 여기서는 '5년 동안 계속 시청하지 않았다'는 의미로 현재완료의 '계속' 용법에 해당합니다.

- except for ~ ~을 제외하고
- major 주요한
- event 사건, 일; 행사
- rather 오히려, 어느 편인가 하면
- rely on ~에 의지하다, 의존하다 (rely-relied-relied)

정답 ②

그 가게의 직원은 특히 상냥한데 그 점이 나를 거기에 계속 다시 가게 한다.

② especial → especially
friendly는 주어 staff의 보어로서 형용사입니다. 형용사는 부사가 수식할 수 있습니다.

- staff 직원
- friendly 상냥한, 친절한
- keep A ~ing A에게 계속 ~하게 하다

정답 ②

그 안내서는 초보 사진사들에게 사진 촬영에 대해 좋은 조언을 제공할 것이다.

③ for → with
provide A with B는 'A에게 B를 제공하다'의 의미로 쓰입니다.

- manual (취급) 설명서, 안내서
- provide A with B A에게 B를 제공하다
- beginning 초보자의, 초심의 (cf. beginner 초보자)

정답 ③

Greg은 이미 자기의 리포트를 제출했지만 Christine은 아직 그녀의 것을 끝내지 못했다.

① 그녀의; 그녀를, 그녀에게
② 그녀는
③ 그녀의 것
④ 그녀 자신

hers(그녀의 것)는 her report를 대신해서 대명사로 표현한 것입니다.

- turn in 제출하다
- have yet to ~ 아직 ~ 하지 않았다

정답 ③

모든 학생들은 방학 동안 하려고 그들이 계획하고 있는 것에 대해 쓰도록 지시를 받았다.

① 누가
② ~ 하는 것
③ 어디든지
④ 언제든지

선행사를 포함하는 관계대명사 what은 '~ 하는 것'의 뜻을 나타냅니다. 이 문장에서는 전치사 'about'의 목적어 역할을 하고 있습니다.

- be instructed to ~ ~ 하도록 지시 받다
- vacation 방학, 휴가

정답 ②

격렬한 뇌우가 내리치던 동안 학교 전체에 들어오년 선기가 나갔다.

① ~ 동안
② ~에도 불구하고
③ ~인지 아닌지
④ ~인데 반해

기간을 나타내는 말 중 during(~ 동안)은 뒤에 '특정한 기간'을 나타내는 말과, for는 '기간의 길이'를 나타내는 말 (ex. for two years)이 같이 쓰이고, since는 '일이 시작된 때'를 나타내는 말이 뒤에 옵니다.

- power 전기, 전력
- intense 격렬한, 강렬한
- thunderstorm 뇌우

정답 ①

9

시내의 상승하는 집세 때문에 더 많은 가족들이 도시를 빠져 나가고 있다.

① 오르다   ② 올랐다
③ 다 오른 (동작이 끝남)   ④ 오르고 있는

rising은 '진행'의 의미로 '오르고 있는'의 의미입니다. ③ risen은 '이미 다 오른'의 뜻이어서 적절하지 않습니다.

• rent 집세, 방세
• downtown 시내에, 도심지에서

정답 ④

10

나는 왜 그가 마지막 순간에 그 일자리를 받아들이지 않기로 결심했는지 모르겠다.

'to 부정사' 표현에서 부정사의 의미를 부정하기 위해서는 부정사 앞에 not 을 씁니다. decided not to accept ~는 부정사 accept를 부정하여 '~을 받아들이지 않기로 결정했다'의 뜻입니다.

• at the last minute 마지막 순간에
• position 일자리, 자리, 직위
• accept 받아들이다

정답 ③

Part VI				본문 112~113쪽
11. ④	12. ④	13. ②	14. ①	15. ③
16. ①	17. ②	18. ④	19. ④	20. ②

11

호텔은 좋은 시설을 갖추고 있어서 우리는 거기에 묵고 있는 동안 최대한 그 것들을 이용했다.

① 돌봄   ② 행동   ③ 통제   ④ 장점

advantage는 '장점,' '유리한 점'의 뜻이며 'take advantage of'는 '~의 장점을 취하다' 즉 '이용하다'의 뜻입니다. 호텔에 묵는 동안 좋은 시설들을 '이용했을' 것입니다.

• facilities (편의) 시설
• full 최대한의
• while ~ 동안

정답 ④

12

그 회사는 우리 아버지를 올해 최고의 종업원으로 선정했다.

① 경영했다   ② 일했다   ③ 비난했다   ④ 선정했다

as는 전치사로 '~로', '~로서'의 뜻을 나타냅니다.

• company 회사
• employee 종업원, 고용인 (cf. employer 고용주)

정답 ④

13

지도와 안내 책자들은 공항의 여행 안내 데스크에서 얻을 수 있다.

① 신뢰할 만한   ② 얻을 수 있는
③ 편리한   ④ 책임있는

available은 '이용할 수 있는', '유효한'의 뜻으로 자주 쓰이며 사람에게 쓰면 '다른 사람을 만날 시간이 있는'의 뜻입니다.

• brochure (안내, 광고용) 책자

정답 ②

14

Hannah는 여기에 곧 도착할 거야, 그러니까 잠시 그녀를 기다리자.

① 곧, 금방   ② 비교적
③ 불가능하게, 어처구니 없이   ④ 그에 맞춰; 그런 이유로

빈칸 뒤의 잠시 기다리자고 제안하는 말로 보아 '곧' 도착할 것입니다.

• a little while 잠시, 잠깐

정답 ①

15

너는 콘서트에 갈지 여부를 3일 전에 미리 나에게 알려 줘야 한다.

① 손으로   ② 우연히
③ 미리, 사전에   ④ 순서대로

in advance는 특정한 기간을 나타내는 말 없이도 사용됩니다. (ex. We should book tickets in advance.)

• whether or not ~   ~ 인지 아닌지

정답 ③

16

사실은, 대학원생들만 저 연구 파일에 대한 접촉 기회가 있다.

① 접촉 기회   ② 평가하다, 산정하다
③ 동의   ④ 마련, 주선

access(접촉 기회)는 뒤의 접촉할 대상 앞에 전치사 to와 함께 자주 쓰입니다.

• graduate student 대학원생
• research file 연구 자료

정답 ①

17

너는 청강생으로 일부 저녁 강좌에 출석할 수 있어.

① 인정하다   ② 출석하다   ③ 칭찬하다   ④ 승인하다

attend는 '참석하다, 출석하다'의 뜻 외에 '주의를 기울이다'의 뜻도 있는데 각각의 명사형이 다릅니다. attendance (참석, 출석); attention (주의, 주목)

• auditing student 청강생

정답 ②

18

나의 형은 국내와 국제적인 사무실 둘 다의 일자리에 지원했다.

① 심각한   ② 즉각 반응하는
③ 경쟁하는   ④ 국제적인

both A and B(A와 B 둘 다)의 구문에서 A에 해당하는 표현이 domestic(국내의)이므로 B는 international 또는 overseas(해외의)가 적절합니다.

• apply for ~ ~에 지원하다
• both A and B A와 B 둘 다

- domestic 국내의

정답 ④

우리는 해결책을 찾기 위해 그 안건을 차분하게 그리고 합리적으로 논의하고자 노력했다.

① 마지막에   ② 거칠게; 대충
③ 현재, 지금   ④ 합리적으로

reasonably(합리적으로)의 명사는 reason(이성, 이치), 형용사는 reasonable (합리적인, 분별있는)이므로 '이성'과 관련지어 의미를 기억하면 됩니다.

- discuss 상의하다, 논의하다
- issue 안건, 쟁점
- calmly 차분하게, 냉정하게

정답 ④

당신이 여기에 사는 한, 당신은 이 주의 법을 지켜야 한다.

① 기르다, 양육하다   ② 고수하다, 지키다
③ 억제하다   ④ ~에서 기인하다

자신이 사는 지역의 법률을 지켜야(adhere to) 합니다.

- state 주

정답 ②

Part Ⅶ				본문 114~121쪽
21. ①	22. ④	23. ①	24. ③	25. ③
26. ④	27. ③	28. ①	29. ②	30. ③
31. ④	32. ①	33. ④	34. ①	35. ③

21

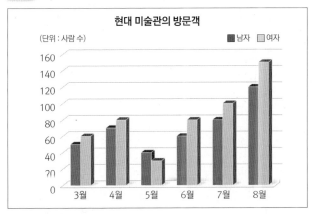

Q. 그래프의 내용과 일치하는 것은?
① 5월에는 남자보다 여자 방문객이 더 적었다.
② 4월과 6월의 남자 방문객 수는 같다.
③ 8월의 여자 방문객 수는 7월의 두 배이다.
④ 남자 방문객 수는 3월부터 꾸준히 증가하고 있다.

② 4월보다 6월의 남자 방문객 수가 더 적습니다.
③ 여자 방문객 수는 8월에 7월보다 두 배가 아닌 1.5배 증가했습니다.
④ 남자 방문객 수는 5월에 감소했다가 다시 증가하고 있습니다.

- steadily 꾸준히, 지속적으로

- increase 증가하다 (↔ decrease)
- since ~ 이래로

정답 ①

무시무시하지만 재미있는 할로윈 파티를
10월 31일 오후 9시에 여니 함께 해 주세요

Kensington's
307 Blank Avenue
Wallace, Alabama

참가하시려면 10월 19일까지는
답신을 보내 주세요
Kassie 와 Mike에게
(764) 357-6378 또는 kassie@email.net

참가하시려면 복장을 준비하세요

Q. 초대장 내용과 일치하는 것은?
① 파티는 자정이 지나서 시작한다.
② 주최자는 이메일 답장을 받지 않을 것이다.
③ 손님들은 사전 통보 없이도 파티에 참여할 수 있다.
④ 손님들은 파티에 참여하기 위해 복장을 갖춰야 한다.

① 밤 9시에 시작합니다 ② 전화번호와 함께 Kassie의 이메일 주소를 알려주고 있습니다. ③ 10월 19일까지 답신을 해야 합니다. ④ 초대장 가장 아래에 복장을 준비하도록 공지하고 있습니다.

- frightfully 무섭게; 몹시
- reply 답장을 보내다, 답신을 보내다
- costume 의상, 복장
- require 필요로 하다
- entry 참가, 입장
- midnight 자정, 밤 12시 (cf. noon 정오)
- prior notice 사전 통지

정답 ④

Manatee 카운티 중앙 도서관

10대들을 위한 북 클럽

이것이 무엇일까요?
Manatee 카운티의 고등학생들을 위한 북클럽

어디에 있을 까요?
Bradenton 시내의 중앙 도서관에

언제 문을 열까요?
매달 첫 번째 화요일 오후 6시 30분

누가 와야 할까요?
Manatee 카운티에 있는 고등학생들 모두

자원봉사 점수 적립 가능!
간단한 음식과 음료 제공!

Q. 북 클럽에 대한 내용과 일치하지 않는 것은?
① 매주 화요일에 열린다.
② 도서관에서 열린다.
③ 사람들은 이것을 통해 자원봉사 점수를 얻을 수 있다.
④ 도서관은 학생들에게 무료 음료를 제공할 예정이다.

매월 첫째 화요일 (The first Tuesday of every month)에 열리므로 ①은 일치하지 않습니다.
②는 안내문 가장 첫 번째 줄에, ③, ④는 맨 아래 두 줄에 나와 있습니다.

- county 카운티, 자치군
- available 얻을 수 있는
- refreshment 다과, 가벼운 식사, 음료

정답 ①

SP 의과대학 **2011년** **동창생들을 만납시다** **12월 19일**	
장소 대학 센터 (CCTR)	
시간 오전 10시 ~ 오후 4시	
스케줄	
오전 10시	SP 의과대학 도보 여행
오전 12시	사진 촬영
오후 1시	중식
오후 2시	현재 학생들과의 만남
오후 3시	마무리
등록비 (중식대 포함)	
동창생 1인당 50달러	
현재 학생인 경우 1인당 20달러	

Q. 포스터의 내용과 일치하는 것은?
① 행사는 오후 5시가 넘어야 끝난다.
② 현재 학생들은 무료로 초대되었다.
③ 점심 식사 전에 사진 촬영 시간이 있다.
④ 행사는 대학 외부에서 개최된다.

① 행사는 3시에 마무리해서 4시 이전에 모두 끝나며, ② 학생들도 20달러를 내야 합니다. ③ 점심식사는 1시, 사진 촬영은 12시이며 ④ 장소가 대학 센터이므로 대학 안에서 열리는 것입니다.

- alumni 동창생들, 졸업생들 (sg. alumnus)
- current 지금의, 현재의
- wrap up 마무리 짓다
- registration 등록

정답 ③

여행 계획
2015년 4월 11일
출발지 영국 런던　　　　　목적지 미국 보스턴
영국 항공 213편
출발 오전 10시 55분 히드로 공항 – 런던
도착 오후 1시 보스턴 로건 국제공항 – 보스턴
2015년 4월 11일
출발지 미국 보스턴　　　　　목적지 캐나다 토론토
제트블루 항공 1011편
출발 오후 3시 55분 보스턴 로건 국제공항 – 보스턴
도착 오후 5시 10분 JKF 국제공항 – 뉴욕
연결편 (제트블루 항공 282편)
출발 오후 7시 JKF 국제공항 – 뉴욕
도착 오후 11시 피어슨 국제공항 – 토론토

Q. 위의 여행 계획을 갖고 있는 사람에 대해 옳지 않은 것은?
① 두 개의 다른 항공편을 이용할 것이다.
② 정오 전에 런던을 떠날 것이다.
③ 보스턴에서 직접 토론토로 갈 예정이다.
④ 밤 늦게 토론토에 도착하기로 되어 있다.

① 영국 항공과 제트블루 항공으로 2개입니다. ② 런던 출발이 10시 55분이므로 정오 이전입니다. ③ 보스턴에서 미국 뉴욕에 내려 토론토행 비행기를 갈아 탈 예정이므로 틀린 내용입니다. ④ 밤 11시에 토론토에 도착 예정이므로 늦은 밤이 됩니다.

- depart 출발하다 (cf. departure 출발)
- arrive 도착하다 (cf. arrival 도착)
- noon 정오, 낮 12시

정답 ③

The Sea Shepherd Conservation Society는 미국에 본부를 둔 비영리적인 해양 보존 기구이다. 이 기구는 1977년 Greenpeace의 초창기 회원인 Paul Watson에 의해 설립되었다. 이 단체는 고기잡이, 고래잡이 그리고 바다표범 사냥에 대한 직접적인 반대 운동으로 유명하다. 매년 겨울, Sea Shepherd의 직원과 승무원들은 일본 고래잡이배들이 자연의 가장 큰 포유동물을 잡고 죽이는 것을 중단시키기 위해 남빙양으로 항해를 떠난다.

Q. Sea Shepherd Conservation Society에 대해 알 수 없는 것은?
① 목적이 무엇인가
② 언제 세워졌는가
③ 누가 설립했는가
④ 가입 자격이 어떤가

환경 보호 단체인 Greenpeace의 회원 Paul Watson에 의해 고래, 바다표범 등 해양 생물 보호를 위해 1977년 설립된 단체 The Sea Shepherd Conservation Society를 소개하고 있습니다. 이 단체의 가입에 대한 정보는 언급이 없습니다.

- non-profit 비영리적인
- marine 바다의, 해양의
- organization 조직, 기구, 단체
- base ~에 본부를 두다, 근거지를 두다
- found 설립하다 (found-founded-founded)
- be well-known for ~ ~로 잘 알려져 있다
- against ~에 대항하여
- whaling 고래잡이, 포경
- seal 바다표범
- crew 승무원
- set sail 출항하다
- Southern Ocean 남빙양
- stop A from ~ing A가 ~하는 것을 중단시키다
- whaler 고래잡이배, 포경선
- nature 자연
- mammal 포유동물
- aim 목적
- establish 세우다, 설립하다
- qualification 자격, 자격증

정답 ④

Bossa nova는 브라질 음악의 한 스타일이다. 이것은 samba에서 왔지만 화음의 연결이라는 면에서는 더 복잡하다. 이것은 1950년대 중반 브라질에서 성장하였다. Bossa nova는 나일론 현으로 된 클래식 기타로 흔하게 연주된다. 기타 만큼 자주 이용되지 않지만 피아노도 bossa nova에 있어 또 하나의 중요한 악기이다. 피아노뿐 아니라 전자 오르간 또한 많은 고전적인 bossa nova 녹음곡에 많이 등장한다.

Q. 이 글은 주로 무엇에 관한 것인가?
① 브라질 음악의 기원
② 몇몇 잘 알려진 bossa nova 노래들
③ bossa nova를 연주하는 데 사용되는 악기들
④ bossa nova에 가장 영향을 많이 끼친 음악 장르

간단하게 bossa nova에 대해 설명한 후 연주에 사용된 악기들이 어떤 것인지에 중점을 두어 소개하고 있습니다.

• complex 복잡한
• harmonically 화성적으로
• commonly 흔하게
• instrument 악기 (= musical instrument)
• in addition to ~ ~뿐아니라

   ③

28

사람들을 만나는 것은 때로는 어려울 수 있어 보인다. 당신은 당신의 가장 친한 친구가 될 수도 있는 누군가와 이야기할 기회를 놓치고 있는지도 모른다. 새로운 사람들과 친구가 되기 위해서는 자신감을 가질 필요가 있다. 당신은 대화를 시작하려고 해야 하고 사람들은 당신을 첫인상으로 판단한다는 사실을 기억해야 한다. 그러니 항상 깔끔해 보이도록 하고 옷을 잘 입고 웃어라. 함박웃음은 다른 사람들이 당신에게 더 쉽게 다가오도록 만들 수 있다.

Q. 이 글의 제목으로 가장 알맞은 것은?
① 새로운 친구들을 사귀는 방법
② 우정이 중요한 이유
③ 사람들과 대화를 시작하는 방법
④ 큰 웃음이 좋은 인상을 주는 이유

새로운 사람들과 친구가 되려면 자신감 있는 자세와 함께 좋은 첫인상을 주도록 노력할 것과 함박웃음으로 사람들에게 친근감을 줄 것을 조언하고 있는 글입니다.

• it seems that ~ ~인 것 같다
• confident 자신감 있는, 확신에 찬
• judge 판단하다; 심사위원; 판사
• impression 인상, 느낌
• big smile 함박웃음

정답 ①

29

접을 수 있는 낙하산은 Andre Garnerin에 의해 발명되었다. 이 낙하산은 36개의 살과 끈이 있으며 아주 큰 우산처럼 생겼다. Garnerin은 자신의 첫 번째 성공적인 낙하산 점프를 파리 상공에서 1779년 10월 22일에 했다. 수소 풍선을 타고 고도 3200피트 높이로 올라간 후 그는 바구니로부터 점프를 했다. 그는 다치지 않고 풍선의 이륙 지점으로부터 반 마일 떨어진 곳에 착륙했다. 이러한 성공 이후 그는 런던 상공 8000피트에서의 점프를 포함해 유럽 전역에서 시범 점프를 했다.

Q. Andre Garnerin에 대해 옳은 것은?
① 그가 만든 낙하산은 '살'들로 구성되어 있지 않았다.
② 그의 최초의 낙하산 점프는 부상없이 성공했다.
③ 그의 최초의 낙하산 점프 시도는 런던에서 있었다.
④ 그는 최초의 낙하산 점프 시도 때 8000피트까지 올라갈 수 있었다.

① 두 번째 문장의 '~ 36 ribs and lines ...'에서 틀린 내용입니다. ②, ③ 최초의 점프 시도는 Paris에서 했고 '~ landed unhurt ...'라고 나와 있으므로 ③은 틀린 내용입니다. ④ 8000피트를 올라간 것은 마지막 문장에서 언급하고 있듯 시범 점프때 한 것이므로 틀린 내용입니다.

• foldable 접을 수 있는, 접혀지는
• parachute 낙하산
• rib (양산의) 살; 갈빗대

• successful 성공적인
• altitude 고도
• hydrogen 수소
• land 착륙하다
• takeoff 이륙
• site 위치, 장소
• injury 부상

정답 ②

30~31

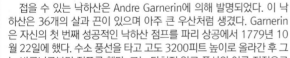

발신: ronny@email.net
수신: customerservice@foxshop.com
제목: 내 주문에 대한 질문

안녕하세요.
나는 지난 주 목요일 당신의 온라인 쇼핑 웹사이트에서 카메라를 하나 구매했습니다. 당신의 웹사이트는 내가 이 품목을 구매 후 하루 또는 이틀 안으로 받게 될 거라고 하였는데 오늘이 화요일인데 나는 아직 그것을 받지 못했습니다. 나는 이번 주 금요일 현장학습 때 이것을 써야 합니다.
이 품목을 빨리 보내주시면 정말 감사하겠습니다. 참고로 주문 확인 번호는 kt017952입니다.

Ron Harold

30. Ron은 왜 이 이메일을 보냈는가?
① 웹사이트에 등록하기 위해
② 추천을 부탁하기 위해
③ 늦은 배송에 대해 불만을 제기하기 위해
④ 최신 카메라를 구입하기 위해

31. 이메일의 내용을 통해 알 수 있는 것은?
① 그는 현금으로 구매했다.
② 카메라는 배달 도중 분실되었다.
③ 쇼핑몰은 카메라 판매를 전문으로 한다.
④ 그는 현장학습 때 카메라를 사용할 생각이다.

30. "~ But today is Tuesday, and I haven't gotten it yet. I need ~"에서 알 수 있듯 Ron은 기대와는 달리 카메라가 배송되지 않아 불만을 터뜨리고 있습니다.

31. ①, ②, ③에 대해서는 언급이 없고 ④는 "I need it this Friday for my field trip."에서 맞는 내용임을 알 수 있습니다.

• purchase 구입, 구매
• make a purchase 구매하다
• within ~ 안에
• field trip 현장 학습
• appreciate 감사하다
• for your information 참고로
• confirmation 확인
• complain 불평하다
• shipping 배송
• brand new 최신의
• in cash 현금으로
• specialize in · ~을 전문으로 다루다
• intend to ~ ~할 의도이다

정답 30. ③ 31. ④

32~33

Nao라는 이름을 가진 로봇은 감정을 느낄 수 있고 인간과 관계를 형성할 능력이 있다. 이 로봇은 한 살짜리 아이와 같은 감정적 재능이 있으며 아기들이 다른 사람들과 사회적으로 또 정서적으로 소통하기 위해 사용하는 표현 태도와 같은 유형의 태도를 사용한다. 이 로봇은 인간의 감정을 몸짓언어와 얼굴 표정을 읽음으로써 인식할 수 있다. 또한 이 로봇은 다른 사람들의 얼굴을 기억할 수 있고 다른 사람들의 상호 작용도 기억할 수 있다. 과학자들은 Nao 같은 로봇들은 미래에 연세가 많은 사람들에게 보살핌을 주는 데에 사용될 수 있을 것으로 믿고 있다.

32. 필자는 이 글을 어떻게 전개하고 있는가?
① 로봇이 할 수 있는 일을 열거함으로써
② 유명한 과학자의 말을 인용함으로써
③ 새 로봇과 오래된 로봇을 비교함으로써
④ 관련된 사람들의 이름을 언급함으로써

33. 이 글의 내용과 일치하지 않는 것은?
① Nao는 사람들의 얼굴을 분간할 수 있다.
② Nao는 연세 드신 분들을 위해 사용될 것으로 기대된다.
③ Nao는 사람들의 몸동작을 읽을 수 있다.
④ Nao의 감정적 재능은 아기보다 낫다.

32. 한 살짜리 아기와 같은 감정적 재능이 있고, 아기들과 같은 표현 방식을 사용하며, 인간의 감정을 읽어낼 수 있고, 기억력도 활용할 수 있다고 로봇의 능력을 열거하고 있습니다.

33. ① '~ memorize faces of ~ people ....'에서 맞는 내용이며 ② 마지막 문장에서 과학자들의 예상으로 언급되고 있습니다. ③ '~ by reading body languages and facial expressions'에서 내용과 일치함을 알 수 있지만 ④는 '~ skills like a one-year old child ...'에서 아기보다 감정적 재능이 나은 것은 아님이 드러나 있습니다.

- emotion 감정, 정서
- be capable of ~ ~ 할 능력이 있다
- form 형성시키다, 만들어 내다
- relationship 관계
- interact 소통하다, 교류하다
- socially 사회적으로
- emotionally 감정적으로, 정서적으로
- expressive (생각, 감정을) 나타내는
- behavior 행동, 품행, 태도
- body language 몸짓 언어
- facial expression 얼굴 표정
- recognize 알아보다, 인식하다
- interaction 상호 작용
- elderly 연세가 많이 드신
- list 열거하다; 목록을 작성하다
- quote 인용하다
- notable 유명한, 주목할 만한
- compare 비교하다
- distinguish 분간하다, 구분하다

정답 32. ① 33. ④

34~35

걷기는 훌륭한 운동이고 위대한 스포츠이다. 조깅을 하는 세 사람 중 둘은 매년 부상에 시달리는데 대부분 무릎 부위이다. 반면에 걷기는 훨씬 부상이 덜 생긴다. 이 외에도 걷기는 칼로리를 소모시키고 심장을 강하게 하는 것을 도와 준다. 대부분의 건강한 성인들은 장비나 특별한 훈련이 없이 걷기를 할 수 있으며 이들은 이들이 원하는 아무때라도 걷기를 즐길 수 있다. 게다가, 걷기는 당신이 땀을 덜 흘리게 만들어 많은 기후에서도 걸을 수 있게 된다.

34. 사람들이 걷기를 통해 기대할 수 있는 것으로 이 글의 내용과 일치하지 않는 것은?
① 더 빨리 달린다   ② 칼로리를 소모한다

③ 언제라도 즐긴다   ④ 심장을 강하게 한다

35. 이 글을 통해 알 수 있는 것은?
① 많은 조깅하는 사람들은 무릎 수술을 감내한다.
② 대부분의 스포츠에는 특별 훈련이 요구된다.
③ 걷기에는 준비할 것이 많이 필요하지 않다.
④ 찬 기후에 사는 사람들은 조깅보다 걷기를 더 좋아한다.

34. 걷기의 장점으로 부상이 적고, 칼로리 소모, 심장 강화, 시간 등의 제약 없이 쉽게 할 수 있다는 것 등이 소개되고 있습니다.

35. '~ can do walking without equipment or special training ...'에서 걷기가 준비할 것이 별로 없는 운동임을 강조하고 있습니다.

- affect 악영향을 미치다; 병이 사람을 침범하다
- injury 부상
- commonly 흔히, 보통
- knee 무릎
- on the other hand 반면에
- far (비교급 앞에서) 훨씬
- strengthen 강하게 만들다
- adult 어른, 성인
- equipment 장비
- in addition 게다가, 뿐만 아니라
- sweat 땀을 흘리다
- climate 기후
- surgery 수술
- prefer A to B B보다 A를 더 좋아하다

정답 34. ① 35. ③

Section 3 Writing Part

Part VIII
본문 122~123쪽

1. is   2. to   3. the
4. When can we meet then?
5. The woman is just about to get on a train.

1~3

태풍(typhoon)은 허리케인에 대해 동아시아에서 사용되는 이름 1. 이다 이것은 태평양의 서부 지역에서 발생하는 사이클론의 한 유형이다. 태풍은 파괴력의 정도에 있어서 허리케인 2. 과 비슷하다. typhoon이라는 단어는 거대한 바람이라는 뜻의 중국말 tai-fung에서 유래했다. 태풍들은 1년내내 생겨나는데 8월에서 10월이 정점을 이루는 달이다. 1979년에 태풍 'Tip'은 기록된 것 중 3. 가장 극심한 열대의 사이클론이었다.

1. 주어(A typhoon)와 보어(a name) 사이에 be동사가 필요합니다. 3인칭 단수, 현재이므로 is가 적절합니다.

2. 'similar to'는 '~와 비슷한'의 의미입니다.

3. 형용사의 최상급 표현이 명사 앞에 오면 the를 붙입니다.

- cyclone 사이클론 (회오리바람을 일으키는 열대성 저기압)
- occur 발생하다, 일어나다
- western 서부의
- region 지역, 지방
- Pacific Ocean 태평양
- be similar to ~ ~와 비슷하다
- destructiveness 파괴력, 파괴성
- term 말, 용어

- year-round 연중 계속되는
- intense 극심한, 강렬한
- tropical 열대지방의, 열대의
- on record 기록된

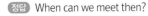

정답 1. is 2. to 3. the

 4

A: 왜 너는 요즘 학교에 걸어서 가니?
B: 내 자전거가 고장이 났는데 수리점에 갖고 갈 시간이 없어.
A: 내가 한 번 볼 수 있을 것 같아. 나는 괜찮은 자전거 정비사거든.
B: 정말? 그거 잘됐네. 오늘 밤 바쁘니?
A: 오늘 저녁에는 시간이 있어. 그럼 우리가 언제 만날 수 있을까?
B: 우리 집에 7시까지 와.

B의 대답으로 보아 만날 시간을 묻는 표현이 필요합니다. 의문사 When 뒤에는 조동사 can이 옵니다. 그 뒤에 주어 we, 일반동사의 원형 meet을 넣은 뒤 '그럼, 그러면'의 뜻인 'then'은 맨 뒤에 넣으면 됩니다.

- on foot 걸어서
- these days 요즘
- mechanic 정비사

정답 When can we meet then?

5

여자가 막 기차를 타려고 하고 있다.

'막 ~ 하려고 하다'의 표현은 'be동사 about to + 동사원형'을 쓰는데 be동사 뒤에 just를 넣기도 합니다. '기차를 타다'는 'get on'입니다.

- be just about to + 동사원형 막 ~ 하려고 하다
- get on (기차, 버스, 지하철 등을) 타다

정답 The woman is just about to get on a train.

실전모의고사 4

Section 1 Listening Part

Part I
본문 126~127쪽

1. ② 2. ④ 3. ② 4. ③ 5. ①

1 Script

① The woman is looking at the monitor.
② The woman is talking on the cell phone.
③ The woman is wearing a short-sleeved shirt.
④ The woman is holding a pen in her right hand.

① 여자는 모니터를 보고 있다.
② 여자는 휴대폰으로 통화를 하고 있다.
③ 여자는 반소매의 셔츠를 입고 있다.
④ 여자는 오른손에 펜을 하나 들고 있다.

긴 소매를 입은 여자가 오른손으로 휴대폰을 들고 컴퓨터 앞에 앉아 통화를 하고 있는 모습입니다. 시선은 컴퓨터 모니터보다 높은 곳을 향하고 있습니다.

- cell phone 휴대폰 (= cellular phone)
- short-sleeved 반소매의 (cf. long-sleeved 긴소매의)

정답 ②

2 Script

① The woman is wearing a hat.
② The man is handing the map to the woman.
③ The man and the woman are facing each other.
④ The man and the woman are carrying backpacks.

① 여자는 모자를 쓰고 있다.
② 남자는 여자에게 지도를 건네 주고 있다.
③ 남자와 여자는 서로 마주 보고 있다.
④ 남자와 여자는 배낭을 지고 있다.

남녀 두 사람 모두 등에 배낭을 지고 정면을 바라보고 있습니다. 남자는 손에 지도를 펴 들고 있으며 둘 다 모자를 쓰고 있지 않습니다.

- hand A to B B에게 A를 건네 주다 (= hand B A)
- carry (이동 중에) 지니고 있다; 휴대하다
- backpack 배낭

정답 ④

3 Script

① Two of the men are shaking hands.
② One of the men is sitting on the chair.
③ All the people are arranging the desks.
④ The woman is looking out the window.

① 남자 중 두 명이 악수를 하고 있다.
② 남자 중 한 명이 의자에 앉아 있다.
③ 사람들 모두가 책상을 정리하고 있다.

④ 여자는 창 밖을 보고 있다.

남자 한 명은 컴퓨터 앞에 앉아 모니터를 보고 있고 다른 남자 한 명과 여자는 손으로 책상을 짚고 서 있습니다.

• shake hands   악수하다
• arrange   정리하다, 배열하다

정답 ②

4 Script

① The door is wide open.
② Three chairs are placed in a row.
③ The floor is partly covered with a rug.
④ There are two lamps next to the fireplace.

① 문이 활짝 열려 있습니다.
② 의자 세 개가 일렬로 놓여 있습니다.
③ 바닥의 일부분이 양탄자로 덮여 있습니다.
④ 벽난로 옆에 스탠드가 두 개 있습니다.

문은 닫혀 있고 의자는 마주 보고 있습니다. 벽난로 앞에만 양탄자가 깔려 있고 벽난로 옆 왼쪽으로 스탠드가 하나 있습니다.

• wide open   활짝 열려 있는
• in a row   일렬로, 연이어
• be covered with ~   ~로 덮혀 있다
• rug   양탄자, 깔개
• lamp   스탠드, 전등
• fireplace   벽난로

정답 ③

5 Script

① All of the people are sitting on the sofa.
② Two men are playing musical instruments.
③ All of the women are clapping their hands.
④ One of the women is repairing a man's guitar.

① 사람들 모두가 소파에 앉아 있다.
② 두 남자가 악기를 연주하고 있다.
③ 여자들 모두가 손뼉을 치고 있다.
④ 여자들 중 한 명은 남자의 기타를 고치고 있다.

사람들 모두가 소파에 앉아 있고 그 중 한 남자가 기타를 연주하고 있습니다. 손뼉을 치고 있거나 다른 악기를 만지는 사람은 없습니다.

• clap one's hands   손뼉을 치다
• repair   고치다, 수리하다

정답 ①

Part Ⅱ
본문 128쪽

| 6. ③ | 7. ① | 8. ④ | 9. ② | 10. ① |

6 Script

W: Gary, can you do me a favor?
M: Hi, Sue. Do you have a problem?
W: No. I'm just moving to a new apartment this Friday and I need somebody to help me.
M: I see. Do you have a lot of things?
W: Not so much. And my new apartment is only a few blocks away. Can you help me?
M: Sure. I can help you out.

여자: Gary, 부탁 하나 들어 줄래?
남자: 안녕, Sue. 무슨 문제 있니?
여자: 아니. 이번 주 금요일에 새 아파트로 이사를 가게 되어서 나를 도와 줄 누군가가 필요해.
남자: 알겠어. 짐이 많니?
여자: 그다지 많지 않아. 그리고 새 아파트는 단지 몇 블록만 떨어져 있어. 나 좀 도와 줄래?
남자: 그럼. 내가 너를 도와 줄 수 있지.

① 그것은 2층에 있어.
② 엘리베이터가 하나 있어.
③ 그럼. 내가 너를 도와 줄 수 있지.
④ 미안해. 더는 못 기다리겠어.

도와 달라고 부탁하는 말에 도와 줄 수 있다거나 없다는 말로 답합니다. ④는 더 기다릴 수 없을 때 하는 말로 도움을 거절하는 말로는 어색합니다.

• do A a favor   A에게 청을 들어주다, 호의를 베풀다
• move to ~   ~로 이사가다
• away   (시간, 공간적으로) 떨어져 있는
• not ~ any longer   더 이상 ~ 아닌 (= no longer)
• floor   (건물의) 층

정답 ③

7 Script

M: I am about to order the book you wanted.
W: Really? Thanks. Are you ordering it online?
M: Yes. If you need it soon, I can choose to have it delivered in two days.
W: Hmm... I was planning to read that book on my business trip.
M: OK, then. I will order it by express delivery.
W: That would be perfect.

남자: 네가 원하던 책을 지금 주문하려는 참이야.
여자: 정말? 고마워. 온라인으로 주문할 거니?
남자: 응. 만약 금방 필요하면, 이틀 안에 배달되는 것을 선택할 수 있어.
여자: 흠… 나는 그 책을 출장 중에 읽으려고 계획중이었는데.
남자: 그럼 알겠어. 빠른 우편으로 주문할게.
여자: 그게 좋을 것 같아.

① 그게 좋을 것 같아.
② 웹사이트가 폐쇄되었어.
③ 내 친구 중 한 명이 그 책을 썼어.
④ 나는 지난 주말에 서점에 갔어.

여자의 대답으로 적절한 ①은 직역하면 "그거 완벽하겠는데."의 뜻으로 상대의 제안이나 결정에 대해 만족감을 나타내는 표현입니다.

• be about to ~   막 ~ 하려고 하다
• have ~ delivered   ~을 배달받다
• business trip   출장
• express delivery   빠른 우편

정답 ①

8 Script

W: You look so great in your graduation robe.
M: Thanks. It's finally our graduation day today.
W: Yes. I can't believe this day has come!
M: Me, neither. (pause) Let's take some photos to celebrate this moment.
W: Sure. By the way, what are you going to do after the ceremony?
M: I'll have a dinner with my family.

여자: 졸업식 가운을 입은 너의 모습이 참 보기 좋구나.
남자: 고마워. 드디어 오늘이 우리의 졸업식 날이네.

여자: 응. 이 날이 왔다니 믿어지지 않아!
남자: 나도 마찬가지야. (잠시 후) 이 순간을 기념하기 위해 사진을 좀 찍자.
여자: 그러자. 그런데, 졸업식 뒤에 너 뭐할 거니?
남자: 나는 가족과 함께 저녁식사를 할 거야.

① 나는 더 열심히 공부할 수 밖에 없었어.
② 너를 만나면 반가울 거야.
③ 가서 사진을 좀 찍자.
④ 나는 가족과 함께 저녁식사를 할 거야.

여자가 졸업식이 끝난 뒤의 스케줄을 묻고 있으므로 가족과 함께 식사를 할 예정이라는 ④가 적절한 대답입니다.

• graduation robe   졸업식 가운
• take photos   사진을 찍다 (= take pictures)
• celebrate   기념하다, 축하하다
• by the way   그건 그렇고
• ceremony   의식, 식

정답 ④

9 Script

M: Wendy, how was your vacation in Canada?
W: It was great. I did most of the things on my to-do list.
M: Like what? I want to hear about it!
W: I went to Niagara Falls and visited my grandparents.
M: I see. How many days did you stay there?
W: I was there for two weeks.

남자: Wendy, 캐나다에서 보낸 휴가 어땠니?
여자: 좋았지. 나는 해야 할 일 목록에 있는 것을 대부분 했어.
남자: 예를 들면 어떤 것들이었는데? 그것에 대해 듣고 싶어!
여자: 나이아가라 폭포에도 갔고 조부모님도 방문했지.
남자: 알겠어. 거기에서 며칠 동안 머물렀니?
여자: 나는 거기에서 2주 동안 있었어.

① 거기에 가는 데 비용이 많이 들었어.
② 나는 거기에서 2주 동안 있었어.
③ 여기서 50마일 떨어져 있어.
④ 나는 내년에 거기에 갈 계획이야.

며칠 동안 머물렀는지 묻고 있으므로 구체적인 숫자를 넣어 대답합니다. ③은 여기에서 얼마나 먼지 물어보는 질문(How far is it from here?)에 적절한 대답입니다.

• to-do list   해야 할 일을 적은 목록
• cost   ~의 비용이 들다 [들게 하다]
• a lot   많이
• get there   거기에 가다

정답 ②

10 Script

W: John, how is your diet going?
M: It's so hard to lose weight.
W: Have you tried to exercise regularly?
M: No, I usually skip my meals and do not exercise.
W: You should exercise on a regular basis. Just skipping meals will not help you lose weight.
M: Okay. I should keep that in mind.

여자: John, 너의 다이어트가 어떻게 진행되고 있니?
남자: 살을 빼는 거 정말 어렵네.
여자: 규칙적으로 운동하려고 시도했니?
남자: 아니, 나는 보통 식사를 거르고 운동은 하지 않아.
여자: 너는 규칙적으로 운동을 해야 해. 식사를 거르는 것만으로는 살을 빼는 것에 도움이 안 될 거야.

남자: 알았어. 그 말을 명심해야겠다.
① 알았어. 그 말을 명심해야겠다.
② 하지만 나는 체중도 줄이고 싶지 않다.
③ 미안해. 나는 내일 너가 운동하는 것을 도와 줄 수 없어.
④ 고마워. 나는 레스토랑에서 저녁을 먹을 거야.

살을 빼는 데 필요한 조언을 듣고 있습니다. '그 말을 명심하겠다 (keep that in mind)'는 응답이 적절합니다.

• How is ~ going?   ~은 어떻게 되어 가고 있니?
• lose weight   살을 빼다, 체중을 줄이다
• skip   (끼니 등을) 거르다
• meal   식사, 끼니
• on a regular basis   정기적으로, 규칙적으로
• keep ~ in mind   ~을 명심하다

정답 ①

Part Ⅲ
본문 129~130쪽

11. ③	12. ③	13. ③	14. ④	15. ③
16. ①	17. ③	18. ③	19. ②	20. ④
21. ①	22. ④	23. ②	24. ④	

11 Script

M: It's already 7 pm. I want to grab a bite before my yoga class. Will you join me?
W: No thanks. I have other plans.
M: What are you going to do?
W: I have to go to the library by 7:30, so I should get going now.
M: OK. Then I will go alone.
W: Sorry. I'll go with you next time.

남자: 벌써 오후 7시네. 요가 수업 전에 간단히 먹고 싶은데. 나랑 같이 갈래?
여자: 고맙지만 사양할게. 나는 다른 계획이 있어.
남자: 뭘 할 건데?
여자: 7시 30분까지 도서관에 가야 해. 그래서 지금 가야겠는 걸.
남자: 알았어. 그럼 나 혼자 갈게.
여자: 미안해. 다음 번에 너랑 같이 갈게.

Q. 왜 여자는 남자와 함께 먹으러 가는 일을 하지 않는가?
① 그녀는 다이어트 중이다.
② 그녀는 전혀 배가 고프지 않다.
③ 그녀는 도서관에 가야 한다.
④ 그녀는 당장 가진 돈이 없다.

여자의 두 번째 말 "I have to go to the library ~."에서 도서관에 가야 한다는 것을 알 수 있습니다.

• grab a bite   간단히 먹다
• alone   혼자서
• next time   다음 번에
• on a diet   다이어트 중인
• not ~ at all   전혀 ~ 아닌
• right now   지금 당장

정답 ③

12 Script

(Rings)
W: Hello, is that Thompson?
M: Yes. This is Thompson speaking.
W: Thompson, this is Irene. I'm really sorry but I can't make it to our meeting tomorrow.
M: Why? Is there a problem?

W: Well, my father is at the hospital right now. So can we postpone the meeting?
M: Of course. I hope your father will get better soon.

(전화벨이 울린다)
여자: 여보세요, 너 Thompson이니?
남자: 응. 나 Thompson이야.
여자: Thompson, 나 Irene이야. 정말 미안한데 내일 우리가 만나기 한 거 나갈 수가 없게 되었어.
남자: 왜? 무슨 문제가 있니?
여자: 그게, 우리 아버지가 지금 병원에 계셔. 그러니까 만나는 것을 연기할 수 있을까?
남자: 물론이지. 너의 아버님이 곧 나아지시기를 빌어.

Q. 여자가 남자에게 요청하는 일은 무엇인가?
① 그녀에게 나중에 전화하기
② 그녀의 아버지를 방문하기
③ 만남을 연기하기
④ 그녀를 병원에서 만나기

아버지가 갑자기 병원에 가시게 되어 만날 약속을 연기(postpone)하자는 전화를 받고 남자는 제안을 받아들이면서 여자 아버지가 빨리 나아지기를 (get better soon) 바라는 말로 응답하고 있습니다.

• make it   (모임 등에) 시간에 맞춰 나가다
• postpone   연기하다
• get better   (병세가) 나아지다, 호전되다

정답 ③

13 Script

M: Did you hear that Mr. Kevin is leaving?
W: You mean Mr. Kevin, the 6th grade English teacher?
M: Yes. He is leaving our school this Tuesday. He is going back to his hometown, Daejeon.
W: Oh no... He is one of my favorite teachers.
M: You must be sad, but it's good for him because he is leaving for a good reason.
W: Yeah, but I'll miss him very much.

남자: Kevin 선생님이 떠나신다는 얘기 들었니?
여자: 6학년 영어 선생님인 Kevin 선생님 말이니?
남자: 응. 그는 이번 주 화요일에 우리 학교를 떠나신데. 고향인 대전으로 돌아 가실 거래.
여자: 아, 안돼… 그는 내가 가장 좋아하는 선생님 중의 한 분이야.
남자: 슬프겠지, 하지만 좋은 이유로 떠나시니까 선생님한테 잘 된 거야.
여자: 응, 하지만 많이 보고 싶을 것 같아.

Q. 여자는 소식에 대해 어떤 기분을 느끼고 있는가?
① 만족한다
② 의심한다
③ 슬퍼한다
④ 무관심하다

여자의 두 번째와 세 번째 말 "Oh no... He is one of my favorite teachers." 와 "~ I'll miss him very much"에서 선생님이 떠나는 것을 서글퍼하고 있음을 알 수 있습니다.

• mean   의미하다
• grade   학년; 학점; 등급
• go back to ~   ~로 돌아가다
• hometown   고향
• must   ~임에 틀림없다
• reason   이유
• miss   보고 싶어하다, 그리워하다

정답 ③

14 Script

W: I'm sorry. Is this your seat?
M: No, that's not my seat. Go ahead.
W: Thanks. I decided to take a train because it is much faster than the express bus.
M: Yeah, there is a lot of traffic on the highway. Do you often take the train?
W: Twice a week. My parents live in Busan.
M: Wow, my parents live there, too. What a coincidence!

여자: 죄송합니다. 여기가 당신 자리인가요?
남자: 아니요, 제 자리 아닙니다. 앉으세요.
여자: 고맙습니다. 기차가 고속버스보다 훨씬 빨라서 기차를 타기로 했죠.
남자: 네, 고속도로에는 교통량이 많아요. 기차를 자주 타시나요?
여자: 일 주일에 두 번 타요. 부모님이 부산에 사시거든요.
남자: 와, 우리 부모님도 거기에 사시는데. 우연의 일치군요!

Q. 이 대화가 일어나고 있는 장소로 가장 알맞은 곳은?
① 택시 안   ② 자동차 안   ③ 버스 안   ④ 기차 안

여자의 두 번째 말에서 기차를 타기로 한 사실(I decided to take a train)과 그 이유 (much faster than the express bus)가 나와 있습니다.

• seat   자리, 좌석
• Go ahead.   어서 하세요.
• much faster   훨씬 빠른
• express bus   고속버스
• traffic   교통량, 교통
• coincidence   우연

정답 ④

15 Script

M: We need to buy two new overhead projectors for our film club. The old one stopped working.
W: How much are the projectors?
M: Each of them costs $100. So that will make the total cost...
W: $200. Aren't there any taxes on them?
M: Right, the tax is 10% of the total cost.
W: OK. Let's go to the store right now.

남자: 우리는 영화 동아리에서 쓸 새 오버헤드 프로젝터 두 개를 사야 해. 오래 된 것은 작동을 멈췄어.
여자: 프로젝터 가격이 얼마야?
남자: 하나 당 가격이 100달러야. 그러니까 총 금액이 …
여자: 200달러. 그것들에 세금이 붙지 않니?
남자: 맞았어. 세금은 총 비용에 10%야.
여자: 알았어. 지금 바로 가게에 가자.

Q. 프로젝터 2개를 사는 데 비용이 얼마가 들까?
① 180달러   ② 200달러   ③ 220달러   ④ 240달러

하나 당 100달러이고 세금이 10% 붙는데 두 개를 살 예정이므로 110달러 ×2=220달러가 됩니다.

• overhead projector   오버헤드 프로젝터 (= OHP) 〈스크린에 영상으로 비추는 교육 기기〉
• tax   세금

정답 ③

16 Script

W: Hi, Justin. How are you doing these days?
M: Well, I am going to take a trip to Bali. I'll leave on the 4th of December.
W: Wow, that sounds great. Are you going to play any water sports there?
M: Sure. I'll try water skiing.

W: Oh, don't forget to visit the Royal Temple. I have been there and it's such a lovely place.
M: OK. I'll definitely go there.

여자: 안녕, Justin. 요즘 어떻게 지내니?
남자: 음, 나 발리로 여행을 갈 예정이야. 12월 4일에 출발해.
여자: 와, 멋지다. 거기서 수상 스포츠도 할 예정이니?
남자: 그럼. 수상 스키를 해 볼 거야.
여자: 오, Royal 사원을 잊지 말고 방문해. 내가 거기 가 보았는데 정말 아름다운 곳이야.
남자: 알았어. 거기에 꼭 갈게.

Q. 남자와 여자는 주로 무엇에 대해 이야기하고 있는가?
① 남자의 여행 　　　　　　　　② 일부 수상 스포츠
③ 발리에 있는 사원 　　　　　　④ 남자의 옛친구

남자가 발리 여행을 떠나려고 하는 날짜와 가서 하려는 일에 대해 대화를 나누고 있고 여자는 가 볼 만한 곳을 추천해 주고 있습니다. 대화의 거의 모든 내용이 남자의 발리 여행에 관한 것입니다.

• How are you doing?　어떻게 지내니?
• take a trip to ~　~로 여행하다
• Don't forget to ~.　잊지 말고 ~해라., ~ 할 것을 잊지 마라.
• temple　사원, 신전, 절
• such a lovely ~　정말로 사랑스러운 ~
• lovely　아름다운, 사랑스러운
• definitely　틀림없이, 반드시

정답 ①

17 Script

M: I want to see that RN Tower but I am not sure we have enough time.
W: Well, let's see. Our bus leaves at 8 pm. What time is it now?
M: It's 6:10. Oh, I really want to see the tower up-close.
W: OK, then let's take the ferry. The ferry leaves at 6:30 and it takes one hour for the round trip.
M: Do you think we won't be late for the bus?
W: We should be fine. Let's go.

남자: 나는 RN 타워를 보고 싶은데 우리가 시간이 충분할지 잘 모르겠어.
여자: 글쎄, 어디 볼까. 우리의 버스는 오후 8시에 출발하네. 지금이 몇 시지?
남자: 6시 10분이야. 오, 나는 정말 타워를 가까운 거리에서 보고 싶어.
여자: 알았어, 그러면 여객선을 타자. 여객선은 6시 30분에 출발해서 왕복 여행을 하는 데 한 시간 걸려.
남자: 우리가 버스에 늦지는 않을까?
여자: 괜찮을 거야. 가자.

Q. 대화를 통해 추론할 수 있는 것은?
① 남자는 타워를 좋아하지 않는다.
② 여자는 타워를 보고 싶어하지 않는다.
③ 남자와 여자는 여객선을 탈 것이다.
④ 남자와 여자는 아마도 버스를 놓칠 것이다.

타워를 보고 싶어하는 남자를 위해 여자는 여객선을 탈 것을 제안하고 남자가 반대하지 않습니다. ④는 6시 30분에 출발하는 여객선이 한 시간 후 처음 장소로 돌아올 것이므로 8시에 출발하는 버스 시간에 늦지 않을 것이므로 틀린 내용입니다.

• up-close　근거리에서의
• ferry　여객선, 페리
• round trip　왕복 여행
• miss　(탈것 등을) 놓치다

정답 ③

18 Script

W: I need some vegetables for a salad.
M: Well, those tomatoes over there look fresh. How about buying some of them?
W: We already have tomatoes, so we don't need any. Let's find some cucumbers and onions.
M: Look! Both of them are on sale right now. How many do we need?
W: We need two cucumbers and one onion. And we need some olives, too.
M: Okay. Let's go get them.

여자: 샐러드용으로 야채가 좀 필요해요.
남자: 음, 저기에 있는 토마토들이 신선해 보인다. 저것들을 좀 사는 게 어떨까?
여자: 토마토는 있어서 전혀 필요하지 않아요. 오이와 양파를 찾아 봅시다.
남자: 봐! 그것들 둘 다 지금 할인판매 중이네. 우리가 얼마나 많이 필요하지?
여자: 오이 두 개와 양파 한 개가 필요해요. 그리고 올리브도 좀 필요해요.
남자: 알겠어요. 가서 삽시다.

Q. 남자와 여자가 샐러드를 만들기 위해 살 필요가 없는 것은?
① 올리브　　② 양파　　③ 토마토　　④ 오이

여자의 두 번째 말 (We already have tomatoes, so we don't need any.)에서 토마토는 살 필요가 없음을 알 수 있습니다.

• vegetable　야채
• fresh　신선한
• already　이미, 벌써
• cucumber　오이
• onion　양파
• both of them　그것들 둘 다 (= they both)
• get　사다

정답 ③

19 Script

M: Can you help my dog? I think he's sick.
W: Well, put him here on the examining table and let me take a look at him.
M: He doesn't eat at all. He just sits in the corner all day long.
W: What was the last thing he ate?
M: I gave him some of my chocolate bar.
W: Hmm. Chocolate is very bad for dogs. I think that is the reason he got sick.

남자: 제 개를 좀 봐 주시겠어요? 그가 아픈 것 같아요.
여자: 음, 그를 여기 진찰용 탁자에 올려 놓으세요. 제가 한 번 볼게요.
남자: 그는 전혀 먹지 않아요. 하루종일 구석에 앉아 있기만 해요.
여자: 그가 마지막으로 먹은 게 뭐였죠?
남자: 초콜릿바를 조금 주었는데요.
여자: 흠. 초콜릿은 개에게 아주 나빠요. 그것이 그가 병이 난 이유인 것 같네요.

Q. 남자는 누구와 이야기하고 있는가?
① 치과의사　　　　　　　　② 수의사
③ 개인 트레이너　　　　　　④ 식료품 가게 점원

남자의 첫 번째 말에서 개에 문제가 생겼음을 알 수 있고 뒤이어 아픈 이유를 찾아내는 과정이 소개되는 대화입니다. animal doctor(수의사)는 흔히 vet (= veterinarian) 으로도 많이 표현합니다.

• sick　아픈, 병이 난
• examining table　진찰용 탁자
• Let me ~.　내가 ~ 할게요.
• take a look at ~　~을 한 번 보다
• not ~ at all　전혀 ~ 아닌
• all day long　하루종일 (cf. all night long　밤새도록)
• reason　이유, 원인
• get　~ 되다 (get sick　병이 나다)

정답 ②

20 ▷ Script

W: Excuse me. Can I talk to the manager?
M: I'm the assistant manager. Could I assist you?
W: Well, I bought these shoes last Friday but they are very uncomfortable. Can I get a refund?
M: We only offer a refund within 7 days of purchase. Unfortunately, it's too late for a refund.
W: Then, can I change it to a bigger size?
M: Sure. I can do that for you. Please wait a minute. I'll get you another pair.

여자: 실례합니다. 지배인님과 좀 이야기를 할 수 있을까요?
남자: 제가 부지배인입니다. 제가 도와드려도 될까요?
여자: 이 신발을 지난 주 금요일에 샀는데 너무 불편하네요. 환불을 받을 수 있을까요?
남자: 저희는 구입하신 지 7일 이내일 경우만 환불을 해 드립니다. 유감이지만 환불을 해 드리기에는 너무 늦은 것 같네요.
여자: 그러면, 더 큰 사이즈로 교환할 수 있을까요?
남자: 물론이죠. 손님에게 그렇게 해 드리죠. 잠깐만 기다리세요. 다른 신발을 갖다 드릴게요.

Q. 대화 직후 남자는 무엇을 할까?
① 지배인에게 전화한다
② 여자에게 영수증을 요구한다
③ 여자의 신발에 대해 환불해 준다
④ 여자에게 다른 사이즈의 신발을 갖다 준다

남자의 마지막 말(Please wait a minute. I'll get you another pair.)에서 바로 다른 신발을 갖다 줄 것임을 알 수 있습니다.

• manager 지배인
• assistant manager 부지배인
• assist 돕다
• uncomfortable 불편한 (↔ comfortable)
• refund 환불; 환불해 주다
• get a refund 환불받다
• within ~ 이내에, ~ 안에
• purchase 구매, 구입
• unfortunately 불행하게도, 유감스럽게도
• pair 켤레
• require 요구하다
• receipt 영수증

정답 ④

21 ▷ Script

M: Guess what? I've got a new part time job!
W: Congratulations! Where are you going to work?
M: At the Italian restaurant on Roadhill Street. I am a cook there, not a waiter.
W: That's amazing. I have always thought that you are a talented cook.
M: Thanks. My next goal is to be a full time cook there.
W: I can't wait to see it! I am sure you will be a great cook.

남자: 있잖아, 나 새로 아르바이트 자리 구했어!
여자: 축하해! 어디에서 일 할 예정인데?
남자: Roadhill Street에 있는 이탈리아 레스토랑에서 일할 거야. 나는 거기에서 요리사야, 웨이터가 아니고.
여자: 정말 멋지다. 나는 늘 네가 요리에 재능이 있다고 생각해왔어.
남자: 고마워. 내 다음 목표는 거기에서 정규 요리사가 되는 거야.
여자: 빨리 그렇게 되는 것을 보고 싶어! 너가 훌륭한 요리사가 될 거라고 나는 확신해.

Q. 남자의 새로운 아르바이트 일자리는 무엇인가?
① 요리사   ② 웨이터   ③ 출납원   ④ 배달원

남자는 여자에게 "I am a cook there, not a waiter."라고 웨이터가 아닌 요리사로 일하게 되었다고 말하고 있습니다.

• Guess what? 있잖아.
• part time 아르바이트
• cook 요리사; 요리를 하는 사람 (cf. cooker 요리 도구)
• talented 재능 있는
• goal 목표
• full time 상근의, 전시간 근무의
• can't wait to ~ ~ 하는 것이 너무 기다려지다
• cashier (상점, 호텔 등의) 출납원

정답 ①

22 ▷ Script

W: Jeremy, you've been studying for three hours. Aren't you tired?
M: I'm OK, Mom. I really want to have a good grade on my final exams. I haven't done well on the mid-term exams.
W: But your health is more important than getting a good grade. Why don't you go outside and breathe some fresh air?
M: Alright. I'll take a 15 minute rest.
W: OK. I'll prepare some snacks for you.
M: Thank you, Mom.

여자: Jeremy, 너 세 시간 동안 공부하고 있잖아. 피곤하지 않니?
남자: 괜찮아요, 엄마. 저는 정말 학기말고사에서 좋은 성적을 얻고 싶어요. 중간고사에는 잘 못 봤잖아요.
여자: 하지만 너의 건강이 좋은 점수를 받는 것보다 더 중요해. 밖에 나가서 신선한 공기를 좀 마시지 그러니?
남자: 괜찮아요. 15분간 휴식할게요.
여자: 알았어. 너에게 간식을 좀 준비해 줄게.
남자: 고마워요, 엄마.

Q. 여자는 남자에게 무엇을 하라고 제안하고 있는가?
① 공부를 더 해라
② 간식을 좀 만들어라
③ 엄마가 음식 만드는 것을 도와라
④ 신선한 공기를 위해 밖으로 나가라

아들을 염려하는 엄마의 마음이 두 번째 말에 잘 나타나 있습니다. 건강이 더 소중하니 "~ go outside and breathe ~"라며 밖으로 나가 신선한 공기를 마시라고 제안하고 있습니다.

• grade 점수, 학점
• final exam 학기말고사
• do well on ~ ~ (시험 등)에서 잘하다
• mid-term exam 중간고사
• breathe 호흡하다, 숨을 쉬다
• take a rest 휴식을 취하다
• snack 간식, 스낵

정답 ④

23 ▷ Script

M: Have you decided which cap to buy?
W: Oh, I can't make a decision. I like them all. What looks good to you?
M: What about this one? Joseph likes green.
W: Yeah, he likes green but I am worried about the style. I am not sure if he likes this kind of style.
M: Don't worry. He collects all kinds of caps. He will like it for sure.
W: I hope so.

남자: 어느 모자를 살지 결정했니?
여자: 오, 나는 결정을 못 내리겠어. 나는 저것들이 다 좋아. 너한테는 무엇이 좋아 보이니?

남자: 이것은 어때? Joseph은 녹색을 좋아하잖아.
여자: 응, 그는 녹색을 좋아하지만 나는 스타일이 걱정이야. 그가 이런 스타
일을 좋아하는지 잘 모르겠는걸.
남자: 걱정 마. 그는 모든 종류의 모자를 수집해. 그는 이것을 틀림없이 좋아
할 거야.
여자: 그러길 바래.

Q. 여자는 모자에 대해 무엇을 걱정하고 있는가?
① 크기　　　　　② 스타일　　　　③ 색상　　　　④ 가격

여자는 Joseph이 녹색을 좋아하는 것은 알고 있지만 스타일도 맘에 들어할
지에 대해서는 걱정하고 있습니다. (I am worried about the style. I am
not sure if he likes this kind of style.)

• make a decision　결정하다 (= decide)
• be worried about ~　~에 대해 걱정하다
• I am not sure if ~.　나는 ~인지 아닌지 잘 모르겠다.
• collect　모으다, 수집하다
• for sure　확실히, 틀림없이

 정답 ②

 25 Script

(M) Good morning. I'm Michael Lim from the National Weather
Center. Today, it will be snowing just like yesterday. The snow
won't stop until late tonight but it will be sunny and clear
tomorrow morning. It will be good to go outside and enjoy the
sun tomorrow. The clear weather will continue until the day after
tomorrow. Thank you for joining us and have a good day.

안녕하세요. 저는 국립 기상 센터의 Michael Lim입니다. 오늘은 어제와 똑
같이 눈이 내리겠습니다. 눈은 오늘밤 늦게나 되어야 그치겠지만 내일 아침
에는 해가 나고 맑겠습니다. 내일은 밖에 나가서 태양을 즐기는 것이 좋겠습
니다. 맑은 날씨는 모레까지 계속되겠습니다. 우리와 함께 해 주셔서 감사합
니다. 좋은 하루 되세요.

Q. 내일 아침의 날씨는 어떨까?
① 비가 내린다　　　　　　　　② 해가 난다
③ 구름이 낀다　　　　　　　　④ 눈이 내린다

"~ but it will be sunny and clear tomorrow morning"에서 내일 날씨가
해가 나고 맑겠다고 예보하고 있습니다.

• just like ~　바로 ~ 처럼
• not ~ until …　… 전까지는 ~ 아닌, …가 되어서야 ~인
• continue　계속되다
• the day after tomorrow　모레

정답 ②

24 Script

W: How's your new job?
M: It's going well. My job is very interesting and my coworkers
are really nice.
W: It's good to hear that, but you said sometimes you have to
work overtime.
M: Yes, but that doesn't matter because I like my job.
W: It seems you are very satisfied with your new work. I wish I
was, too.
M: Oh. Are you still unhappy with your work? Why don't you find
a new job that you really like?

여자: 너 새로 하고 있는 일이 어떻지?
남자: 잘 되고 있어. 내 일은 아주 재미있고 동료들도 정말 친절해.
여자: 그 말을 들으니 좋구나. 하지만 가끔 초과 근무를 해야 한다고 너가 말
했잖아.
남자: 응, 하지만 나는 내 일이 맘에 들기 때문에 그것은 상관없어.
여자: 너의 새 일에 아주 만족하고 있는 것 같구나. 나도 그러면 좋겠는데.
남자: 오. 너 아직도 너의 일이 만족스럽지 않니? 정말 너의 맘에 드는 새 일
을 찾아보는 게 어떠니?

Q. 대화를 통해 알 수 없는 것은?
① 남자는 그의 새로운 일을 즐긴다.
② 남자는 자기 동료들을 좋아한다.
③ 여자는 자기 일에 별로 만족해하지 않는다.
④ 남자와 여자는 같은 회사에서 일한다.

남자는 새 일을 즐겁게 하고 있고 여자는 아직도 하는 일에 맘에 들지 않아 하
고 있지만 두 사람이 같은 직장에 다니고 있다고 볼 근거는 없습니다.

• go well　순조롭게 잘 진행되다
• coworker　함께 일하는 사람
• work overtime　초과근무를 하다
• That doesn't matter　그것은 문제가 안 된다[상관없다]
• be satisfied with ~　~에 만족하다
• I wish I was.　나는 ~이면 좋겠다

 정답 ④

26 Script

(W) Attention, all passengers of Air Canada flight 209 bound for
Vancouver. There will be a delay because of the harsh weather.
The weather forecast says heavy rain and strong winds are
possible late this afternoon. So the flight is going to be delayed
for three hours. We are very sorry for the delay, but your safety is
most important to us. We will have passengers board the plane
after three hours. Thank you for your cooperation.

벤쿠버 행 에어 캐나다 209편 승객 여러분께 알립니다. 사나운 날씨 때문에
지연이 있겠습니다. 날씨 예보에 의하면 오늘 오후 늦게 폭우와 강풍이 예상
됩니다. 그래서 비행이 3시간 동안 지연될 예정입니다. 지연이 된 점 대단히
죄송합니다. 하지만 저희들에게는 여러분의 안전이 가장 중요합니다. 저희는
3시간 뒤에 승객 여러분들이 비행기에 탑승하시도록 하겠습니다. 여러분의
협조에 감사드립니다.

Q. 비행에 관해 옳은 것은?
① 비행의 목적지는 토론토이다.
② 승객들은 3시간 뒤에 비행기를 탈 수 있다.
③ 승객들은 공항 밖으로 나가서는 안 된다.
④ 비행은 사고 때문에 지연되고 있다.

② 본문의 "We will have passengers board the plane after three hours
(저희는 3시간 뒤에 승객 여러분들이 비행기에 탑승하시도록 하겠습니다.)"
의 표현에서 알 수 있습니다. 'have A + 동사원형'은 'A에게 ~하게 하다'의
의미입니다.

• harsh　(날씨 등이) 사나운, 모진
• delay　지연, 지체; 미루다, 연기하다
• board　탑승하다
• destination　목적지
• accident　사고

 정답 ②

Part IV
본문 131쪽

25. ②　　26. ②　　27. ④　　28. ①　　29. ③
30. ④

65

27 Script

(M) Good morning, students. In celebration of *Make a Difference Day*, Montana High School has decided to take part in some community volunteer projects. We are going to paint three houses for low-income families to improve the living conditions of community residents. Also, we will visit some orphanages in View Valley and clean the streets. I hope Montana High School can make a difference, too. Thank you.

안녕하세요, 학생 여러분. '바꿈의 날'을 기념하여 Montana 고등학교에서는 일부 지역사회 자원봉사 프로젝트에 참여하기로 결정했습니다. 우리는 지역 사회 거주민의 생활 조건을 향상시키기 위해 저소득층 가족들 중 세 개의 집에 페인트칠을 해 줄 예정입니다. 또한, 우리는 View Valley의 고아원을 방문하고 거리 청소도 할 계획입니다. 나는 Montana 고등학교도 차이를 만들 수 있기를 희망합니다. 감사합니다.

Q. 이 발표의 주된 목적은 무엇인가?
① '바꿈의 날'의 역사를 설명하기 위해
② '바꿈의 날'을 학생들에게 소개하기 위해
③ '바꿈의 날'을 위한 자원봉사자를 고용하기 위해
④ '바꿈의 날'에 대한 학교 계획을 알리기 위해

'바꿈의 날'을 맞아 지역사회에 대한 봉사활동에 참여하기로 한 사실과 함께 구체적인 계획(페인트 칠, 고아원 방문, 거리 청소)을 소개하고 있습니다.

• in celebration of ~ ~을 기념하여
• take part in ~ ~에 참여하다, 참가하다
• community 지역 사회
• low-income 저소득의
• improve 개선하다
• living condition 생활 조건
• resident 거주자, 주민
• orphanage 고아원

 정답 ④

28 Script

(W) As residents in the dormitory, you will have access to the kitchen but you must bring your own pots and buy your own food. If you don't want to cook, you can simply buy a meal ticket for the cafeteria. The fee is added to your dormitory costs and the ticket will provide you with three meals a day during the semester.

기숙사 입주민으로서 당신은 부엌을 사용할 수 있지만 당신 소유의 냄비를 가져와야 하고 음식을 사야 합니다. 만약 요리를 하기를 원치 않으시면 구내식당에서 사용할 식권을 구입하면 됩니다. 식권 요금은 기숙사 비용에 추가될 것이고 식권은 학기 중 하루에 3회의 식사를 당신에게 제공하게 됩니다.

Q. 학기 중 구내식당에서 식사하기 위해 필요한 것은 무엇인가?
① 식권   ② 무료 쿠폰
③ 학생증   ④ 지불 영수증

요리를 하지 않으려면 구내식당을 이용할 수 있는데 meal ticket (식권)을 사야 한다고 안내하고 있습니다. 기숙사 비용에 식권 비용이 포함되며 학기 중 하루 세끼 식사를 할 수 있다고 소개하고 있습니다.

• dormitory 기숙사
• access 이용, 접근
• pot 냄비, 솥
• meal ticket 식권
• cafeteria 구내식당
• is added to ~ ~에 추가되다
• provide A with B A에게 B를 제공하다
• semester 학기

정답 ①

29 Script

(M) Recently, researchers have found that music can make people relax. Even though music cannot cure certain diseases, it is reported that sick people breathe more easily and their blood pressure falls while listening to music. Moreover, music can be used as a way of boosting confidence. Therefore, doctors advise people to listen to music before they take on some difficult tasks. People can take advantage of music to get peace of mind and have more energy.

최근에, 연구자들은 음악이 사람들에게 긴장을 풀어줄 수 있다는 사실을 발견했다. 비록 음악이 특정한 병들을 치료해 줄 수는 없지만, 음악을 듣는 도중에 환자들이 더 쉽게 숨을 쉬고 그들의 혈압도 내려간다고 보도되고 있다. 더욱이, 음악은 자신감을 높이는 방법으로도 사용될 수 있다. 그래서 의사들은 사람들에게 어떤 어려운 일을 떠맡기 전에 음악을 듣도록 조언하고 있다. 사람들은 마음의 평온을 얻기 위해 그리고 더 많은 에너지를 얻기 위해 음악을 이용할 수 있다.

Q. 음악의 장점으로 언급되지 않은 것은?
① 더 많은 에너지를 준다   ② 마음의 평화를 가져 온다
③ 특정한 병을 치유한다   ④ 사람들의 자신감을 높인다

본문 두 번째 줄에서 음악으로 특정한 병을 치유할 수는 없다고 분명하게 언급하고 있습니다 (Even though music cannot cure certain diseases, ~)

• recently 최근에
• relax 긴장을 풀다
• even though 비록 ~이지만 (= even if, although)
• cure (병을) 치유하다
• breathe 숨을 쉬다
• blood pressure 혈압
• moreover 더욱이, 게다가
• boost 북돋우다
• confidence 자신감 (cf. confident 자신감있는)
• take on (일 등을) 맡다
• take advantage of ~ ~을 이용하다
• peace 평화

정답 ③

30 Script

(W) Now we are going to enter the Lady's Church. It is one of the oldest buildings in the City of London. It was built in 1897 and originally designed to be a library. But it served as a library only for a short time. It served as a museum for 27 years and after that, it was used as a city hall until 1967. Since then, it has functioned as a church.

이제 우리는 Lady's Church에 들어갈 예정입니다. 이것은 런던 시에서 가장 오래된 건물 중의 하나입니다. 이것은 1897년에 세워졌고 원래 도서관으로 설계되었습니다. 그러나 도서관으로는 단지 짧은 시간 동안만 기여했습니다. 27년 동안 박물관으로 사용되었고 그 뒤에는 1967년까지 시청으로 이용되었습니다. 그 이후부터 교회로서의 기능을 하고 있습니다.

Q. 이 빌딩의 두 번째 용도는 무엇이었는가?
① 도서관   ② 교회   ③ 시청   ④ 박물관

원래는 도서관으로 설계되어 짧게 사용 → 박물관으로 사용 → 시청으로 사용 → 교회로 사용

• enter ~에 들어가다
• originally 원래, 본래
• serve 기여하다, (서비스를) 제공하다
• city hall 시청
• since then 그때 이후
• function 기능을 하다, 작용하다
• church 교회

 정답 ④

Section 2 **Reading Part**

Part V			본문 132~133쪽	
1. ④	2. ③	3. ②	4. ③	5. ②
6. ①	7. ④	8. ④	9. ④	10. ③

 1

많은 시민들은 우리가 독도를 지키기 위해서는 우리의 역사를 먼저 배워야 한다고 말한다.

④ keeping → keep
'~ 하기 위해서'의 뜻으로 'in order to + 동사원형'이 사용됩니다. 이 경우 'in order'를 생략하고 'to 동사원형'만 쓰기도 합니다.

• citizen 시민, 주민
• keep 지키다, 보호하다
• island 섬

정답 ④

 2

새로운 연구는 침팬지들이 사심없는 행동을 보이고 다른 침팬지들을 도와준다는 것을 밝혀냈다.

③ selflessly → selfless
명사 behaviors를 수식해야 하므로 부사(selflessly: 사심없이)가 아닌 형용사(selfless: 사심없는, 이타적인)가 사용됩니다.

• study 연구
• reveal 밝히다, 드러내다
• behavior 행동, 행실

정답 ③

 3

지문은 사람마다 유일무이하기 때문에 특별하다.

② until → because
they 이하는 '지문이 특별하다'라는 앞의 내용에 대한 이유가 되는 것이 자연스럽습니다.

• fingerprint 지문
• until ~할 때까지
• unique 유일무이한, 독특한
• person 사람

정답 ②

 4

2000년도 이래, 태풍들은 초목, 사람, 동물 그리고 다른 깃들을 따시 이름 붙여져 왔다.

③ naming → named
태풍은 스스로 이름을 짓는 것이 아니라 이름이 붙여지는 것이므로 수동(be 동사+과거분사)의 형식으로 표현합니다. 'have been 과거분사'는 수동태의 형식에 현재완료의 의미가 더해진 것입니다 〈현재완료진행〉

• since ~ 이래로
• typhoon 태풍
• name after ~의 이름을 따서 이름을 짓다
• plant 초목
• human 인간

정답 ③

 5

지난달, 한국 문화를 미국인들과 공유하기 위해 최초의 '뉴욕 K-POP 경연대회'가 열렸다.

② is → was
분명한 과거의 때를 나타내는 말(last month)이 사용되었으므로 동사의 시제도 과거형으로 씁니다.

• be held 열리다
• share A with B A를 B와 공유하다, 나누다
• culture 문화

정답 ②

 6

서울로 오는 외국 학생들의 수는 증가하고 있다.

관계대명사의 격은 관계대명사가 이끄는 절 안에서의 역할에 따라 결정됩니다. 'come to Seoul(서울로 오는)' 에서 주어 역할을 하므로 주격이 쓰입니다.

• the number of ~ ~의 수
• foreign 외국의
• increase 증가하다
• whoever 누구든

정답 ①

 7

Michael Cook 박사는 돌고래들이 믿기 어려운 치유 능력을 갖고 있다는 사실의 발견으로 유명하다.

'be famous for'는 '~로 유명하다'의 의미입니다.

• discovery 발견
• dolphin 돌고래
• incredible 믿을 수 없는, 믿기 힘든
• healing ability 치유 능력

정답 ④

 8

지난 20년 이상 동안 허블 우주 망원경은 우주의 수많은 놀라운 사진들을 찍었다.
① 놀라게 하다 　　　　　　　② 놀란
③ 놀라게 하다 　　　　　　　④ 놀라운, 놀라움을 주는

amazed는 '놀란'의 의미를 나타내고 amazing은 '놀라움을 주는'의 뜻입니다.

• past 지나간, 지난
• telescope 망원경
• numerous 수많은
• universe 우주

정답 ④

 9

텔레비전을 하루에 4시간 이상 보는 사람들은 특정 건강 문제가 생길 높은 위험성을 갖고 있다.

more than은 '~이상, ~보다 많이'의 뜻입니다.
(cf. less than ~: ~ 미만, ~보다 적게)

• a day 하루에
• risk 위험, 위험 요소

정답 ④

10

어른이 된다는 것이 반드시 당신이 완벽한 사람이 되어야 한다는 것을 의미하지는 않는다.

동명사(동사원형+ing)는 문장 속에서 주어, 목적어, 보어로 쓰이며 '~ 하는 것'의 의미를 나타냅니다. be동사의 동명사는 'being (~ 되는 것)'입니다.

• adult   어른, 성인
• not necessarily ~   반드시 ~는 아닌 (부분 부정 표현)
• mean   의미하다

정답 ③

Part VI				본문 134~135쪽
11. ③	12. ④	13. ④	14. ④	15. ②
16. ②	17. ③	18. ①	19. ③	20. ①

11

키가 주로 유전에 의해 결정되지만, 어린 시절의 영양에 의해서도 영향을 받는다.

① 확인된, 인정된   ② 무시된
③ 결정된; 결연한   ④ 나타낸, 대표된

While it(=height) is determined ~에서 it is가 생략된 형태입니다.

• height   키, 신장
• largely   주로
• genetics   유전적, 유전적 특징
• nutrition   영양

정답 ③

12

많은 전문가들은 콩으로 만든 음식은 고품질 단백질의 풍부한 원천이라고 말한다.

① 근거, 기초   ② 입장, 등장   ③ 감각   ④ 원천, 근원

콩은 단백질이 많이 들어 있으므로 단백질의 '원천'이라고 말할 수 있습니다. 'rich'는 '풍부한'의 의미로 '단백질이 풍부하다'는 'be rich in protein'으로 표현합니다.

• expert   전문가
• soy   콩
• rich   풍부한
• high-quality   고급의
• protein   단백질

정답 ④

13

드문 분홍색 청백 돌고래는 머리끝에서 발끝까지 완전히 분홍색이다.

① 최근에   ② 드디어, 마침내
③ 빨리, 급속히   ④ 전적으로, 완전히

from tip to tail(머리끝에서 발끝까지)은 '전체적'이라는 의미와 연결됩니다.

• rare   드문, 진기한
• pink bottlenose dolphin   분홍색 청백 돌고래
• from tip to tail   머리끝에서 발끝까지

정답 ④

14

재미있는 영어책을 읽는 것은 여러분이 영어의 유창성을 향상시키는 데에 도움을 준다.

① 멈추다   ② 쓰다
③ 보호하다   ④ 향상시키다

영어 책을 많이 읽으면 영어 실력을 더 좋게 해 줄 것입니다. reading (읽는 것)은 동명사로 주어 역할을 하고 있습니다.

• proficiency   숙달, 능숙함, 유창

정답 ④

15

궤도에 처음 진입한 최초의 동물은 Laika라는 이름의 러시아 개였다.

① 취소하다, 철회하다   ② ~에 들어가다
③ 해를 끼치다   ④ 뒤떨어지다

궤도(orbit)와 자연스럽게 어울리는 말은 'go into'입니다. 'The first animal to ~'는 '~한 최초의 동물'의 뜻으로 to 부정사가 앞에 있는 명사를 뒤에서 수식하는 표현입니다.

• orbit   궤도

정답 ②

16

건강한 사람이 헌혈을 하는 것은 안전하다. 왜냐하면 뼈가 새로운 혈구를 끊임없이 만들어 내고 있기 때문이다.

① 재정적으로   ② 끊임없이
③ 중요하게   ④ 대략; 거의

헌혈을 해도 건강할 수 있는데 그것이 혈구(blood cell)를 만드는 일과 관련이 있다면 계속적으로 이루어져야 가능할 것입니다.

• safe   안전한 (cf. safety   안전)
• donate blood   헌혈하다
• blood cell   혈구

정답 ②

17

Dana는 만만치 않은 프로젝트를 도와준 것에 대해 Greg에게 고맙게 생각했다.

① 자유로운   ② 진지한
③ 고맙게 생각하는   ④ 중대한, 의미심장한

'thankful to ~'는 '~에게 고맙게 생각하다, 감사하다'의 의미이며 감사의 이유는 뒤에 'for ~'로 표현합니다.

• challenging   만만치 않은, 힘드는

정답 ③

18

건강에 좋은 아침식사를 하면 스트레스나 수면 부족에 기인하는 탈모를 예방할 수 있다.

① ~에 기인하는, ~때문에   ② 평소 때처럼
③ ~을 담당하여   ④ ~에 의하면, ~에 따르면

due to는 두 가지의 의미로 사용됩니다. 하나는 이 문장에 쓰인 것처럼 '~이 원인이 된, ~을 원인으로 발생한'의 뜻이고 다른 하나는 '~ 때문에 (= because of)'의 뜻입니다.

- healthy   건강에 좋은
- prevent   막다, 예방하다
- hair loss   탈모
- lack   부족, 결핍

 정답 ①

 19

Lauren은 인내의 중요성을 배웠다; 그녀는 포기하지 않고 계속해서 열심히 일했다.

① 평등, 균등   ② 경비, 보안   ③ 인내   ④ 장점

포기하지 않고 계속 열심히 일 할 수 있는 힘은 인내에서 나옵니다.

- importance   중요성
- not A but B   A가 아니고 B
- give up   포기하다
- continue to ~   계속해서 ~ 하다

 정답 ③

 20

정크 푸드를 너무 많이 먹으면 심장질환과 당뇨를 포함해서 많은 병의 <u>원인</u>이 될 수 있다.

① 원인이 되다, 야기하다   ② 형편이[여유가] 되다
③ 달아나다   ④ 당황스럽게 하다

cause는 '~의 원인이 되다, 초래하다, 야기하다'의 뜻입니다. 명사로는 '원인, 이유'의 뜻으로 쓰입니다.

- a number of ~   많은 (= many)
- disease   병
- including   ~을 포함하여
- heart problems   심장질환
- diabetes   당뇨병

 정답 ①

Part VII			본문 136~143쪽	
21. ④	22. ③	23. ②	24. ③	25. ③
26. ④	27. ①	28. ②	29. ③	30. ②
31. ①	32. ①	33. ③	34. ④	35. ②

 21

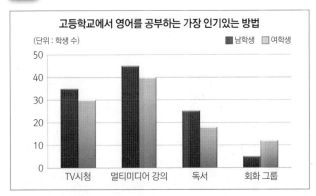

Q. 그래프의 내용과 일치하는 것은?
① 영어 공부를 위해 여학생 중 가장 많은 학생이 TV를 시청한다.
② 여학생보다 남학생들이 더 많은 영어 회화 그룹에 가입한다.

③ 같은 수의 남녀 학생이 영어 공부를 위해 독서를 한다.
④ 남학생들이 여학생들보다 영어를 공부하기 위해 멀티미디어 강의를 더 선호한다.

남녀 학생 동수가 선호하는 것으로 조사된 영어 공부 방법은 없습니다.
① uses TV → uses multimedia lectures
② more → less
③ → More male students read to study English than female students do.

- prefer   더 좋아하다

 정답 ④

 22

Jenna Daniels와 Marks Rollins
그들이 2015년 11월 5일 토요일 저녁 6시에 혼인서약을 할 때 여러분이 함께 하심으로 해서 얻어지는 즐거움을 그들의 가족과 함께 즐거이 요청합니다 Anabella 맨션 3240 Glen Eagle Drive Burleson, TEXAS 저녁식사와 춤 연회가 이어집니다

Q. 이 초대장을 통해 알 수 있는 것은?
① 의식에 걸리는 시간이 얼마나 되는지
② 손님들이 어떤 종류의 음식을 먹을지
③ 결혼식이 언제 시작하는지
④ 당신이 얼마나 많은 손님을 데려올 수 있는지

정중히 초대하는 결혼식 청첩장입니다. 초대장에는 결혼식을 올리는 두 사람의 이름과 결혼식의 날짜와 시간, 장소 그리고 식이 끝난 뒤 파티에 대한 간단한 소개 외에 다른 정보는 나와 있지 않습니다.

- joyfully   반가이, 즐겁게
- request   (정중히) 요청하다
- exchange wedding vows   혼인 서약을 하다
- reception   축하 연회

정답 ③

23

세 번째 연례 Marshall Holiday Snowflake 스키 캠프
대상 나이: 5~12세   12월 27~29일 시간: 매일 오후 1시 ~4시 비용 총액: 40달러 포함 내용: 교육, 트레일 패스 스키 장비 (필요한 경우) 스키를 배우고, 재미있는 시간을 가지면서 실력을 향상시키고 새로운 친구도 만나세요! 등록정보 James Harrington 전화 729-0190 또는 이메일: snowflake11@email.com Snowflake 스키 센터 3483 Rice Lake Rd, Dublin, MN 55153

Q. 포스터의 내용과 일치하는 것은?
① 스키 캠프는 5세 이하 어린이에게는 무료이다.
② 스키 캠프는 매일 3시간 동안 진행된다.
③ 등록하기 위해서는 팩스로 지원서를 보내야 한다.

④ 스키 장비를 사용하려면 추가로 비용을 지불해야 한다.

① 언급이 없으며 ② 오후 1시에서 4시까지이므로 맞는 내용입니다. ③ 전화나 이메일로 등록 신청을 하며 ④ 필요하면 스키 장비는 무료로 사용할 수 있습니다.

- annual 매년의, 연례의
- snowflake 눈송이
- equipment 장비, 용품
- registration 등록
- application 지원서, 신청서
- extra 추가의, 가외의

정답 ②

겨울에 보내는 즐거운 토요일들
여러분의 가게에서 모든 짜릿한 즐거움과 근사한 음식을 잡으세요. 여러분의 지역에 있는 가게에서 시식용 고기와 버거를 제공해 드립니다. 또한 여러분은 준비된 샌드위치와 버거를 단돈 5달러에 즐기실 수 있습니다.

날짜	특선 샌드위치
11월 5일	레몬과 마늘 치킨 샌드위치
11월 12일	황설탕 바비큐 치킨 샌드위치
11월 19일	베이컨 체다치즈 버거
11월 26일	Memphis 바비큐 치킨 샌드위치

날짜: 매주 토요일 오전 11시 30분 ~ 오후 2시
주소: Wegmans 모든 가게에서
가격: 5달러

Q. 광고 내용과 일치하지 않는 것은?
① 행사는 오후 2시에 종료된다.
② 모든 가게는 똑같은 스케줄로 행사를 진행한다.
③ 행사는 근처 푸드코트에서도 개최된다.
④ 11월 19일의 특선 샌드위치는 베이컨 체다치즈 버거이다.

① 11월 한달 간 매주 토요일 오전 11시 30분 ~ 오후 2시 까지입니다. ② 모든 Wegmans 가게에서 같은 내용으로 진행합니다. ③ 전혀 언급되지 않은 내용입니다 ④ 11월 19일은 베이컨 체다치즈버거가 제공됩니다.

- excitement 흥분, 신남
- serve up (음식을) 내놓다, 제공하다
- local 지역의
- address 주소
- nearby 인근의, 가까운 곳의

정답 ③

수신: Steve Masclait 　　　　발신: Justin Park
제목: 장학금 수령 확인

우리는 당신이 Onondaga 대학교의 학부생 장학금 프로그램에 선정되신 것을 알려 드리게 되어 영광스럽고 기쁩니다. 이 장학금 프로그램에는 4년 동안의 대학 학부 과정 중 첫해 동안의 모든 수업료, 주택 사용료, 도서관 사용료가 포함되어 있습니다. 장학금은 당신의 학업 성취도에 따라 연장될 수 있습니다. 우리는 당신의 관련된 모든 증명서와 서류가 필요하니 가능한 한 빨리 우리에게 연락 주시기 바랍니다. 질문이 있으시면 우리에게 justin453 @onondaga.edu로 이메일을 보내시거나 315-548-4825로 전화를 주시기 바랍니다.
행운을 빌며 ,

Dr. Justin Park
Onondaga 대학교 생물학부

Q. 편지를 통해 알 수 있는 것은?
① Steve는 지금 고등학교 학생이다.

② 장학금은 내년에 자동적으로 연장된다.
③ 이 학부생 프로그램은 4년짜리 학위 프로그램이다.
④ Justin Park 박사는 생물학부의 유일한 교수이다.

'~ for the first year of four year undergraduate courses (4년 동안의 학부 과정 중 첫해 동안)'에서 ③이 정답임을 알 수 있습니다.

- acceptance 받아들임, 수락
- confirmation 확인
- scholarship 장학금
- honored 영광으로 생각하는
- pleased 기쁜, 즐거운
- undergraduate 학부생, 대학생
- scholarship 장학금
- include 포함하다
- tuition fee 수업료
- housing 주택 공급
- renew 연장하다
- require 필요로 하다, 요구하다
- related 관련된
- certificate 증명서, 증서
- document 서류
- contact ~에게 연락하다
- as soon as possible 가능한 한 빨리
- degree 학위

정답 ③

많은 10대들은 그들의 외모에 관심이 있습니다. 10대들이 그들의 외모에 관심을 갖는 것은 당연한 일입니다. 하지만 외모가 젊은 시절에 여러분이 생각해야 할 유일한 것은 아닙니다. 만약 여러분이 자신의 외모에 너무 집중하면 청소년 시절에 키워야 할 다른 중요한 것들을 잊어버리게 될 수도 있습니다. 합리적인 사고, 열린 마음가짐, 그리고 책임감은 하루 아침에 얻어질 수 없으며, 이것들은 여러분들의 미래의 삶에서 자산이 될 것입니다.

Q. 이 글의 요지는 무엇인가?
① 사람들은 열린 마음가짐에 집중해야 한다.
② 10대들은 요즈음 책임질 일이 많다.
③ 어린 나이에 좋은 외모를 갖는 것은 쉽지 않다.
④ 외모보다 함양해야 할 더 중요한 것들이 있다.

필자는 외모에 신경을 쓰다가 미래의 자산이 될 중요한 것을 놓칠 수 있다고 전제한 뒤 그 예로 합리적 사고, 열린 마음가짐, 그리고 책임감을 들고 있습니다.

- appearance 외모
- natural 당연한, 자연스러운
- focus on ~ ~에 집중하다
- nurture 육성하다; 보살피다
- adolescent 청소년
- reasonable 합리적인, 사리에 맞는
- responsibility 책임감
- gain 얻다
- asset 자산, 재산
- cultivate 함양하다; 경작하다

정답 ④

세 번의 테스트 후에 평창이 마침내 2018년 동계 올림픽의 목적지로 선택되었다. 이 반가운 뉴스에 뒤이어 많은 관심이 이 지역에 집중되었다. 스포츠를 좋아하는 사람들에게는 스키 타는 사람들을 위한 리조트가 된다. 신선한 공기를 원하면서 산을 사랑하는 사람들에게는 오대산과 대관령이 방문하기에 완벽한 장소가 될 것이다. 마지막이지만 중요성이 떨어지지 않는 것은 문화를 경험하는 것을 사랑하는 사람들에게 이 지역은 유명한 영화 〈웰컴 투 동막골〉을 포함한 많은 영화 세트가 있다.

Q. 평창에 대해 알 수 있는 것은?
① 스키를 위한 훌륭한 장소들이 많다.
② 한국에서 가장 큰 영화 세트가 있다.
③ 많은 아시아 동계 올림픽 대회를 주최했다.
④ 처음 방문하는 사람들은 오대산을 오르기가 어렵다.

② 영화 세트가 많지만 가장 큰 세트가 있는지는 알 수 없습니다.
③ 언급이 없는 내용입니다.
④ 방문하기 좋은 장소라고 소개하고 있습니다.

• tryout   테스트, 시험
• destination   목적지, 도착지
• interest   관심, 흥미
• district   구역, 지역
• last but not least   마지막이지만 중요성이 떨어지지 않는 것은
• including   ~을 포함해서

정답 ①

2011년 6월 21일에 UN 총회는 반기문을 두 번째 임기의 UN 사무총장으로 다시 선출했다. 그의 겸손함과 성실성의 결과로 67세의 UN 수장은 5년을 더 일할 것이다. 반 총장은 기후 변화, 핵무기 축소, 그리고 여성 관련 안건들에 대해 전념하는 자세로 찬사를 받았다. 이제 반 총장은 세상을 모든 사람들에게 더 좋은 곳으로 만들기 위해 더 열심히 일할 준비가 되어 있다.

Q. 이 글을 통해 반기문에 대해 알 수 없는 것은?
① 그는 더 좋은 세상을 만들기 위해 일해 오고 있다.
② 그는 2016년에 UN 수장으로서 세 번째 임기를 시작할 것이다.
③ 지도자로서의 그의 일은 지금까지는 성공적이었다.
④ 그는 다양한 세계 문제들에 헌신했다.

유엔 사무총장에 재선되었고 그가 사무총장으로서 존경받는 이유를 소개하는 글입니다.

• UN General Assembly   유엔 총회
• elect   선출하다 (elect-elected-elected)
• term   임기
• secretary general   사무총장
• result   결과
• modesty   겸손함
• sincerity   성실
• praise   칭찬
• climate   기후
• support   지지하다
• nuclear disarmament   핵무기 축소

정답 ②

캐나다의 북쪽과 동쪽으로 위치해 있고 북극에 거의 닿아 있는 아주 큰 섬이 있다. 이상하게도 이 섬은 대부분이 얼음으로 덮혀 있는데 그린란드(Greenland)라고 불린다. 어떤 사람들은 해안가에 살았던 초기 성착빈들이 이상한 이름을 이 섬에 붙여 주었을 것으로 믿고 있다. 그들은 섬 전체가 수확이 많이 나는 땅이고 녹색이라고 믿었다. 대부분의 Greenland 사람들은 해안가에 혹은 그 근처에 사는데 이곳에서 일부 사람들은 농작물을 재배하고 있다.

Q. 이 글은 주로 무엇에 관한 것인가?
① 사람들이 언제 처음으로 그린란드에 정착했는가
② 그린란드는 어떻게 아름다운 자연을 갖게 되었는가
③ 사람들이 왜 그 섬을 그린란드라고 이름 붙였는가
④ 그린란드 사람들은 해안 근처에서 어떤 작물을 재배했는가

그린란드가 얼음으로 뒤덮여 있는데도 그러한 이름을 갖게 된 이유를 설명하는 글입니다.

• located   ~에 위치한
• North Pole   북극
• settler   정착민
• coast   해안
• fruitful   수확이 많이 나는
• grow   재배하다
• crop   농작물

정답 ③

사람들은 치즈를 4000년보다 더 오래 전에 먹기 시작했고 세상에는 2000종이 넘는 치즈가 있다. 치즈는 칼슘이 아주 풍부하다. 그래서 치아 관리에 좋다. 치즈를 먹으면 당신의 치아가 튼튼해진다. 치즈는 또한 당신의 뼈에도 좋다. 치즈는 비타민 B의 좋은 원천이며 뼈를 생성하는 것을 돕고 강하게 유지시킨다. 마지막으로 치즈는 단백질, 칼슘, 비타민, 그리고 무기물로 가득 차 있다. 그러므로 당신은 치즈를 자주 먹음으로써 강한 근육과 뼈를 유지할 수 있다.

30. 치즈에 대해 무엇이 언급되었는가?
① 누가 치즈를 발명했는지
② 치즈에 어떤 영양소가 있는지
③ 치즈가 어디에서 처음 만들어졌는지
④ 당신이 얼마나 자주 치즈를 먹어야 하는지

31. 이 글을 통해 추론할 수 없는 것은?
① 칼슘은 오직 근육에만 좋다.
② 세상에는 다양한 종류의 치즈가 있다.
③ 치즈를 자주 먹으면 건강상 장점이 많다.
④ 강한 뼈를 갖기 위해 당신은 비타민 B를 정기적으로 섭취해야 한다.

30. 치즈는 여러 가지 영양소를 갖고 있으므로 자주 먹는 것이 몸에 좋다고 소개하고 있습니다.

31. ① 칼슘은 근육 뿐만 아니라 치아에도 좋다고 설명하고 있습니다.

• rich in ~   ~이 풍부한
• be good for ~   ~에 좋다
• dental care   치아 보호
• bone   뼈
• source   원천
• full of ~   ~로 가득 차 있는
• protein   단백질
• mineral   무기물
• maintain   유지하다, 지키다
• muscle   근육

정답 30. ② 31. ①

32~33

발렌타인데이는 로마 제국 시절에서 유래한다. 로마 황제 Claudius는 자기 군대의 규모를 키우고 싶었다. 그는 어떤 젊은 남자도 군대에서 여러 해 동안 복무하기 전까지는 결혼할 수 없다는 규정을 만들었다. Valentine이라는 이름의 성직자가 이 규정에 저항을 하였고 많은 젊은 남녀들을 위해 비밀 결혼식을 거행하였다. 슬프게도, 황제가 이것을 알아내고 그 사제를 감옥에 가두었다. Valentine은 2월 14일 죽음의 순간까지 감옥에 있었다. 그리고 나서 그가 죽은 날은 성 발렌타인 데이로 이름지어졌다.

32. 이 글의 제목으로 가장 알맞은 것은?
① 발렌타인 데이의 기원
② 로마 제국의 역사
③ 역사상 가장 유명한 황제
④ 로마 시대의 가장 인기있는 결혼 방식

33. 이 글을 통해 추론할 수 있는 것은 ?
① 발렌타인 데이는 아직도 많은 군인들에게 중요하다.

② 로마 군대에는 많은 결혼한 군인들이 있었다.
③ 로마 황제는 그의 군대에 더 많은 군사를 갖게 되기를 기대했다.
④ 로마 시대 동안 초콜릿이 결혼식에 사용되곤 했다.

32. 발렌타인 데이는 로마 시대 결혼을 금지한 규정에 반발한 성직자가 비밀리에 결혼을 시켜 주다가 발각되었으며, 그가 죽은 날을 기념하기 위해 만들어졌다고 그 기원을 소개하고 있습니다.

33. 글 전반부에 로마 황제는 군인 수를 늘리기 위해 군대를 갔다 와야 결혼을 할 수 있는 규정을 만들었다고 언급되어 있습니다.

- army   군대
- serve   복무하다
- priest   사제, 신부, 성직자
- resist   저항하다
- secret   비밀스런
- marriage   결혼
- put A in prison   A를 감옥에 가두다
- death   죽음
- soldier   군인

정답 32. ① 33. ③

34~35

어떤 의미에서는 미국에는 이미 여성 대통령이 있었다. 1919년에 Woodrow Wilson 대통령은 뇌졸중으로 장애인이 되었다. 그는 미국이 국제연맹에 가입하자 많은 스트레스를 받았다. 의사들은 만약 부통령이 그의 일을 떠맡으면 믿었다. Wilson이 아플 때까지 그의 의사들은 Wilson의 부인을 '대통령 직무 대행'이 되도록 설득했다. 그들은 그의 회복이 크게 그녀에게 달려있다고 주장했다. 이런 이유로 그녀는 1년 넘게 실제로 부통령으로 일을 했다.

34. Q. 언제 Mrs. Wilson은 대통령 직무 대행으로 일하기 시작했나?
① 그녀의 아들이 태어났을 때
② 그녀의 남편이 죽었을 때
③ 그녀가 선거에서 이겼을 때
④ 그녀의 남편이 병이 났을 때

35. Q. 이 글을 통해 알 수 있는 것은?
① Wilson 부인은 연기에 많은 경험이 있었다.
② Wilson 대통령의 뇌졸중은 일에서 오는 스트레스 때문이었다.
③ 20세기의 의사들은 뇌졸중 환자들을 치료하지 못했다.
④ Wilson 대통령은 미국 최초의 남성 대통령이었다.

34. 다섯 번째 문장 "By the time Wilson became ill, his doctors ~."에서 Wilson이 병이 났을 때에 대통령직을 대행하게 되었음을 알 수 있습니다.

35. 국제연맹의 가입으로 Wilson이 많은 스트레스를 받았다는 것에서 알 수 있습니다.

- in a sense   어떤 의미에서는
- disabled   장애를 가진
- stroke   뇌졸중
- the League of Nations   국제연맹
- in danger   위험에 빠진
- acting   직무를 대행하는
- persuade   설득하다
- insist   주장하다
- recovery   회복
- depend on ~   ~에 달려 있다
- in effect   사실상, 실제로

정답 34. ④ 35. ②

Section 3 Writing Part

Part VIII   본문 144~145쪽

1. who   2. to   3. were
4. How long will it take?
5. The man with glasses is talking on the phone.

1~3

"일을 열심히 하는 것을 더 쉽게 만들자!" 이것이 Lillian Gilbreth의 모토였는데 1. 그는 근로자들의 움직임을 더 효율적이 되게 만들기 위해 그들의 움직임을 연구했다. Lillian은 12명의 아이들이 있었는데 그들이 집에서 효율성을 찾아내는 2.것이 중요했다. 나이가 더 든 각각의 아이는 더 어린 아이에 대한 책임을 떠맡았다. 더 작은 아이들은 테이블 다리와 낮은 선반의 먼지를 깨끗이 털어내는 일을 3. 배정받았다. 더 큰 아이들은 테이블의 꼭대기와 높은 선반을 맡아 처리했다.

1. 빈칸 뒷부분 문장의 주어가 Lillian Gilbreth이므로 주격 관계대명사 who가 필요합니다.

2. 'it ~ for A to부정사' 구문입니다. (A가 … 하는 것은 ~하다)

3. be assigned to(~하도록 배정받다)의 표현에서 주어 children에 대한 과거시제 be동사는 were입니다.

- efficient   효율적인, 능률적인
- figure out   생각해 내다
- shelf   선반 (pl. shelves)
- dust   먼지
- assign   (일 등을) 배정하다, 부과하다

정답 1. who 2. to 3. were

4

A: 실례합니다. 이 노선이 콜롬비아 대학교로 가나요?
B: 아니요, 이 노선은 브루클린 다리로 갑니다. 당신은 반대편 노선을 타셔야 합니다.
A: 아, 이런. 그럼 거기에 가려면 주황색 노선을 타면 되나요?
B: 예. 다음 정거장에서 내리셔야 해요.
A: 얼마나 걸릴까요?
B: 콜롬비아 대학교까지 가는 데 45분 넘게 걸릴 거예요.

B는 마지막 말에서 소요 시간을 말하고 있으므로 A는 얼마나 걸릴지를 물어보았을 것입니다. 소요 시간을 물을 때는 'How long'으로 시작합니다. 주어는 비인칭 it을 쓰고 그 앞에 조동사 will과 it 뒤에 '(시간이) 걸리다'의 뜻인 take를 넣습니다.

- opposite   반대의, 반대편의
- get off   (버스, 지하철 등에서) 내리다

정답 How long will it take?

5

안경을 쓴 남자가 전화 통화를 하고 있다.

주어는 The man, 안경을 쓴 남자이니까 with glasses를 넣어 The man with glasses, '전화 통화를 하다'는 talk on the phone입니다. 현재 이루어지고 있는 동작이니까 is talking ~으로 표현합니다.

- talk on the phone   전화 통화를 하다

정답 The man with glasses is talking on the phone.

TOPEL Intermediate
LEVEL UP